谨以此书
献给中国共产党成立100周年
(1921—2021)

2021年苏州市高素质农民特色蔬菜生产技术专题培训班

太仓市农业委培生师徒制模式下，师傅正在向徒弟传授果实套袋技术

苏州东山茶厂股份有限公司茶叶制作工艺培训现场

省级高素质农民培育实训基地——常熟现代农业（稻麦）科技综合示范基地机械化植保实训现场

新型职业农民、苏州忆乡源生态农业有限公司总经理李志峰助力贵州铜仁石阡脱贫

2018年吴江区新型职业农民（林果）培育班

2019年常熟市新型职业农民认定评审会

昆山市新型职业农民培训班暨颁证仪式（2017年8月）

苏南首个新型职业农民协会在昆山市正式成立（2017年12月）

苏州市首届农村创业创新项目创意大赛决赛颁奖仪式（2018年）

昆山市新型职业农民乡土专家受聘现场（2019年9月）

新型职业农民培育成长平台——现代农业园区（常熟市古里镇坞坵村现代水稻产业园区）

新型职业农民培育成长平台——各级各类农交会（2020年12月苏州市第十九届优质农产品交易会现场）

新型职业农民培育成长平台——农民专业合作社（太仓市雅丰农场专业合作社璜泾镇现代农业园）

陈云华的盛澜菜庄

张家港俞氏生态果园

苏州高新区新型职业农民进行农业生态环境保护科普教育现场

农民现代化的苏州印象

Nongmin Xiandaihua De Suzhou Yinxiang

主编 孟焕民

苏州市农业农村局
苏州市农村经济研究会 编

苏州大学出版社
Soochow University Press

《农民现代化的苏州印象》编委会

编委会成员：（按姓氏笔画为序）

马　刚　　王　纯　　王卫江　　仇　烈
宁春生　　朱　民　　祁立春　　李　俊
吴文祥　　何建华　　宋建华　　张　芬
张　剑　　张建兴　　张　强　　陆志荣
陆增根　　陈　哲　　陈文忠　　陈邦玉
陈桂娟　　季瑞昌　　周为友　　孟焕民
俞广建　　秦　伟　　秦建国　　顾东华
倪春鑫　　郭　玛　　唐诤民　　黄志强
蒋来清

主　　编： 孟焕民

目 录

导　言 …………………………………………………………… (1)

第一章　农民的涵义及历史演变 ……………………………… (9)
　一、农民——一个令中外专家长期困惑的概念 ……………… (9)
　二、农业现代化与农民现代化的国际比较 ………………… (11)

第二章　新中国成立后我国农民的演变 ……………………… (19)
　一、新中国农民的五轮演变 ………………………………… (19)
　二、苏州地区农民的特有性格 ……………………………… (33)

第三章　新农民问题的觉醒 …………………………………… (42)
　一、谁来种地的时代困惑 …………………………………… (42)
　二、新农民问题的觉醒 ……………………………………… (49)
　三、来自苏州的一份大学生农民调查 ……………………… (58)

第四章　苏州新农民结构分析 ………………………………… (67)
　一、苏州新型职业农民的认定过程 ………………………… (67)
　二、苏州新型职业农民的结构分析 ………………………… (72)
　三、苏州农民发展趋势预测 ………………………………… (74)

第五章　苏州新农民特质辨析 ………………………………… (81)
　一、内心爱上农业这一行 …………………………………… (81)
　二、崇尚学习，刻苦钻研 …………………………………… (89)
　三、不畏艰难，不怕挫折 …………………………………… (93)
　四、积极应用最新科技成果 ………………………………… (96)
　五、开拓乡村产业新业态 …………………………………… (101)

1

  六、搞农业玩出了新花样 …………………………………………（103）

  七、自觉践行绿色循环发展 ……………………………………（111）

  八、传承创新吴地农耕文化 ……………………………………（114）

  九、坚持团结互助，共同富裕 …………………………………（117）

第六章　为新农民成长创造环境 ……………………………………（126）

  一、改革篇 ………………………………………………………（126）

  二、政策篇 ………………………………………………………（145）

  三、平台篇 ………………………………………………………（179）

  四、培育篇 ………………………………………………………（204）

附录一　苏州各地培育新型职业农民工作总结 ……………………（215）

  张家港市篇 ………………………………………………………（215）

  常熟市篇 …………………………………………………………（218）

  太仓市篇 …………………………………………………………（220）

  昆山市篇 …………………………………………………………（222）

  吴江区篇 …………………………………………………………（224）

  吴中区篇 …………………………………………………………（226）

  相城区篇 …………………………………………………………（228）

  苏州高新区篇 ……………………………………………………（230）

附录二　苏州20名"十佳新型职业农民"简介 ……………………（232）

参考文献 ……………………………………………………………（258）

后　记 ………………………………………………………………（260）

导 言

现代化,始终是我们的"梦"。

"中国梦"就是实现民族独立、国家富强、人民幸福;实现中华民族伟大复兴;实现现代化。

中华人民共和国成立以后,中国共产党就明确国家建设的目标是实现现代化。党的十九大明确提出:2020年实现全面建成小康社会的各项要求;从2020年到2035年,在全面建成小康社会的基础上,再奋斗15年,基本实现社会主义现代化;从2035年到本世纪中叶,在基本实现现代化的基础上,再奋斗15年,把我国建设成为富强、民主、文明、和谐、美丽的社会主义现代化强国。2020年金秋时节,中国共产党第十九届中央委员会第五次全体会议胜利举行,开启了全面建设社会主义现代化国家的新征程。

中华人民共和国成立以来的所有现代化目标中,"农业现代化"从未缺席过。而党在十九大部署中,第一次把"农村现代化"作为奋斗目标之一,提出了"加快推进农业农村现代化"。

2020年3月,中共苏州市委、苏州市人民政府联合发文,出台了《苏州市探索率先基本实现农业农村现代化三年行动计划(2020—2022年)》;2020年5月,中国农业科学院和苏州市人民政府共同发布了《苏州市率先基本实现农业农村现代化评价考核指标体系(2020—2022年)(试行)》。这两个文件都明确提出了"农民现代化"这个概念。

至此,苏州的现代化建设涵盖了农业、农村、农民"三农"的全部内容。

现代化是一股世界潮流。现代化运动所反映的是人类社会对美好生活的共同追求。

现代化是整个社会肌体全方位深刻变动的过程，它包括经济、政治、社会形态、社会结构、教育、科学技术、文艺、法制、宗教、生态、生活方式、组织管理以及人的素质等的系统性变化。

对现代化程度的评估，一般是通过三个维度去考察。第一个维度是物质、经济层面；第二个维度是社会制度、社会治理层面；第三个维度是人的素质和精神层面。

现代化理论普遍认为，人是现代化的主体。人的现代化与社会现代化是须臾不能分离的相互影响、互为因果的过程。在社会现代化过程中，人是最重要的因素，人始终是现代化运动的主角。没有人的现代化，社会现代化的深入推进是不可能的。同时，人的现代化又是社会现代化的一个重要目标，是社会现代化的重要产品。概言之，是人的现代化推动了社会现代化，是社会现代化成就了人的现代化。

自20世纪五六十年代以后，世界上许多国家都加快了现代化建设的步伐。在这过程中，人的现代化问题愈发凸显出来。有不少研究现代化的专家学者指出，一个民族的先进与落后和一个国家的发达与不发达，不只是一堆经济社会发展的统计数据及图像，同时也是一种精神状态、一种表达方法、一种心理态度。不少专家学者纷纷开展了对人的现代化标准的研究。

美国著名社会心理学家英格尔斯对人的现代化问题进行了长期研究，他对发展中国家的现代化进程做了大量的实地考察和个案分析，把"现代人"概括为12个基本特征，主要包括：乐于接受新的生活经验、新的思想观念、新的行为方式；乐于接受社会变革；对大量的问题持有个人的意见；能积极地获得各方面的信息；注重守时；有效能感；有计划性；有可依赖性或信任感；重视专门技术；对正规教育和技能训练感兴趣；了解并尊重别人；了解生产过程，期望发挥自己的作用和价值。除英格尔斯外，还有许多研究者对"现代人"的特征做了描述。诸如，有学者认为"现代人"应该是自觉的人、成熟的人、有创造精神的人、能掌握技术的人、有能动性的人。有研究者将未来"新人"的特征总结为：开放的态度、真诚的品质、对科学和技术的怀疑态度、对完整性的渴求、对亲密关系的需求、对生活不断变化的敏锐意识、热情待人的关怀之心、对大自然的亲切感和关怀感、反对因循守旧、信赖自己的内在权威、不看重物质利益、对精神生活的渴望等。

英格尔斯等人所提出的"现代人""未来人""新人"等模式和标准，是建立在西方文化价值观基础之上的衡量标准，是"西方现代人"标准，不应该作为全世界通用的甚至是唯一的标准，不同国家、不同民族的人的现代化应有各自的特征。

在过去的几十年里，我国也有一批学者开展了对"中国现代人"的思考和研究，提出了中国人现代化的特征及发展模型。比如学者和作家武斌在1991年出版的专著《现代中国人——从过去走向未来》一书中提出了中国人现代化的6条标准。武斌认为"中国现代人"是对中国现代化的社会文化变迁有深刻感知的人；具有开放的心理结构，对外部世界的变化始终保持一种新鲜感；具有积极的主体意识，把一切建立在自己的理性思考的基础上，进行独立的判断和选择；具有以人道主义为核心和以个人全面发展为目标的新的伦理精神；具有用现代科学知识装备起来的新型的思考方式和广阔的视野；具有自主性和创造性的人格特征。这6条标准侧重强调了人的观念现代化，强调了人的精神世界。另外，我国学者解思忠在1998年出版的《观念枷锁》一书中认为"中国现代人"应该具有12项基本特征：具有主体意识，不依附于他人或单位；崇尚民主法制，具有社会责任感，主动参与社会事务；重视精神生活，自觉地追求美；思维发散，具有创新精神；能自省，勇于自我解剖、自我批判、自我超越；不因循守旧、安于现状，具有进取精神和竞争意识；眼界开阔，心灵开放，乐于接受新事物，不断补充新知识；崇尚科学，实事求是，不迷信书本，不慑服于权威；具有道德约束力，富于爱心；具有环境生态意识，能造福后人；讲究效率，重视技能，具有敬业精神和集体主义精神；重视生命质量，保持健康的生活方式和平衡的心理状态。诸如此类的研究成果，对于中国人的现代化发展研究具有很好的参考价值。

人力是生产力要素中的第一要素。人，是任何产业发展的第一资源。

马克思主义追求的是人的解放和人的全面发展。

今天，我们加快推进农业农村现代化，理所当然应该包括农民现代化。苏州市委、市政府在《苏州市探索率先基本实现农业农村现代化三年行动计划（2020—2022年）》及其评价考核指标体系中，都把"农民现代化"单列出来，体现了以人为本的发展理念，体现了对现代化的全面深刻理解和实质性、战略性追求。

翻开中国近代史，中华民族遭受了百年屈辱，这无疑与自身的落后有直接关系。而旧中国的落后，一个重要原因是由于农民的落后。因为中国是个农业大国，农民占了全国人口的绝大多数，农民的素质如何直接影响到整个国家的国民素质。有专家曾认为，一个国家落后的背后，其实是一种国民的心理状态，

不发达其实是一种精神状态,一种表达方法,是一种不良的集体人格。

应该说,中华人民共和国成立后,我们党和国家在推进现代化建设过程中,一直高度重视改造农民、教育农民、提高农民,如在农村普遍开展社会主义改造和社会主义教育,扫除文盲,普及科学常识,移风易俗,等等。近年来,随着改革开放的不断推进,随着经济社会的不断发展,改造农民、教育农民、提高农民再度受到广泛关注,党和国家的正式文件中以及不少专家学者的文选中都提出了"新农民""新型职业农民""高素质农民"等概念,这些概念尽管涵盖的内容有区别,但都把目标定在了"农民现代化"。

新农民——也称"新时代农民",指中国特色社会主义事业发展进入新时代后,在破除了城乡二元结构和户籍壁垒的前提下,为实现城乡融合发展和农业农村现代化,从事农业生产、经营、服务的社会群体。新农民不仅包括新型职业农民,还包括为农业生产经营提供服务的从业者。

新型职业农民——是"新农民"群体中的主体部分,是以农业为职业,具有相应的专业技能、收入主要来自农业生产经营并达到相当水平的现代农业从业者。新型职业农民可分为生产经营型、专业技能型和社会服务型等三个类型。新型职业农民强调的是自由选择的职业,明显区别于被动赋予身份的传统农民。

高素质农民——是"新型职业农民"中的精华部分,强调提高农民的素质,包括身体素质、心理素质、科技文化素质、政治思想素质以及审美素质。侧重要求加强对农民的教育培训。重点对象是农业龙头企业经理人、新型农业经济组织带头人,在农业生产经营领域创业创新的知识青年。

还有一支农村人才队伍,他们的身份虽然不是农民,而是企业家、党政干部、专家学者、医生、教师、规划师、建筑师、律师、技能人才等,但他们爱农村、爱农业、爱农民,在党和国家的政策激励下,他们通过多种渠道、多种形式投入农业农村现代化建设,成了"新农民"的一分子,成了乡村不可或缺的人才。

应该看到,农民现代化是多种因素,包括政治的、经济的、社会的、文化的、地理的、科技的、宗教的等因素共同作用的产物;同时,农民现代化是一个长期的过程,而且是一个极为丰富而又复杂的演化过程。同时还必须看到,农民现代化不是单一的特质,而是多种素质的综合体;不同时代、不同地区的农民现代化也带有不一样的特质。评价一个国家、一个地区的农民是否现代化,可以提出具有代表性并得到普遍认可的指标,作为努力的方向,作为认识自己的参照系。

古人云:"仓廪实而知礼节,衣食足而知荣辱。"农民要现代化,首先得摆脱贫困。邓小平明确提出:"贫穷不是社会主义。"习近平总书记指出:"一部中国史,就是一部中华民族同贫困作斗争的历史。"必须明确,农民生活水平是农民现代化程度评价体系中的一个极为重要的指标,另外还有很多方面,尤其是人文精神方面,是很难用具体统计数据或具体模型作为标准的,而是要通过各种各样背景下各种各样的具体行为呈现出来。

现代农民应该是鲜活的、灵动的。评判农民现代化的程度,一般情况下,应该从三个角度进行考量:

一是历史的角度。"现代化"是一个比较性概念,农民的现代化是与传统农民相比较而言的。传统农民以种地谋生,较少文化,面朝黄土背朝天,靠天吃饭,罕见世面,一熟稻子一熟麦,一直种到胡子白。现代农民的显著特征就是一改传统农民的形象,其思维方式、行为方式、生活方式以及价值取向等都摆脱了传统。

二是时代的角度。"现代"指的就是当今时代。时代在不断变化,每当进入一个新的时代,就必然会出现许多新的观念、新的事物、新的方式,所谓人的现代化就是与新时代的新观念、新事物、新方式相互呼应。进入21世纪,人类社会又步入了一个崭新的时代——信息化时代、互联网时代、新科技革命时代、全球化时代;我们国家又明显进入了新兴工业化时代、新型城镇化时代、区域发展一体化时代、城乡融合发展乡村振兴时代。今天看农民是不是现代化了,应该将其放在当今时代背景下进行对照和考量。

三是地区的角度。每个国家、每个地方都有不同的国情和地情,地理环境不一样,历史传承不一样,其现代化的模式、路径也应该不一样。现在我们考量一个地区的农民现代化程度,必须充分考虑到这个地区的地理环境、历史传承给现代农民所带来的某些特征。比如苏州这个地方,与全国很多地方相比有很多的不一样。苏州四季分明,雨量充沛,土地肥沃,河湖密布,通江达海,交通方便,城镇密集,大中城市包围农村,工商业繁荣,传统手工艺种类齐全,历史悠久,人口稠密,重教崇文,等等。千百年来,苏州一直是全国一等的富庶之地,同时又从来不是政治上、军事上强势的地方。这样一个地情,造就了这一方人"勤劳、精细、包容、灵活"的地区性格,形成了注重实干、讲究实用、追求实效的行为特征。这在苏州现代农民身上必然得以充分体现。

推进农民现代化建设是一项非常紧迫的任务。进入新世纪后,随着工业化、城镇化的加快推进,我国"农村空心化""农业边缘化""农民老龄化"等问题日

益凸显,"谁来种地"的问题已越来越引起各界人士的关注,从中央到地方各级都把农民队伍建设放到重要议事日程,做出决策部署。2005年党的十六届五中全会通过的《中共中央关于制定国民经济和社会发展第十一个五年规划的建议》,首次明确提出了"培养有文化、懂技术、会经营的新型农民"的任务,而且自2006年后中央连年发出的一号文件,都强调了培育和造就新型农民的目标要求,并出台了一系列具体措施。

应该说,苏州在农民现代化建设方面一直走在了全省乃至全国的前列。苏州凭借优越的自然地理条件,依靠广大干部群众的勤劳与智慧,早在20世纪80年代就整体上摆脱了贫困,并成了邓小平描绘小康水平的样本。多年来苏州一直是全国城乡居民收入差距最小的地区之一。2020年,全市农村居民人均可支配收入3.74万元,城乡居民收入比在1.9∶1以内。在此基础上,苏州在提升农民整体素质方面也见事早、动手早。早在2003年,苏州市政府就出台了《关于加快实施现代农民教育工程的意见》;2006年苏州市制定的"十一五"规划,再次强调了实施"现代农民教育工程",大力加强以农业实用技术、信息技术培训为主要内容的培训体系建设。围绕新农民队伍的成长和壮大,全市各地继续深化农村改革,大力推进土地合理流转,使专业农业生产经营者"耕者有其田";加大财政对农业生产经营的支持、扶持力度,先后出台了鼓励和支持农业龙头企业、农民合作经济组织成长发展的政策,让为农者有利可图;创新放活农村金融市场,让专业农业经营者有资本;设立农业风险基金,扩大农业保险险种,以解专业农业生产经营者后顾之忧。同时大力发展基础教育,促进农、科、教结合,为现代农民队伍成长壮大强基培土。

新型职业农民应该是现代农民、新农民的代表性群体。自2010年以来,苏州各地大力推进新型职业农民培养工程,并规划到2020年,全市新型职业农民队伍和农业实用人才队伍的建设水平,达到或超过世界中等发达国家城郊农业的职业农民和农业实用人才队伍的水平,形成一支有文化、懂技术、会经营的新型职业农民队伍。全市各地连年组织农业从业人员进行有计划、多形式、多阵地、多层次的教育培训,措施实在,成效明显。2016年6月,国家农业部在苏州召开了全国新型职业农民培育经验交流会;2018年5月在河南商丘市召开全国新型职业农民培育管理培训班暨农民教育培训工作现场会,苏州市做了工作交流;2018年年底,在江苏省新型职业农民培育工作会议上,苏州市又做了典型交流发言。

由于市场化,由于农业经营主体的多元化,由于新一轮技术革命成果的推广，由于人们的消费需求日益多样化，由于全社会各种要素的流动及整合形式的不断创新，苏州地区的农业生产及经营格局发生了深刻变化。粮油讲究优质，水产追求特色，果蔬产品丰富多样，园艺项目纷纷亮相，生态林地争相崛起，新业态方兴未艾，这些都为现代农民的成长提供了广阔天地，全市新型职业农民队伍不断壮大，其构成也愈来愈显得多姿多彩。他们中有土生土长的本地农民，有来自外地乃至外省的创业者，有高等院校毕业生，有部队转复军人，有来自城市机关部门、企事业单位的年轻人；他们中有农业龙头企业领办人，有农业专业合作社的负责人，有种植、养殖大户的经营者，有农业专业技术人员，有从事农业生产的专业人员或农产品加工流通环节的专业服务人员，有身怀某项特色农产品生产技能的能人。他们是最新科技革命成果在农业上的应用者、推广者，是农村农业经营体制改革的探索者，是新型农业经营体系的建设者，是实现传统农民改造的示范者。"新型职业农民"虽然并不等同于"现代农民"，但毫无疑问应该是"新农民""现代农民"的现实模样；"新型职业农民"虽然在现有农民队伍中占的比例还不够大，但在他们身上可以看到"新农民""现代农民"的风采，看到农民现代化的前景和方向，看到农业农村现代化的前途和希望。

"新型职业农民"不仅标志着"农民"身份的正名，也意味着农民生存状态的变革，"新型职业农民"与过去相当多的出于"不得已"而当农民的人所表现出来的是完全不一样的精神状态。"新型职业农民"首先爱农业，以从事农业这一行业为使命、为光荣，他们普遍具有一定的文化水平，具备相当的科学技术知识，重视专业知识，掌握某项专门技能，善于学习，乐于接受新生事物，敢于尝试新的生产方式，有独立思考的习惯和能力，积极参与社会变革，善于沟通协商合作，有较强的社会责任感，有较强的环境生态意识。只有对"新型职业农民"这一群体进行分析研究，方能了解和掌握"新农民""现代农民"成长的一般规律，从而选择和施行正确的推进农民现代化的路径与措施。

中国特色社会主义最本质的特征是中国共产党的领导。我国社会主义政治制度优越性的一个突出特点是党总揽全局、协调各方的领导核心作用。苏州在推进农民现代化建设的整个过程中，坚持了这一基本原则，彰显了制度的优越性，各地各级党委、政府始终按照党中央的决策部署，发挥领导及主导作用，坚持从实际出发，提出目标，制订计划，动员全社会参与，统筹各方面力量，多措并举，上下联动，统一协调，有机结合，互为支撑，不断地为新农民的成长壮大创造良好环境。通过深化改革，为新农民的成长壮大清除体制、制度方

面的障碍；通过制定政策，为新农民的成长壮大提供动力和保护；通过打造平台，为新农民的成长壮大拓宽提升空间；通过组织专门教学培训，为新农民的成长壮大培土加油。这可以视作苏州市"现代农民"的建设之道。

当今世界，正处于百年未有之大变局；当今中国，正处于经济社会重大转型期，正处于从传统的农业社会向现代化的工业社会的过渡期。这个时期，各方面的因素、环境、条件都在不断地发生着变化或变革；这个时期，许多领域都会出现传统与现代新旧两种特质混合、双重价值体系纠结的现象。这个时期的农民现代化也是如此。农民这个群体中的一部分（以"新型职业农民为代表"）已经跨进了"现代"的门槛，而这个群体中的大多数还没有从传统中走出来，实现农民现代化的路还很长。

从一定意义上讲，人是环境的产物，新的社会环境是推进人的心理、观念、思维方式、行为方式转变的重要条件。2020年年末，习近平总书记在中央农村工作会议上强调："坚持把解决好'三农'问题作为全党工作重中之重，举全党全社会之力推动乡村振兴。"实现农民现代化不仅仅是"涉农"系统面对的课题，它还涉及全社会多领域的系统性改造。我们只有通过全社会的共同努力，从政治、经济、社会、文化、法律等多个领域进行深入的变革，消除各种偏见，扫除制度、体制、机制方面的障碍，才能使"让农业成为有奔头的产业，让农民成为有吸引力的职业，让农村成为安居乐业的美丽家园"真正变成现实，才能真正做到让愿意留在乡村建设家乡的人留得安心，让愿意上山下乡、投身于乡村振兴的人更有信心，激励各类人才在农村广阔天地大施所能、大展才华、大显身手，那样，农民现代化也就水到渠成了。

第一章 农民的涵义及历史演变

农业是世界上最古老的产业,有了农业才有了农民,因而农民也是人类社会最早的职业称谓。

一、农民——一个令中外专家长期困惑的概念

西方学术界从20世纪60年代开始就掀起了一场关于"农民"定义的论战,权威的工具书《新帕尔格雷夫经济学大辞典》中"农民"词条也困惑地写道:"很少有哪个名词象'农民'这样给农村社会学家、人类学家和经济学家造成这么多困难。"

"农民"这个概念随着社会的发展,有着诸多的历史变迁,也就形成了不同的概念层次。在一些发达国家,"农民"一般是一个职业概念,指的是经营农场、农业的人,这个概念与渔民、工匠、商人等职业并列。按照《国际社会学百科全书》为"农民"下的定义,农民就是"农业土地上生活资料的耕种者"。即农民以耕种土地为主要生活手段,生活在较小的农村社区之中,有着独特的生活方式和文化。在一些不发达国家,人们所称的"农民"不仅是一种职业,同时还是一种社会等级和身份,一种生存状态,一种社会组织方式,一种文化模式乃至心理结构,等等。

在汉语里,"农民"一词一般既具有职业的含义,也具有身份等级的含义。

在较长的一段时期内,在我国,"农民"不仅仅是指职业,更多的是指身份,即农民在社会结构中的位置或在社会关系中的地位。新中国成立以后,中央人民政府先后颁布了《关于划分农村阶级成分的决定》《中华人民共和国户口登记条例》,自此以后,我国的"农民"就有了职业、户籍、阶级、文化、法律等多方面的含义;改革开放后,又有了"农

民工""失地农民"等多种与农民有关的称谓。

专家学者们研究"农民"的内涵特征，或从不同层面，或从时间、空间等不同维度，给"农民"下了不同的定义。有"劳动者说"，有"人口说"，也有"户口说"。有的是指以土地等为农业生产资料，长期从事农业（种植、林、牧、副、渔业）生产的劳动者，这是狭义的"农民"。有的是指属于农村户口并从事农业生产经营活动的劳动者，这是广义的"农民"。还有的是指农村总人口，不管从事何种职业，包括城市职工到农村承包荒山荒地者，这是泛义的"农民"。

从以上纷繁的定义可以看出，农民是个特殊的社会群体，但它又有着鲜明的共同特征。

1. 以农业为主要职业

从事农业生产或者从事与农业相关的职业是农民最本质的特征。在当代发达国家，"农民"完全是一个职业的概念，一般是指农（牧）场主、农业职业经理人、农业从业者等。这是一个通行的、主要的判断标准。所以，古今中外凡被称为"农民"的，都是以农业生产、经营为职业的人，他们的全部或大部分工作时间、精力都投放在农业的生产经营活动上，且能在较长时期内保持职业的稳定。

2. 以农村为主要生活、就业、居住地

农业是以土地为劳动对象，经济再生产和自然再生产交织在一起的生产过程。为了便于观察和进行生产管理，生产经营者大多居住在离田园较近的农村或城镇。在我国，绝大多数农民居住在农村，农民既是农村社会的主体和建设者，也是推进农村社会发展的主力军。在发达国家，农村有完善的基础设施和优美的自然风光，许多农（牧）场主把生产场所和生活空间结合起来，有的将住宅建在靠近农场的小镇上，甚至直接建在农场里，工作和生活两相宜，人和自然融为一体。

3. 以务农收入为主要生活来源

在传统农业阶段，农民很长时间处于自给自足的小农经济状态，自己生产的农产品全部供自己及家人消费，农业是解决生存问题的保障。到了传统农业向现代农业发展阶段，随着生产力水平的提高和生产规模的扩大，农产品的商品率不断提高，农民的收入也随之增加并且成为其收入的主要来源。从世界范围看，除了日本农民生产经营规模小、兼业化率高，农民收入中非农收入的比重高于务农收入之外，大多数发达国家的农民，主要收入中源自农业的占到80%以上，且农民的收入水平较高，达到或高于社会平均收入水平。

4. 以家庭为基本生产经营单位

农业生产鲜明的季节性、生长的周期性以及受自然环境影响等特点，决定了农业生产过程中的劳动监督较为困难，以家庭成员为主进行生产经营，可以省略许多中间环节和监督考核，有利于提高生产效率，增加经济效益。因此，大多数以土地私有制为主的国家和地区选择了以家庭农场的方式进行农业生产经营。在土地集体所有制的我国，实行的是以家庭承包经营为基础、统分结合的双层经营体制，所谓"家庭承包经营为基础"，就是农户家庭是承包集体土地的基本单位，农民能够自主决定种什么、怎么种、如何卖、卖给谁，生产的收益则全部由他们自己来支配，这就使得农民家庭成了农业生产经营的基本单位和经营主体。在这个中国农村基本经营制度下，有的地方在探索合作农场、集体农场、农业龙头企业等新型农业经营主体和经营方式，但这不会影响"农民"这个特征。

5. 以农耕文化的保护、传承为己任

农村是中华民族的根，农耕文化是中华一切优秀传统文化的根和源。农耕文化在我国是一种从未间断过的文化，是劳动人民几千年生产生活智慧的结晶，体现和反映了传统农业时期的思想理念、生产技术、耕作制度以及中华文明的内涵，反映了中华民族对人与自然的关系、规律的认识和把握。时至今日，我国农耕文化中的许多理念，在人们的生产、生活中仍具有重要的现实意义。农民既是农耕文化的创造者，也是农耕文化的保护和传承者。任何时期的农民，都有责任把生产生活与农耕文化的保护、传承有机结合起来，并不断赋予新的内涵，使中华民族的优秀文化能够代代相传、发扬光大。

二、农业现代化与农民现代化的国际比较

农民现代化与农业现代化密切相关。20世纪五六十年代，西方发达国家就已实现了农业现代化。综观实现农业现代化的国家和地区，由于各自的资源禀赋、经济基础、文化背景等不同，所选择的农业现代化道路也不尽相同，但无一例外的都是在经济发达、基础设施发达、科技发达、总体现代化水平较高的基础上实现农业现代化的。国家社会的现代化为农业现代化提供了强有力的支撑，加快了农业现代化的进程，而农民现代化又与农业现代化、整体现代化相辅相成、相得益彰。

1. 农业的高度工业化，造就了农民的高素质

农业现代化的一个重要特征就是农业的高度工业化，用工业化的理念和管理方式来经营发展农业。综观已经实现农业现代化的国家，它们都有一个与农

业发展相配套的工业和服务业体系,这就为它们采用完全不同于传统农业的生产方式提供了现实的可能。在美国,农业生产具备了从育种到收获、从农业机械到农田管理、从农业企业到农业金融一整条非常完备的上下游企业的工业链,不仅提升了农业附加值、拓展了市场空间,促进了农业增效、农民增收,而且培育造就了与之相适应的高素质农民队伍。

(1) 生产过程的高度机械化

发达国家的农业机械化,先后经历了20世纪四五十年代的种植业机械化,六七十年代的畜禽与水产养殖业的机械化,再到90年代的种植业和养殖业的高度机械化、现代化这三个阶段,农业机械实现了大型、高速、低耗、自动化和智能化。一是农业机械的功率大,配套农具全,田间工作幅度宽,机组速度快,机械作业的效率高。二是复式作业的机械多,大部分农机一次作业能同时完成两种以上作业项目,减少了机械在田间运行的次数,从而减轻了对土壤的碾压。三是一种机械多种用途,如谷物联合收割机,只要农民自己简单改装就能进行小麦、玉米、水稻、大豆等不同作物的收割作业。四是农机的智能化水平不断提高,将电子技术、计算机技术、红外线、人工智能、液压技术等高精尖技术应用到农业机械上,使耕作、收获、灌溉、施药、采摘、挖土等机械实现了智能化。五是农用飞机发展较快,据不完全统计,西方发达国家已研制开发了几十种型号近2万架农用飞机,进行播种、施肥、防治病虫害、除草、人工降雨、护林防火等多种作业,作业面积达3.3亿多公顷。在发达国家,不仅大田作物的生产实现了高度机械化,一些有难度的小宗农作物也全面实现了机械化。美国是全球可耕地面积最大的国家,美国农民经营的农(牧)场平均有200公顷左右,生产规模大、机械化程度高,平均每个农场的生产管理只需1.4个单位的劳动力。德国农业发达、机械化程度很高,是世界上最大的农机出口国。德国农民得益于高度的机械化,一般中等规模的种植养殖农场基本由家庭成员维护,只在农忙时请些临时工,不多的农民就可以管理较大规模的农场。日本政府鼓励小规模耕作,针对山地多、水田多、规模小的特点,设计生产适合山地耕作的小型机械,适合从水田整地、育苗、插秧、收割到烘干的各种小型化机械,适合一家一户零星田块独自耕作的需要。同时,农户一般还设有一个专门用于清洗、整理、加工农产品的车间。这就使得日本农业的机械化水平较高,农民种地也更轻松。

由于发达国家农民专业素质比较高,对机械化生产都是熟练至极,一些大型农场也只需几个农民打理,各种农事包括耕田播种、收割采摘、喷药施肥、松土除草等都依靠机器完成。

（2）农产品加工业非常发达

世界食品工业是全球经济的重要产业，也是全球最大的制造业，以每年约27000亿美元的销售额居各行业之首。农产品加工与农业产值的比值反映了农产品的增值程度及其对国民生产总值（GNP）的贡献程度。发达国家的农产品加工业比较发达，加工业的产值与农业产值的比例平均为2.0～4.0∶1。发达国家农产品加工业的特点：一是加工企业规模大。它们中的很多企业是跨国企业。如荷兰著名的CSM公司是一家跨国公司，专业生产和销售食品配料和粮食，业务涉及全球100多个国家和地区。再如，乳业第一巨人法国的达能公司，2020年1月，全球最具价值500大品牌榜发布，达能排名第250位。雀巢公司年销售额935亿美元（2019），在世界五百强企业中排名为第76位（2019）。二是产品加工精深程度高。加工程度决定着农产品的增值程度，农产品的加工越是精深，其增值空间就越大。如豆类经过精深加工可得到大豆磷脂，其市场价格及市场前景非常看好。在国际上，玉米可精加工成3000多种产品，通过对玉米进行深加工可得到各种氨基酸类产品，增值程度是其原料产品价值的上百倍。三是产加销一体化经营。目前已形成了农产品产加销一体化经营，实现了生产基地化、加工品种专用化、质量体系标准化、生产管理科学化、加工技术先进化及大公司规模化、网络化、信息化经营。如荷兰的马铃薯育种、栽培、贮藏、加工和销售有一套完整的体系，从育种开始就充分考虑产后加工利用的要求，根据用途来选择培育种植的马铃薯品种。四是经营管理水平高。企业管理的主题已从企业内部成本管理、生产管理逐渐转向侧重于企业外部的战略管理，竞争也从低层次的价格战转向了高层次的战略选择与实施方面的较量。

（3）农产品流通效率高

在发达国家，农产品流通的模式虽不尽相同，但流通的效率都非常高。其主要有西欧模式和北美模式。西欧模式的特点：一是农产品批发市场中，主要采用了拍卖交易模式。通过拍卖，可以保证农产品价格真实反映市场供求关系，提高农产品交易效率，促进市场竞争公平公正。二是农业合作社在农产品流通过程中发挥了重要作用。在西欧模式下，农业合作社是农产品流通体系的重要参与主体，农业合作社为农户提供技术培训、市场信息、交易保证等服务，有效保障了广大农户的利益。三是建立了生产、加工、包装、仓储、物流、销售一体化的农产品产业体系，为广大农民提供一站式农产品服务。四是建立了完善的农产品标准化体系。标准化是现代农业发展的标志。西欧地区普遍实行各国市场标准、欧共体市场标准和其他国际市场标准这三种农产品标准。北美模式的特点：一是农产品流通体系的经营主体为大型超市、零售连锁企业，这是北美模式最突出的特点。美国有十分发达的零售商业服务体系，许多超市、连锁销售商都建立了自己的物流服务中心，直接与农户进行采购交易，大大缩短了采购流程，可以保证农产品销售效率和服务质量。提高了效率。另外，美国农场规模较大，许多农场直接对农产品销售商供货。二是远期、远程、拍卖交易成为农产品批发交易的主体内容。期货交易最早就是从农产品开始的。1840年美国芝加哥谷物交易所的成立，被看作是现代期货市场诞生的标志。在当今世界农产品贸易中，期货交易应用广泛，85%的世界农产品价格是由期货价格决定的。在现货交易市场中，发达国家的农产品，凡需经过批发环节的大多通过拍卖方式实现，如日本农产品拍卖交易就较为普及。三是农产品销售目的地以大城市为主。发达国家城市化率高，以大城市为销售目的地能有效满足人口密集区对农产品的需求。四是流通周期短、效率高。由于信息技术和互联网为异地交易提供了便利，发达的交通运输加快了农产品的流通速度。美国78%的农产品是通过物流体系来配送的，从产地到批发商，再到零售商和消费者，中间流程达到最短状态。高效农产品流通体系的建立，不仅促进了农产品交易规模的扩大，也进一步刺激了农业的现代化和产业化。

农业的高度工业化，催生和造就了高素质农民。一方面，农业高度工业化后，传统农民已无法适应现代化农业的需要，必须有与之相匹配的素质较高的现代农民，这些农民必须具备较高的专业技能，既要懂农业生产技术，能操作使用、保养各种农业机械，熟悉农产品加工、贮藏、运输等方面的知识，还要懂经营管理、电子商务甚至期货交易，能在市场竞争中获得较高收益。总之，要成为发达国家的合格农民，除了必须接受良好的教育外，还必须掌握现代农业生产经营所需要的各种知识和技能。另一方面，农业工业化后，农民的生产、工作、生活环境比较好，机械化、自动化代替了繁重的人工劳作，大大减轻了劳动强度，农民过着比较舒适、体面的生活，这无疑增加了"农民"这个职业的吸引力。美国是实施农业职业资格准入制度和职业农民注册制度的国家，从事农业者必须接受和获取相应的职业教育与职业技能证书，才能从事农业生产经营、购买或继承农场。

2. 农业的高效益，提升了农民的社会地位

高效益是引领现代农业可持续发展的主要动力。现代农业的诞生和发展，是在市场经济条件下进行的。市场经济的一个重要法则就是趋利性，这种趋利性决定了市场资源配置和优质生产要素的投向。西方发达国家农业之所以能够持续发展，农业科技水平之所以高、其转化速度之所以快，是得益于政府的高度重视和财政补贴，从而吸引社会资本投向农业，使得从事农业产业同样可以稳定地达到预期的收益，由此形成现代农业的高效益不断得以强化、优势生产要素不断集聚的良性循环。事实上在发达国家，现代农业是投资回报率很高、发展潜力很大的产业。如法国、美国农民的人均产粮量和产肉量分别为我国的50倍与100倍。人均耕地只有0.06公顷的荷兰，农产品出口总值仅次于美国，人均创汇8万多美元。农业资源极度匮乏的以色列，1991年出口创汇6亿美元，占该国出口总额的5.6%。高生产率和高效益使现代农业越来越引起社会和投资者的关注。

然而在我国有相当一部分人认为农业是低效的产业，这里面至少有两个问题。一是我国的农业还是以传统的生产方式为主，农业规模小，专业化和组织化程度低，产业链还没有得到有效延伸，农业的效益还没有发挥出来。二是对农业效益的计算口径问题。我们在评价农业效益的时候，只是计算了农、林、牧、副、渔业的直接生产结果，而忽略了农产品在加工、流通、制造过程中产生的附加值，以及社会生态效益。美国的纯农业国内生产总值（GDP）占全国GDP总量的1.6%，而农业相关产业占8.1%，也就是说美国的现代农业产值占国民生产总值的9.7%。荷兰、日本分别是11.9%和10.9%。随着产业链的不断延伸，现代农业各个环节不仅吸纳了大量的劳动力，而且还产生了巨大的产值。据国际上测算，2000年，农业产前部门、产中部门和产后部门的产值比是0.45∶1∶5.04，而且与农业相关产业的产值比例呈现不断增加的趋势。

发达国家实现农业高效益的途径也因国情的不同而有多种实现方式。

（1）以规模化生产，实现农业高效益

以美国、加拿大为代表的资源型国家，农业经营以大中型农场为主体，土地规模大，区域化、专业化、机械化生产和社会化服务水平高。美国是全球可耕地面积最大的国家，200多万个农场，平均经营土地近200公顷，农业的规模效应非常明显。在农场主获得规模报酬的同时，由于规模较大拥有更强的抵御自然风险和市场风险的能力，美国农业得以稳定发展。美国农户不仅规模大，而且区域化、专业化生产水平也高。在20世纪60年代末，美国90%以上的农场只生产经营一种产品。据美国专家计算，仅此一项就使美国农产品大约增产40%，而成本降低了50%～80%。美国是世界上农业劳动生产率最高的国家之一，仅占美国3%的农业劳动力生产了供全国人口消费的食物，并出口了占美国出口总额 20% 左右的农产品，美国也因此成为世界上最大的农产品出口国。

（2）以发展高效产业，实现农业高效益

荷兰不仅是一个极具田园风光的国家，还是一个典型的以高效农业为主的国家。荷兰农业定位于园艺、畜牧业、种业等三大高效产业，与粮食作物相比，畜牧业、花卉、蔬菜、种业的经济效益要高得多。荷兰的花卉产业发达，花卉出口占国际花卉市场的 60%，荷兰因此成为世界上最大的花卉生产和出口国。在荷兰，畜牧业不仅经济效益高，而且占农业产值的比重高达 70%，是荷兰国民经济的主导产业。种业是农业中的高端产业，经济效益很高。荷兰培育的蔬菜种子在全球贸易中，占比超过 1/3。而且荷兰具有农产品面向国际市场、大进大出的农业体制，这一优势使荷兰农业成为高效农业的典范，荷兰每个劳动力创造的农业增加值、单位面积的产出效益和净创汇居世界第一。荷兰有 1200 万亩耕地，亩均农业产值为 800.4 美元，人均农业产值 4.37 万美元。2017 年，荷兰农产品出口总额为 917 亿欧元，占出口总额的 20%。荷兰的农产品出口仅次于美国，居世界第二。

（3）以发展高科技农业，实现农业高效益

以色列的农业资源极其匮乏，该国通过发展高科技实现农业高效益。在以色列，科技对农业增长的贡献率达到 90% 以上，比许多发达国家还要高出 20%。以色列发展农业的突出特点就是以效益为中心，把农业作为一个能获取丰厚利润的产业来经营，该国依靠高科技，把农业发展的战略重点定位于生产高质量的出口创汇农产品，把现代科技渗透到灌溉、施肥、种子、栽培、管理、节水等农业生产的每一个环节。以色列 60% 以上的农田、100% 的果园和蔬菜园均采用世界最先进的滴灌技术，水资源利用率达到 95% 以上，每公顷西红柿、葡萄、茄子的产量分别高达 110 吨、40 吨、70 吨。以色列农业科技人员利用生物技术和其他手段，不断培育出品质优良、抗病抗虫、适应当地气候和地力条件的新的农作物种子、种苗。研究开发的智能化农业机械，能高效完成从犁地、种植到收割的全套田间作业，并以最经济、最环保的方式保持操作速度和作业质量。温室栽培技术集中体现了以色列科技密集型现代节水农业的特点，对不同植物所需的光照、水分、养分、温度、湿度等进行控制和管理，极大地提高了农产品的产量、质量和效益，增强了在国际市场上的竞争能力。以色列的亩均农业产值为 356.5 美元，人均农业产值为 3.56 万美元。

发达国家的农民，一般占所在国总人口的比重在 2%~5%，承担着满足本国人口对农产品需求的重任（其中有不少还是农产品出口大国），对所在国经济社会发展、人民生活水平的提高有十分重要的作用。因此，在发达国家，农民受到社会的广泛认同和尊重，农民是一个令人羡慕的职业，并与城市人、不同行业的人享有同样的公民权利和社会保障、社会福利，过着比较体面的生活。美国农民有较高的社会地位和较大的政治影响力，农场主结成利益集团，与议员及国会博弈，推动有利于农民和农业的政策实施。

3. 农民高收入，带来了农民职业高门槛

从总体看，发达国家都积极采取多种措施，重视稳定提高农民收入。在发达国家，农民的收入一般相当于或高于社会平均收入，有些发达国家的农民还比较富裕。据资料显示，2014年美国农户的家庭收入是普通家庭的1.77倍，农业企业员工的收入也高于其他企业员工的收入。荷兰农民的收入在发达国家中也算是比较高的，该国农民的人均年收入超过30万元人民币。在荷兰，每5个年收入超百万元人民币的人中，就有1个是农民，10个农民中就能出1个百万富翁。荷兰农民的高收入，除了来自政府的高补贴外，还与荷兰的园艺、畜牧、种业等高效产业，以及面向国际市场、大进大出的外向型农业有很大关系。日本农民的收入水平比较高，平均年收入高达756万日元（相当于48万元人民币），由于日本农民的经营规模比较小，80%以上的收入来自兼业收入。德国农民人均年收入在3.6万~5万欧元。

发达国家农民有较高而稳定的收入，除了规模效益、劳动生产力高、科技水平高等因素外，还有两个重要原因：一是国家对农业的支持保护政策也起到了至关重要的作用，如欧盟国家的农民收入中有40%左右来自政府的各类补贴。二是农民有自己高效的服务组织。如日本农民普遍加入"农协"组织，家庭经营与农协的社会化服务相结合，是日本农业生产的显著特征。在日本，基层农协机构有700多个，全国99%以上的农民都加入了农协，农户的生产生活资料有70%以上是从农协得到的，农协在推动日本农业现代化的过程中发挥了积极的作用。美国农民自发联办的农业合作社，是没有任何官方色彩的合作经济组织。合作社的服务范围几乎包括从生产到流通的所有领域和环节，由合作社加工的农产品占农产品总量的80%，合作社提供的化肥、石油占44%，贷款占40%。

农民有一个稳定而较高的收入，一方面农民有尊严、能过上体面的生活，受到社会尊重，有利于农民阶层的稳定，有利于促进农业的发展。另一方面高收入也带来了高门槛。在发达国家，农民还是一个令人羡慕的职业。所以，许多国家普遍重视农民的职业资格准入。受农业产业最终产品性、土地资源稀缺性影响，政府通过农民职业资格准入、扶持协会组织等方式促进农民职业化。美国、德国、法国、英国等国家是实施农业职业资格准入制度和职业农民注册制度的国家，在这些国家，要取得农民资格不仅必须接受正规的教育，还要进行实习教育。法国有继承权的农场主子女，在接受基础教育之后，还要再上5年农校，再经过3年学徒期，考试合格后才能取得从事农业经营的资格，享受国家的优惠贷款及补贴。英国的农民职业资格证书分为农业职业培训证书和技术教育证书两大系列，以确保宝贵的农业资源让高素质的农民来使用和经营。德国农民的入职门槛比较高，有一套完整的职业农民资格证书制度，农民必须分别取得"学徒工""农业专业工""技术员""农业师傅""农业工程师"这5个等级的证书，才能从事相应等级的农业工作。在德国，无论当什么等级的农民，都必须在农业专业学校接受至少两年的教育，通过国家考试取得不同等级（"5级证书"）的证书后持证上岗。对农场主的要求更高，即使是一名有长期务农经历、拥有大量实践经验的农民，也必须经过两年的专业学习，通过国家考试后，才能获得独立经营农场的资格。德国农民技术含量高、收益高，工作强度固定，工作环境舒适，享受着民间组织、保险公司、政府等三个层级为农民提供的各类服务，农民的生产、生活和切身利益有保障，工作和生活令人羡慕。

第二章　新中国成立后我国农民的演变

在我国，农民一直是人口的绝大多数。农民既是农村社会的主体，又是整个社会结构的主要组成部分。新中国成立前，在长期形成的封建土地所有制情况下，土地等生产资料占有极不均衡是农村社会最突出的矛盾，也是造成当时中国农村社会长期贫困与落后的根本原因。那时的农民主要是租种地主土地的佃农，除了少数迁入城镇从事工商业经营或成为产业工人（变成商民和工民）外，绝大多数滞留在出生地，其中没有土地的农民依靠给地主打"长工"（长期雇佣）或"短工"（季节性雇佣）来维持生计。土改前，苏州农村的土地大量集中为地主阶级所有。据土改前调查统计，当时苏州专区下辖的常熟、太仓、昆山、吴县、吴江等5县农村，有64.55万户、263.39万人，耕地有474.13万亩。其中：地主有14877户，占5县总户数的2.3%；地主有50260人，占5县总人口的1.91%；占有耕地189.81万亩，占比为40.03%，人均占有耕地37.8亩。贫农、雇农140.29万人，占5县总人口的53.26%；占有耕地82.28万亩，占比为17.35%，人均占有耕地0.58亩。地主人均占有耕地是贫农、雇农的65.2倍。众多无地和少地的农民，被迫以高额地租向地主租种土地，或沦为雇工，地主则以出租土地、放高利贷盘剥农民。

一、新中国农民的五轮演变

新中国成立以来，农民翻身当了国家的主人，先后经历了土地改革、合作化、人民公社、改革开放、小康社会建设和现代化建设等重要历史时期，受国家制度、体制、政策不断变革和调整，生产力发展，科技进步等多种因素的影响，农民的社会身份和生产生活状态也发生了相应的演变，从土

地改革后的"自耕农"、农业合作化时期的"合作农民"、人民公社时期的"无自主性农民"、改革开放后的"自耕农+合作农民"到21纪以来的"职业农民"。

1. 土地改革后的小农经济，催生了"自耕农"（1950—1952）

新中国成立后，党和国家把农业作为恢复国民经济的发展要点，在全国范围开展了一场土地革命，废除了延续数千年的封建土地所有制，确立了农民土地所有制。1950年6月30日，随着《中华人民共和国土地改革法》的公布施行，土地改革在全国迅速展开。苏州地委立即起草下发《今冬明春实行土地改革的部署（草案）》，并于7月下旬成立土地改革工作队，分两期对5722名土改工作队员进行集中培训。8月，在各地做好宣传发动工作的同时，土地改革工作开始试点。11月初，全面展开土地改革，由乡政府和农民协会具体负责，地委和县委、区委派出土改工作队进驻各乡村协助指导。土地改革分四步进行：第一步，划分阶级成分。村农民协会召开农民大会，先民主评定地主、富农成分，再评农民内部成分，自报公议，举手表决，逐个评定，最后张榜公布。第二步，发动群众，斗争地主恶霸、土豪劣绅，没收地主的土地、粮食、耕畜、浮财及多余房屋。第三步，分配土地胜利果实。到1951年3月，苏州地区土地改革工作基本结束，共没收和征收土地303.22万亩，占全部耕地的63.45%，耕畜1万多头，农具38.37万件，使近40万户无地、少地的农民分到了土地，免除了过去每年至少向地主缴纳16亿余公斤粮食的苛重地租，实现了农民"耕者有其田"的要求。第四步，复查发证。

至1952年年底，中国大陆除新疆、西藏等少数民族地区外，绝大部分地区的土地改革已基本完成，3亿多无地或少地的农民，无偿分得约7亿亩土地及其他农业生产资料，并每年免除3000多万吨粮食的地租。至此，在中国存在了两千多年的封建地主土地所有制被彻底铲除。

土地所有制的根本性改革，顺应了历史潮流，使农民真正成为土地的主人，满足了广大农民对土地的渴望，赋予了农民生产经营自主权，激发了农民的生产积极性，解放了农业生产力，促进了农业生产的恢复和发展，农民的生活也得到了较大的改善。此时的农民，已由新中国成立前的"佃农""雇农"变为"自耕农"。有了自己土地的农民，可以自主安排生产经营、自主支配劳动成果，过上了自给自足的小农经济生活。尽管后来农民土地所有制改为农村集体所有制，但土地属于农民所有这一核心含义并没有变化，土地的承包经营权也在向农户长期拥有的方向发展。农村土地制度的彻底变革，使农村的社会治理结构、生产组织方式、人与人之间的经济关系发生了颠覆性的改变。

受当时的国情影响，以及历史的局限性，土地改革虽然改变了土地所有权的性质，但没有触及生产力整个体系的变革，更没有形成有利于农业发展的外部市场环境和机制，获得土地的农民仍然沿用落后的生产技术和破旧的基础设施，进行一家一户的生产经营，没有改变自给自足的传统小农经济观念和格局，农业生产方式仍处在一种非常落后的状态。这种分散、脆弱的农业个体经济既不利于农业自身的进一步发展和提高，也不能满足国家工业化对农业的需求（向国家提供更多的商品粮及其他工业原料），而且还存在着两极分化的危险。当时在老解放区，由于种种原因已出现了土地买卖和两极分化的现象。

2. 从初级社到高级社，变成了"合作农民"（1953—1957）

新中国成立初期，党中央从实际情况出发，提出了从新民主主义革命开始向社会主义革命的过渡，并在1953年9月25日的《人民日报》上公布了过渡时期总路线的内容，要在一个相当长的历史时期内，基本实现国家工业化和对农业、手工业、资本主义工商业的社会主义改造，简称"一化三改"。社会主义改造的主要任务是生产资料私有制向社会主义公有制的转变。

农业社会主义改造是通过合作化形式来实现的，又叫"农业合作化运动"。农业社会主义改造的基本组织形式是合作社。为了避免出现大的波动，使农民有一个逐步适应的过程，1953年，先后发布了《中共中央关于农业生产互助合作的决议》和《中共中央关于发展农业生产合作社的决议》，中国农村开始了互助合作运动并引导农民参加农业生产合作社，走集体化和共同富裕的社会主义道路。

整个合作化过程是分两步完成的。

第一步，在农业生产互助组（简称"互助组"）的基础上，建立初级农业生产合作社（简称"初级社"）。为了解决土地改革后农民在农业生产中面临的劳动力、畜力、农具缺乏等困难，依据自愿互利的原则，户与户之间通过互换人工或畜力进行相互帮扶，主要有农忙临时互助与常年互助两种形式。苏州地委于1953年春依据《中共中央关于农业生产互助合作的决议》，引导农民开展互助合作运动，提高农业生产能力。到1953年年底，苏州地区发展互助组69758个，参加农户数占总农户数的41.1%，对解决部分农户在生产经营中遭遇的劳动力、生产资料不足等困难提供了很大的帮助。

从1953年冬开始，全国一些地方开展了在互助组的基础上，农民以自愿方式加入的半社会主义性质的集体经济组织——初级社，农民将自己的土地入股、耕畜、农具作价入社，由初级社实行统一经营；社员参加由初级社安排的集体

劳动,劳动产品在扣除农业税、生产成本、公积金、公益金和管理费用之后,按照社员的劳动数量和质量及入股入社的土地、耕畜、农具等生产资料的多少进行分配。农民开始由一家一户自主经营转向由合作社统一经营,农民由"自耕农"转向"合作农民"。但这时农民的土地所有权并没有发生改变,分配上则采取按劳计酬与股份分红相结合的形式。所以这个时期的合作社被称为"初级社"。从1954年起,苏州地区开始试办以土地入股、民主评定股数、进行土地分红、实行统一经营和按劳分配为特征,有较强组织和协调能力的初级社。到当年年底,全区初级社发展到3107个,入社农户74880户,占全区总农户的6.9%。之后一段时间初级社有了较大的发展。

第二步,在初级社的基础上组建高级农业生产合作社(简称"高级社")。高级社是建立在土地等主要生产资料集体所有制的基础之上的,也是农业社会主义改造基本完成的标志性产物。1956年6月30日,第一届全国人大三次会议通过了《高级农业生产合作社示范章程》,明确了在高级社中,土地、耕畜、大型农具等生产资料归集体所有,土地等生产资料私有制的性质因此发生了根本性的改变。与此同时,以初级社为主的合作形式迅速转变成为以高级社为主的合作形式,合作层次在迅速拔高,合作社规模迅速扩大。加入高级社的农民,将个人所有的土地、耕畜、大型农具等生产资料转变成合作社性质的劳动群众集体所有,取消了按土地入股和农具入社分红制,实行按劳分配。在高级社内部建立了适应生产需要的劳动组织,其基本单位是生产队。高级社将劳动力、土地、耕畜、农具固定给生产队使用;有的还对生产队实行包工、包产和超产奖励的责任制度,有的则把包成本投入作为生产责任制的重要内容之一,形成了高级社时期实行的包工、包产、包成本和超产奖励制度,统称为"三包一奖四固定"制度。为了满足社员的日常生活需要,高级社还根据当地每人平均土地数划出5%的土地(称"自留地")分给社员个人种植蔬菜。入社的大牲畜、大农具和非农业工具有偿转归集体所有。1955年冬,苏州地委贯彻落实中共中央《关于农业合作化问题的决议》,在昆山茜墩区西宿乡试办高级社。1956年1月,苏州地委、昆山县委总结西宿乡13个初级社合并成一个高级社的经验,形成了《这个乡两年就合作化了》一文,并被收入《中国农村的社会主义高潮》一书,毛泽东主席还专门为该文加了按语,对昆山县茜墩区西宿乡两年就实现合作化的事情予以肯定和赞扬,指出:群众中隐藏了一种极大的社会主义积极性。到1957年末,苏州地区有301个乡、5711个农业生产合作社,最大的合作社有千户左右,最小的百余户,入社农户数占总农户数的99%以上。到1957年末，全国农村高级社总数达到75.3万个，入社农户1.19亿户，占全国农户总数的96%以上。在经历了互助组、初级社后，数以亿计的个体农户最终加入高级社，迅速走上了一条社会主义集体所有制的农业发展道路。从1953年开始农业社会主义改造到1957年农业社会主义改造基本完成，我国仅用了5年时间就完成了原定大约用3个"五年计划"或更长一点时间来完成的农业合作化运动。由于土地等主要生产资料已为集体所有，因此劳动产品的分配也由初级社的按劳计酬与股份分红相结合变成了单纯的按劳分配，农民也在较短的时间内从"自耕农"转变成了"合作农民"。

社会主义改造时期的农民，在较短的时间内经历了较大的变化。一是农民的土地所有权发生了重大变化。农民的土地所有权经历了从土改后的个人所有、自主经营到初级社阶段的个人所有、土地入股、统一经营，再到高级社的集体所有、统一经营和使用这三个阶段，农民分到了所有权归集体、使用权归农户的"自留地"种植蔬菜，从此农民的土地个人所有制转变为农民集体所有制。二是农民的身份有了新的变化——从土改后的自耕农转变为互助组成员，之后又先后转变为初级社社员、高级社社员。三是农民的生产生活方式发生了变化。土改后农民分户单干、自主生产；互助组时期农民之间开展自愿劳动互助合作；初级社、高级社时期农民由集体统一安排劳动，在分工和协作的基础上参加集体劳动，农民之间是完全平等的关系。四是农民的收入分配方式在不断变化：土改后到互助组时期农民可以支配自己所生产的全部产品及其收入；初级社时社员根据按劳分配的原则取得劳动报酬，获得土地的股金分红和其他生产资料的使用报酬；高级社则全部实行按劳分配。五是农民的组织化程度不断变化。从开始时的个体没有合作到自愿互助合作，再到合作社时期的全面合作，在应用优良品种、推广增产技术、积造自然肥料、兴修农田水利等方面比农户单干时有了较大进步，粮食产量也不断提高。

农业合作化确实使农业可以在较大面积的土地上实行统一种植，也有利于实行机械作业，有利于大规模组织农田水利设施建设，还增强了农民共同抵御自然灾害的能力，但对于快速改变整个农村的土地等生产资料所有制，究竟会对农民的心理、对农业生产、对农村社会产生什么样的深刻影响，当时的人们还根本来不及考虑。在这样的情况下，农村的合作化运动又转向大办人民公社。

3. 人民公社化时期的"无自主性农民"（1958—1983）

在"大跃进"的背景下，从1957年冬开始，一些地方在农田基本建设过程中打破社界、乡界甚至县界的组织形式，由此产生了在合并高级社的基础上建

立更大规模的生产组织的设想。

1958年3月,中央决定把小型农业合作社适当合并为大社;8月,中共中央做出了《关于在农村建立人民公社问题的决议》。人民公社,是在农业合作化运动之后,在高级社的基础上联合起来组成的农民集体所有制的经济组织,它在生产上实行集中领导,统一负责盈亏,以生产大队为经济核算单位,以生产小队为组织劳动的基本单位。苏州地区的人民公社,从1958年组建到1983年因人民公社功能消亡而退出历史舞台,历时26年。1958年9月,全地区建办人民公社285个,平均每个公社有5892个农户,入社农户数占总农户数的99.99%,300多万名农民成为人民公社社员。人民公社化运动的广泛性及其规模和速度,远远超过了1955年的农业合作化运动。

人民公社时期的农业实行的是高度计划经济。农业生产以"以粮为纲,增加粮食产量,解决主要农产品严重短缺"为主要目标,国家、省、地区、县各级每年都要对粮食、棉花、油料等主要农作物的生产层层下达指令性计划,对于主要农产品,国家实行统购统销制度。生产队按照上级下达的种植面积、品种、产量指标,组织农民进行集体生产,生产队按照每个农民每天完成的农活质量、数量或工时记给工分,年终按农民所得的工分进行分配。人民公社化运动,使刚刚从"自耕农"身份转变为"农业合作社社员"身份的农民很快又变成"人民公社社员",这一身份一直延续至家庭联产承包责任制全面实施后的1984年。

由于人民公社体制规模大、公有化程度高,权力过分集中,集体成为农民唯一的生产组织单位,集体统一使用生产资料,统一耕种管理、统一收获分配,农民虽然是集体的主人翁,但基层生产单位和农民并没有自主权,生产中没有责任制,分配上实行平均主义,这样的体制和制度与当时的生产力水平不相适应,对农业生产力的发展、农民生活的改善、农村经济的繁荣产生了不利的影响。

人民公社化时期的农民,最明显的特征是"无自主性"和同质化。一是农民在城乡之间的流动因户籍制度而受到严格限制,农民是农村户口的居民,与城市居民享有不同的户籍制度、劳动就业制度和社会保障制度。二是土地所有权和经营权归农民所在的生产队集体所有,农民在集体统一组织和管理下开展生产活动,主要从事植物栽培业或动物饲养业等单一农业。三是农民收入主要来自参加集体劳动的报酬且有平均主义特征。农民按照各尽所能、按劳分配、多劳多得、不劳动者不得食的原则评工记分,年终分配,取得劳动报酬,其收入的多少由所在生产队的生产经营效益和农民参与劳动的数量与质量决定。四是农民在集体内同等享有政治、经济、文化、生活福利等方面一切应该享受的权利。五是农民在职业选择、收入来源、生活方式等方面呈现出显著的同质化现象。

1983年10月,在总结各地试点经验的基础上,中共中央、国务院联合发出《关于实行政社分开,建立乡政府的通知》,要求各地在1984年年底以前完成建立乡政府的工作。到1984年年底,已有99%以上的农村人民公社完成了政社分设工作,建立了9.1万个乡(镇)政府,并建立了92.6万个村民委员会。至此,农民的"人民公社社员"身份宣告终结。

4. 改革开放后,成为"自耕农+合作农民"的结合(1984—2000)

苏州地区农村家庭联产承包责任制,从20世纪70年代后期起,经历了酝酿探索、全面推进、配套完善等三个发展阶段。

(1) 酝酿探索阶段

为克服人民公社体制存在的规模大、公有化程度高"吃大锅饭"的弊端,1979年5月,苏州地委提出了建立农业生产责任制,落实按劳分配政策的意见,开始推行"小段包干"和"定额计酬"的责任制形式。1979年9月,党的十一届四中全会通过《关于加快农业发展若干问题的决定》(简称《决定》),肯定了定额记工分,包工到作业组,联产计酬,实行超产奖励的做法。1980年1月,苏州地委根据《决定》精神,总结推广璜塘公社"全面搞好责任制,做到增产指标、增产措施和生产责任制三对头"的经验:农业上,实行公社对大队、大队对生产队全年定产、超产奖励的制度;副业上,针对不同项目,建立不同形式的"几定一奖"责任制,责任到组、到户(人);对社员实行规定基本投工量和基本投肥量的"两基本"制度;对大队、生产队干部,建立岗位责任制,年终进行考核。至1981年4月中旬,苏州地区有83.4%的生产队落实了各种形式的农业生产责任制。

(2) 全面推进阶段

1982年是苏州农村改革发展史上继土地改革、农业合作化、人民公社化、"农业学大寨"后又一个不平凡的年份,苏州地区各级干部群众认真总结实践经验,剖析各种责任制的利弊得失,学习推广凤阳县小岗村的"包产到户"经验,使农业经营体制的改革有了突破性的进展。苏州地区从年初开始,按照1982年中央1号文件的精神,用两个多月时间,全面开展完善和改进农业生产责任制工作。苏州地委组织6个工作组、2.6万名干部分两批帮助5万多个生产队完善生产责任制。家庭联产承包责任制由于打破了"大锅饭"体制,深受农民的欢迎,农民将之形象地概括为:"保证国家的,留够集体的,剩下全是自己的。"

至1982年年末，苏州农村有49370个生产队实行了家庭联产承包责任制，占总数的96.4%，其中实行劳划责任田、人划口粮田、猪划饲料田"三田制"的生产队有41564个，占实行家庭联产承包责任制队数的84.2%。至此，家庭联产承包责任制这种新型的农业经营制度在苏州地区得到全面推广。

（3）配套完善阶段

农村家庭承包责任制建立后，如何逐步完善、规范运作，在稳定中创新，在创新中发展，还有大量工作要做，也是一个重要课题，一项长期工作。针对当时在承包土地的划分、承包合同的签订等方面存在的问题，以及农户在生产中存在的一家一户难以解决的困难，1983年12月，苏州市委下发了《关于进一步完善农业生产责任制的意见》，要求各地集中精力抓好完善工作，从完善中求得稳定和提高，求得农业生产力的进一步发展。

此后的一段时间里，苏州农村围绕完善家庭联产承包责任制，主要开展了三个方面的工作。

① 有组织、有步骤地解决土地过于零散的问题

由于不少地方划田时采取了好田差田、近田远田、高田低田、水田旱田都分一点的办法，加上有的地方实行劳划责任田、人划口粮田、猪划饲料田的"三田制"，这就使得农户分到的耕地过于零散，不利于日常的生产管理。1984年秋播前，在坚持"大稳定、小调整"原则的基础上，各县（市、区）有领导、有步骤地展开了调整。调整方法是：重新测算、全面调整、协商转换、个别调整。"三田制"逐步变为"两田制"，即口粮田和责任田，自留田不动。这次调整涉及全区81.2%的乡镇、54.7%的村、40.3%的组、33%的农户和8.6%的耕地。在贯彻落实1984年中央1号文件提出的土地承包期一般在15年以上的基础上，1998年，相关部门又按照中央颁布的《土地承包管理办法》的规定，明确土地承包期一般30年不变。

② 建立农业服务体系

实行家庭承包责任制之后，为农民解决一家一户在机耕、灌水、植保、良种推广等方面遇到的困难，既是广大农民的强烈愿望，也是完善家庭承包责任制的重要内容，更是加快转移农村劳动力，提高科学种田水平，促进农村经济全面发展，增加农民收入的有效途径。1983年12月，吴县黄桥乡张庄村率先建立农业服务站，为农户提供便捷周到的服务，很受农户欢迎。从1984年起，这个经验很快在全市推广，并不断加以完善，后来发展了"五有六统一"的服务，即农业服务有健全的组织、有固定的人员、有配套的农具、有完善的设施、有

规范的制度；以村为单位，统一作物布局、统一良种供应、统一机械作业、统一水浆管理、统一防病治虫、统一肥料供应。到1984年年底，全市2817个村建立了管水专业队，有1033个村建立了机耕队，有665个村建立了植保队，有1344个村建立了肥药站，有1704个村实行统一良种供应。随着农业服务体系的不断完善，服务功能不断增强，逐步拓展到农业、水利、农机、水产、蚕桑、畜禽、花果、食用菌、饲料加工和农资供应等各个领域。

③ 因地制宜推进土地流转

随着农村家庭承包责任制的建立，农村劳动力向乡镇企业的转移，承包耕地的流转被摆上了议事日程。1983年，昆山县陆杨乡40个种粮大户率先创办的家庭农场开创了土地规模经营的先河。1986年，苏州农村有条件的地方开展了土地适度规模经营的试点，当时全市20亩以上的种粮大户、家庭农场有265个，经营土地1.3万亩。到1991年年底，全市农业规模经营单位达到1293个，经营耕地7.2万亩。1999年6月，苏州市委、市政府两办发出了《关于加强农村集体承包土地流转管理的意见》。2002年，全市农村工作会议提出大力推进农村土地使用制度改革，要求按照"依法、自愿、有偿"的原则，积极探索以土地承包权作价入股与使用权转让、转包、租赁、互换、合作，加快农用地有序、合理流转，实现生产要素的市场化配置，确保农民在土地上的收益权。

在较长一段时间里，党和国家在制度、政策层面对家庭联产承包责任制不断进行完善。1999年再次修改宪法时，将"家庭联产承包责任制"改为"家庭承包经营"，最终形成了农民家庭承包经营制度，现在的《宪法》是这样表述的："农村集体经济组织实行家庭承包经营为基础、统分结合的双层经营体制。"所谓"家庭经营为基础"，就是农户家庭是承包集体土地的基本单位，农民能够自主决定种什么、怎么种、如何卖、卖给谁，生产的收益则全部由自己来支配，农民家庭是农业生产经营的真正主体，这就是这个时期农民的一个重要特征——"自耕农"。所谓"统分结合的双层经营"，是指在农户家庭经营的同时也要坚持必要的集体统一经营，对一些不适合农户分散经营或者农户不愿意承包经营的经济活动，比如大规模的农田水利建设，农作物的植保、育种，动植物的防疫，以及产前准备、产中管理、产后销售等服务，可以由集体服务组织统一经营和管理，这就使得农民与农民之间、农民与集体及服务组织之间开展互惠互利的合作，这时的农民也就成为"合作农民"。这种家庭分散经营与集体经营相结合的经营体制，能够有效协调集体利益和个人利益的关系，既能调动农民的生产积极性，也能发挥集体经营的优势。

5. 进入新世纪,"职业农民"开始成长、壮大

进入 21 世纪以后,我国进入工业化中期向后期过渡阶段。2003 年,国内生产总值达到 135822.8 亿元,人均国内生产总值为 10542 元,已经超过 1500 美元。第一产业增加值占国内生产总值的比重下降到 12.8%,第一产业就业人数下降到 49.1%,我国进入了主要依靠第二、第三产业的发展来吸纳新增劳动力的阶段。这些情况表明,从整体发展水平看,我国已经初步具备了非农产业反哺农业、城市支持农村的条件。2002 年党的十六大的召开,标志着中国的工农关系、城乡关系开始发生重大转变。这次会议明确指出,统筹城乡经济社会发展、建设现代农业、发展农村经济、增加农民收入是全面建设小康社会的重大任务;会议并首次明确要求建立有利于逐步改变城乡二元结构的体制和机制,逐步扭转工农差别和城乡差别扩大的趋势。在 2003 年 1 月召开的中央农村工作会议上,时任中共中央总书记胡锦涛向全党全国提出要求,要统筹城乡经济社会发展,充分发挥城市对农村的带动作用和农村对城市的促进作用,实现城乡经济社会一体化发展,把解决好农业、农村和农民问题作为全党工作的重中之重,放在更加突出的位置。

自 2004 年开始,中共中央又每年发出以农业农村工作为主题的 1 号文件,到 2020 年已经发出 17 个。之所以这样部署,是为了向全党、全社会发出高度重视农业农村农民工作、持续加大重农强农力度的强烈信号。与之相应,城乡关系发生了这样几个新的历史性转变:农业与国民经济的关系从以农业支持第二、第三产业发展为主,开始向第二、第三产业支持农业发展为主转变;农民与国家的关系从以限制农民流动,让农民为国家的工业化、城镇化做贡献为主,开始向支持农民在城乡间流动和鼓励农民富裕为主转变;城乡关系从以农村支持城市为主,开始向城市支持农村发展为主转变。

苏州市与全国一样,在城市化、工业化和城乡发展一体化快速推进的同时,"三农"发展也进入了一个新的历史时期,其内部结构和外部环境都发生了根本性变化,新型职业农民产生、成长、壮大的条件日趋成熟。

(1) 农业发展方式出现重大转变

进入 21 世纪,苏州市委、市政府围绕率先建成高水平小康社会和率先基本实现现代化这两个宏伟目标,不断推进现代农业高质量发展。一是农业产业体系不断优化。形成了以优质水稻、特色水产、高效园艺、生态畜禽为代表的优势主导产业,农产品加工业不断壮大,农业服务、农业旅游等第三产业加快发展。到目前,已培育各级农业产业化龙头企业 320 家,有 24 家在江苏股权交易中心"农业板"完成挂牌。农产品加工业产值突破5000亿元，与农业总产值的比值达到6∶1，位列全省第一。2020年，农产品电商销售额达到71.02亿元。"十三五"期间农业旅游年均接待游客2000万人次，年均农业旅游收入38.5亿元。昆山巴城镇、太仓璜泾镇、常熟海虞镇成功入选全国农业产业强镇，相城区成功创建全国农村一、二、三产业融合发展先导区。二是农业基础设施和智能装备水平不断提高。主要粮食作物耕、种、收机械化率达90%。常熟、昆山、吴江、吴中等4个市（区）入选农业农村部2018年度全国100个县域数字农业发展水平评价先进县。2020年，苏州市获评为智慧农业国家改革试点。三是农业组织化、社会化服务水平不断提高。苏州市培育农民合作社3772家、家庭农场417家，建成国家或省（市）级现代农业园区56个，面积超过130万亩，占承包地的60%。主要农作物病虫害专业化防治服务比例达90%。四是新品种、新技术推广应用面不断扩大。水稻等主要农作物良种覆盖率在98%以上，高效、低毒、低残留农药使用占比达92%，主要农作物的测土配方施肥技术覆盖率达90%，农业科技进步贡献率超过70%。五是绿色发展呈现良好发展态势。农产品整体检测合格率达到99.67%，绿色优质农产品比重达到69.7%。成功打造了一批地产农产品品牌。2020年，全市畜禽粪污综合利用率达到99.3%，秸秆综合利用率、废旧农膜回收利用率分别达到99.86%和89%。

  一方面，农业发展方式的重大变化迫切需要培养一支与现代农业建设相适应的新农民队伍，以适应现代农业发展对农民素质提出的更高要求；另一方面，现代农业的发展为新型职业农民提供了施展才能的舞台和广阔的发展空间。可以说，现代农业催生了现代农民，现代农民推动了现代农业的发展。

  （2）农业劳动力供给由过剩开始向短缺转变

  家庭承包责任制推行以后，随着乡镇企业的发展和城镇化进程的加快，大批农村劳动力向非农产业转移，农民从"离土不离乡，进厂不进城"发展到"离土又离乡，进厂又进城"。进入21世纪后，农民工流动的高潮再起，全国每年的农民工流动人口以600万至800万人的数量迅速增长。其中进入大中城市的，主要在商业、服务业和建筑业就业，也有开出租车、开办餐馆或做小生意的。而涌入珠江三角洲、长江三角洲等发达地区的农民工，则主要进入加工贸易型制造业。据国家统计局数据显示，2016年年底，全国农民工总人数达到2.82亿人。在"十二五"时期，我国城镇化率年均提高1.23个百分点，每年城镇人口增加2000万人，2019年人口城镇化率达到60%。

  从苏州的情况来看，苏州的农村劳动力在经历了向农业深度发展转移、向

乡镇企业转移之后，进入了向"三资"企业、民营企业转移阶段。2006年苏州规模以上外资企业从业人员有152.81万人，比2002年增加了108.9万人，增幅达到2.48倍。农村中从事工业的劳动力由2002年的90.83万人增加到2006年的111.48万人，增加的劳动力多数流向了"三资"企业，而同期农村劳动力总数减少了5.32万人。大量农村劳动力向非农产业转移，给国家经济发展注入了强大的发展动力，降低了发展成本，支撑了中国经济的高速增长。同时，也引起了日趋严重的务农劳动力老龄化、低素质、后继乏人等问题，导致农业生产效率与耕地利用效率下降，农村社会精英人才的流失与农业劳动力的老龄化对农业构成潜在危险，"未来谁来种地"将成为一个无法回避的问题。只有培育新型职业农民，才是破解"谁来种地"等问题的根本之策。

（3）党和政府对"三农"的支持保护，营造了新农民产生、成长的良好环境

新农民是新生事物，新生事物的产生、发展，一定要有适宜生长和壮大的土壤。而在城乡二元结构的体制下，农民的生产经营受自然和市场的双重制约，农业的经济效益低而不稳，农民收入只有城市居民收入的1/3～1/2，加上务农的劳动强度大，劳动条件艰苦，农村有文化的年轻人都不愿意留在农村务农，所以有一段时期出现了"农民荒"。进入新世纪后，党和政府把"三农"工作放到重中之重的位置，出台了一系列支农、惠农、富农的政策，为新农民的产生、成长和壮大创造了十分有利的条件。

① 加大了对农业的支持保护力度

在工业化、城镇化快速发展的过程中，农业的基本功能不断得到扩展和深化，农业不仅提供人们所需的农产品和就业机会，还要提供良好的生态系统，提供生活、教育和文化载体等多元功能，经济发展水平越高，社会越是进步，农业功能的多样化趋势越是明显，农业愈益起到不可替代的作用。苏州市统筹城乡发展，加强对农业的保护和支持，不断创新工业反哺农业的政策机制，增加对农业的投入。一是强化财政投入，增加对农业基础设施的投入力度，对农业科技、农业技术推广、农产品质量安全以及农业服务体系建设等的支持力度，对农业龙头企业和农业专业化合作组织的扶持力度。二是加大以生态补偿为主的政策补贴力度，以基本农田、水源地和重要生态湿地、生态公益林为生态补偿重点，通过财政转移支付，对因保护和恢复生态环境及其功能，经济发展受到限制的地区给予经济补偿。三是扶持新型农业经营主体。如张家港市从2006年开始对流转土地按每年每亩300元的标准给予补贴，一定10年不变，标准逐

年增加；昆山市的补贴标准达到每亩 400 元。其他市（区）也都出台了相关的扶持政策。对获得国家级、省级、市级的农业龙头企业，由财政给予一定的资金奖补。四是创新农业投融资体系。苏州市注重培育适应"三农"发展需要的各类新型金融组织，积极探索政策性保险金融对农业发展的支持力度，建立农业担保公司缓解涉农企业融资贷款难的问题，加强财税政策与农村金融政策的有效衔接，充分发挥财政资金的导向功能，有效引导外商资本、民间资本、工商资本等多渠道、多形式、多层次筹集农业建设资金，引导更多信贷资金和社会资本投向"三农"。

② 农民种地可以拿补贴了

从 20 世纪 90 年代开始 21 世纪初，针对受粮价下跌和生产资料价格上涨等因素影响，而出现的农业效益下降、农民增收困难、粮食生产连年下滑的局面，党和政府审时度势，在 2004 年的中央 1 号文件中明确提出要建立农民种粮直接补贴、农机具购置补贴制度并扩大良种补贴范围，由此开启了中国农民种地拿补贴的时代。2006 年，又根据生产资料价格上涨的现实，实行农资综合补贴政策。至此，以粮食直补、良种补贴、农资综合补贴、农机购置补贴为主要内容的"四项补贴"制度初步建立。2004—2015 年，"四项补贴"从每年 146 亿元逐年增加到了每年 1678.9 亿元。虽然这些补贴到每户农民手里并没有多少，但对农民的心理产生了很大的作用，这四项补贴让农民心里乐开了花。种粮不但不用给国家交税，而且还能从国家那里领钱，这可是中国历朝历代从来没有过的事情。苏州市在全面贯彻执行国家出台的"粮食直补、良种补贴、农资综合补贴、农机购置补贴"制度的同时，又根据苏州要率先基本实现农业现代化的目标，加大对农业的补贴力度，全市财政支农投入稳定增长。从 2007 年起，苏州市财政每年安排现代农业园区专项资金，从最早的 3000 万元提高到 6000 万元，重点提升国家级、省级农业园区和市"十大园区"综合水平，推进全市现代农业园区建设。从 2006 年开始，苏州市在全省首家开展"委托代办"的政策性农业保险，实行"联办共保"模式，政府和公司各按 50% 的比例分配保费收入、共担保险风险，从而有效发挥政府的公共管理职能和保险公司专业化的风险管控技能。2006 年仅水稻保险 1 个险种，截至 2016 年年底已形成国险、省险、市险、县险等 4 个层次，开单险种 33 个，全市累计投保农户 488 万户次，承担农业生产风险保障 232.24 亿元，为抵御农业自然风险，促进农业增产、农民增收、农村稳定，发挥了积极作用。从 2015 年起，苏州市级财政制订了每年投入 3000 万～4000 万元，连续 3 年共投入 1 亿元的计划，扶持"菜篮子"工程建设，重

点是扶持设施蔬菜生产基地和"菜篮子"流通体系建设,提升苏州市区"菜篮子"产品自给水平。2010年,苏州市委、市政府出台了《关于建立生态补偿机制的意见(试行)》,对因保护和恢复生态环境及其功能,经济发展受到限制的地区给予经济补偿。到2018年,全市已累计投入生态补偿资金77亿元,共有103.88万亩水稻田、29.24万亩生态公益林、165个湿地村、64个水源地村、8.97万亩风景名胜区得到了补偿。

③ 农民种地不用交税了

农业税是一个古老的税种,从公元前594年的"初税亩"开始征收。新中国成立初期,国库空匮,国家设置了农业税。1950年,农业各税占国家各项税收收入总额的比重曾达到40%,直到"五五"时期(1976—1980)以后才降到了10%以下,到1979年仍有5.5%。农业税种及相关收费,是维持基层政府运转和发展农村公共事业的基本财力保障。但由于养人负担和发展任务重,国家缺乏足够支持,农业税不仅给农民带来了沉重负担,甚至也影响到了农村的社会稳定。为改变这一状况,国家从1998年就开始酝酿农村税费改革。2000年,安徽省率先启动试点改革,随着试点的成功和试点范围的扩大,2006年,在中国实行了2600年的农业税正式宣布取消,"皇粮国税"的制度自此终结。农村税费改革成功后,与1999年相比,农民每年减轻税费负担超过1335亿元,农民切实得到了休养生息。

苏州市从2003年开始,抓住国家实施税收属地征收管理改革,全面取消农业税附加,取消农业特产税并改征农业税的契机,将农业税改由镇村代缴,市(区)政府适当补贴,农民不再需要交农业税了。这不仅在苏州历史上不曾有过,在全国范围内也是开了先河,比国家2006年全面取消农业税提早了3年。这一改革实施后,全市321万名农民、104万户纳税户得益15621万元,平均每户减负150元。

④ 建立了最低收购价和临时收储价制度

国家分别从2004年、2006年起在主产区对稻谷、小麦两个重点粮食品种实行最低收购价政策。所谓"最低收购价",就是国家在农民播种之前根据种植成本、往年市场价格等多种因素,给出一个收获季节新粮上市时的指导价。如果市场价格低于这个价格,在主产区就由国家的政策性粮食收储机构收购。如果市场价格高于这个价格,农民可以将粮食直接卖给市场。这相当于农民通过估算自己的投入和收获后的价格,可以提前知道自己当年种粮最少能收入多少钱。2007年以来,国家又先后对东北地区的玉米、大豆实行临时收储政策,即当玉米、大豆的市场价格过低时，国家以略高于市场价的价格对其进行临时性收储。由于国家有托底价，农民的种粮积极性大为提高。仅 2004 年一年，我国的粮食产量就增加了 380 多亿公斤，这个增产量是以前从没有过的。粮食最低收购价政策和临时收储政策是国家调整粮食供求关系的重要手段，也是保护农民种粮积极性的"定心丸"。苏州市在执行国家公布的稻谷最低收购价政策的同时，从 2008 年开始，在全市范围实施水稻收购价外补贴政策，对种植水稻 1 公顷以上的经营者实行价外补贴，即由粮食购销企业事先与种粮大户、合作社签订年交售粳稻 5000 公斤以上的订单，在按市场价收购的基础上，每 50 公斤粳稻再补贴 6 元，到 2012 年提高到 10 元。这项政策有利于调动农民种粮积极性，增加粮农收入，促进水稻生产规模化，降低地方储备粮的运作成本和风险。

综上所述，进入 21 世纪后，农业发展方式出现重大转变，农业劳动力供给由过剩开始向短缺转变，党和国家为新农民的成长壮大营造良好的环境，新时代呼唤着新农民，新产业、新业态为新农民提供了成长壮大的新平台。

二、苏州地区农民的特有性格

社会学界认为，每个地区的地理及其文化都有它的独特之处，这种独特之处在地区发展的每一个阶段都会顽强地彰显出来，并往往发挥着主导作用。苏州地处江苏省东南部，东邻上海，南接浙江，西抱太湖，北依长江。属亚热带季风海洋性气候，四季分明，气候温和，雨量充沛，土地肥沃，物产丰富，自然条件优越。勤劳智慧的苏州农民，为苏州赢得了"鱼米之乡""丝绸之府"等美誉，创造了以稻作生产为标志的吴地农耕文化。"上有天堂，下有苏杭"，千百年来，这句古老的谚语代代相传，让世人对苏州总是有着无穷的遐思和不尽的向往。

苏州的农民，除了具有中国广大农民勤劳节俭、淳朴敦实、睦邻乡里、渴望富裕、自强不息、敢闯敢干等共有的特性外，由于苏州独特的地理环境、历史原因、人文因素等，还形成了"重教好学、精耕细作和兼业众多"的特有性格，并影响着一代又一代的苏州农民，使苏州农业也和苏州的其他方面一样在全省乃至全国一直处于领先水平。

1. 重教好学

自古以来，苏州民间素有重教兴学、读书上进的优良传统，并代代相传，从未断绝。苏州历史上出过 1500 多名状元、进士，当代苏州籍的两院院士达到 100 多名。新中国成立后，浸润在崇文重教悠久传统下的苏州农民更加重视教育，即使在 20 世纪五六十年代，苏州农民的生活水平仅在温饱线上徘徊，他们

也仍秉承"书包翻身"的理念，笃信知识能够改变命运，宁愿住草房、吃稻糠、喝腌菜汤，砸锅卖铁也要千方百计供子女读书。

这种重教兴学的精神深刻地影响着苏州农民。看苏州农民，不管是传统的还是现代的，也不论学历高低、是否专业出身，他们都有爱学习、爱钻研的习惯。即使在人民公社"大呼隆"生产时期，苏州各地的农民也积极向专家、技术人员请教，虚心学习外地先进经验，在水稻、三麦、棉花、油菜种植及生猪、家禽、水产养殖等领域涌现了一大批学习能力特别强、创造各种种养业高产典型的农民，苏州的农业也因此而走在全省乃至全国的前列。改革开放后苏州大力发展乡镇企业，涌现了一批农民企业家，这些企业家的成功之道中很重要的一条就是重视自主学习，学用结合，不断满足自身发展的需要。

吴地文化教育发达，官方的提倡是有积极作用的，范仲淹办府学，更有深远影响。民间的文化教育意识，也有力地推动着苏州教育事业的兴盛。如在"唯有读书高""书中自有黄金屋"等强烈的意识作用下，吴地逐步出现了一批有一定文化影响力的书香门第、文化望族，进而以苏州城为中心基地，形成了密集的文化群体。吴地的教育文化也因此而不断积极扩散，以至绵延长久。这是文化乃至技艺得以继承发展、达到很高水平的民间基础。

改革开放以来，苏州的教育事业更是得到了长足发展。苏州较早地将"科教兴市"确立为经济社会发展的主体战略之一，坚持优先并适度超前发展教育。1992年，苏州市率先基本普及九年制义务教育；1998年，苏州市在全省率先普及高中阶段教育；2004年，苏州市率先普及15年基础教育。一个完整的现代国民教育体系已经在苏州初步建立，全市新增劳动力人均受教育年限接近15年，各项主要教育指标均处于国内领先水平。

2003年，苏州市委、市政府提出了实施"现代农民教育"的战略构想，并将此作为全面落实科学发展观，大力推进"两个文明"建设，坚持以人为本、富民优先，尤其是切实解决好"三农"问题的重要举措。当年，"现代农民教育工程"就被列入苏州市委、市政府的"实事项目"和农村"十项实事"之一。2004年12月，苏州市政府召开全市现代农民教育工作会议，并与各市（县）、区政府签订了2005年《现代农民教育目标责任书》。现代农民教育的实施，不仅推动了苏州市农村成人教育的再发展，促进了农村劳动力的有序转移，提高了农民的素质，而且对加快培养造就新一代农民发挥了重要作用，产生了深远的影响。

2. 精耕细作

苏州人多地少，土地资源金贵；苏州自然条件优越，物产丰富，月月有花，季季有果，天天有鱼虾。寸地寸金的苏州，种什么好什么，养什么成什么，不仅地方特色农产品种类多、品质优，而且形成了苏州农民精耕细作的优良传统，苏州农民有匠人精神，非常重视农业的工和艺。在人民公社大生产期间，苏州农民也是将十边隙地乃至家前屋后种足、种满、种到边，每寸土地都能得到充分利用。

经过历代先民的精耕细作，苏州赢得了"鱼米之乡""丝绸之府"的美誉。20世纪70年代，全国曾掀起"水稻学龙桥""三麦学塘桥"的热潮，这是因为当时吴县长桥公社龙桥大队的双季稻亩产和沙洲县塘桥公社的三麦亩产夺得了全国冠军（塘桥公社的三麦亩产是南方13个省、市、自治区的冠军）。苏州的水产养殖也是源远流长，早在2500年前，陶朱公（范蠡）就在苏州郊区养鱼致富，他是中国最早的养鱼状元。改革开放初期，水产养殖水平不高、产量低，水产品供不应求，苏州的内塘、外塘养鱼水平却全国冒尖。1984年，农业部在苏州召开全国大水面养殖增殖现场会，学习推广苏州的经验。淡水养殖珍珠也源于苏州，苏州珍珠养殖在技术和产量方面也为全国状元。吴中区东山、金庭两个镇的碧螺春茶果复合系统2020年成功入选农业农村部颁发的中国重要农业文化遗产名录，此前（2011年5月）"苏州洞庭山碧螺春绿茶制作技艺"已被列入国家级非物质文化遗产代表性项目名录，苏州成为江苏省内唯一的农业产品国家级双遗拥有城市。苏州人这种做一行、专一行、冒尖一行的人文内因，在发展现代农业中同样发挥到了极致，在不同的时代、不同的领域，创造出了同样的辉煌。

（1）稻作是传承精耕细作的代表

水稻是苏州的传统优势作物，稻作是精耕细作农耕文化的典型代表。苏州的水稻不仅历史悠久，而且产量高、米质好，还能改善生态环境、提高抗灾能力，是苏州"鱼米之乡"名片的根和魂。

据对苏州三山岛和草鞋山等多处古文化遗址的考证，苏州先民早在约6000年前就已经掌握了水稻的栽培技术和加工技术，苏州因此而成为世界公认的东方稻作文化的发源地。尤其是精耕细作的水稻栽培技术曾被视为世界农业的精华和典范。至于之后相继出现的蚕桑生产、丝绸纺织，以及传统手工业、商贸业、刺绣、造园乃至书画曲艺等，其实也都是在农业这个古老的母体产业中孕育发展起来的。我们认识苏州农民，了解苏州的传统文化背景，就能更清楚地

看到今天苏州农民身上与众不同的地方。

20世纪六七十年代，在粮食严重短缺的形势下，苏州开始大面积种植双季稻，在季节十分紧张的"双抢"（前季稻抢收割、后季稻抢插秧）期间（8月份）正是高温季节，苏州农民战高温抢收抢种，前季稻"适时收获、颗粒归仓"，后季稻"精播培育壮秧，拉线定点插秧"，精细安排双季稻高产的每个环节并做好做到位，创出了全国闻名的吴县龙桥大队双季稻高产经验。从苏州的自然条件来看，种一季水稻温光资源充足，种两季水稻则温光资源尚显不足。从60年代初开始，吴县长桥公社龙桥大队的农民在反复试验的基础上，摸索出了一套双季稻精耕细作的高产经验。1970年，龙桥大队在连续8年丰收的基础上，粮食平均亩产从上年的853公斤增加到1002公斤，年亩产突破1吨粮食大关。12月31号，《人民日报》发表《江南高产地区学大寨的一个榜样——吴县龙桥大队调查报告》一文，介绍龙桥大队粮食再夺高产的事迹，并配发编者按；中央人民广播电台同时播出，表彰龙桥大队稻麦亩产超1吨。1976年，国务院指示农林部在苏州召开南方13省水稻生产现场会。1978年龙桥大队"发展双三熟制的合理品种布局和高产稳产技术"获全国科学科技大会奖。

在20世纪90年代全面恢复单季稻种植后，苏州又大力推广全国劳动模范、著名水稻专家陈永康的水稻高产经验，单水稻播种的秧田就要经过12道工序，并达到"烂、平、光和通气"的要求才能播种，落谷要稀而均匀，其标准是一个铜板3粒谷。水稻移栽后的田间管理更是精细，"三分种七分管"，前期管理"深水活棵、浅水发棵"，中期管理"两耘两耥、分次搁田"，后期管理"薄水勤灌、干湿交替"。整个水稻生育期间还要根据苗情的"三黄三黑"变化因苗施肥，根据病虫发生情况开展综合防治。在这样的精耕细作下，全市水稻生产先后在1990年、1995年、1998年亩产分别突破500公斤、550公斤、600公斤，处于全省乃至全国领先水平。1990年，苏州市被国务院授予"全国粮食生产先进单位"称号。

（2）三麦高产再创精耕细作典型

三麦的种植历史与水稻相比要晚得多。南宋北人南迁以后，北方人喜好面食的习惯带动苏州开始种植小麦，到明清时期苏州的麦作技术才有了较大发展。新中国成立后，受"重稻轻麦"思想的影响，苏州的麦作技术远比稻作技术粗放。加上当地地下水位比较高，历史上苏南地区三麦种植面积小、产量低，故有"三麦三麦，亩产难超三百（斤）"的说法。20世纪50年代后期开始，在国家粮食极度紧缺的形势下，三麦面积迅速扩大，但三麦产量低而不稳的状况没有改变。地处沙洲县南部的塘桥公社六大队农民在生产实践中领悟到，要提高三麦产量，最要紧的是要解决好两个问题。第一个是提高播种质量，解决粗耕粗种问题。以往水稻田黏性土种植三麦，泥块大、露籽、丛籽、深籽多，麦苗出不好或长不好，很难高产。第二个是解决湿害问题。塘桥的农民首先在垄田翻耕的工艺上进行改进，改大块翻耕为薄片深翻，待土爽后细斩，泥块不过鸡蛋大，确保麦籽播种均匀、深浅一致；其次，在麦田沟系上下功夫，增加数量、加深深度，明沟、暗沟结合，横沟、竖沟搭配，田内沟、田外沟配套，排水沟、隔水沟分开，做到"一方麦田、两头出水、三沟配套、四面托起"。经过多年的反复实践提高，终于形成了一套江南水乡三麦精耕细作、"五争夺高产"的经验，即：早做准备争主动，打好基础（播种）争五苗（早苗、全苗、齐苗、匀苗、壮苗），冬壮冬发争穗多，稳长壮秆争穗大，战胜三害（病、虫、渍）争粒重。1970 年，塘桥公社六大队新千斤生产队的三麦亩产达到 350 公斤的高产量。1971 年，塘桥公社的三麦平均亩产达到 315.5 公斤，成为苏南三麦高产稳产的一面旗帜。同年，苏州地区革命委员会将塘桥六大队定为全区三麦高产典型，并发出了"三麦学塘桥"的号召。1971 年到 1981 年，全国有 16 个省、市、自治区的领导和各级干部、技术人员、农民代表共 41 万人次来塘桥参观学习。同期，塘桥公社应邀先后派出农民 700 多人（次），分赴浙江、上海、安徽、湖南、四川、福建等 17 个省市、91 个县种试验田，示范传授小麦高产经验。这些被派出去的农民在各地所种的试验田，亩产量比当地增加 50%～60%，有的甚至增加 1 倍以上，获得当地领导和群众的好评。1974 年，北京科技电影制片厂到塘桥公社拍摄科教片《水乡三麦夺高产》，塘桥公社六大队《三麦一季超纲要》图片在中国农业展览馆展出。1982 年，《塘桥小麦高产经验》一书由江苏科学技术出版社出版。塘桥农民创造的三麦高产经验，为我国南方小麦高产做出了重大贡献。

（3）茶果间作是培育出来的精耕细作花朵

在吴中区环太湖的东山镇和金庭镇，茶农和果农用智慧而勤劳的双手，经过一代又一代的辛勤耕耘，培育出了一个独特的茶果立体栽培模式——"碧螺春茶果复合系统"，这是苏州精耕细作农耕文化的又一代表作，而且成功入选 2020 年农业农村部颁发的中国重要农业文化遗产名录。

吴中碧螺春茶果间作系统农业文化遗产保护区的区域范围包括吴中区东山镇和金庭镇两个乡镇 23 个行政村、两个社区，总面积 178.6 平方公里。这里是我国茶果生长的适宜地区，当地果农从唐宋时期便开始探索把碧螺春茶树与枇杷、柑橘、杨梅、板栗、李子、杏子、梅子、柿子、石榴、枣子等当地优势特色果树，相间交错地立体种植在低山丘陵地区，形成了梯壁牢固、梯度布局和水土保持良好的茶果种植复合系统。碧螺春茶树喜阴、怕阳光直晒、怕霜雪寒冻，果树喜光、抗风、耐寒，可以为茶树提供遮蔽骄阳、蔽覆霜雪等良好的生长环境。茶果间作，茶树、果树枝丫相连，根脉相通，果树的花粉、花瓣、果子、落叶等落入土壤，洞庭山碧螺春茶可以从土壤养分中吸收果香、花味，茶树生长在"月月有花、季季有果"一年四季花果飘香的果园中，茶吸果香，花窨茶味，这种特殊的生长环境造就了碧螺春茶独特的花香果味这一天然品质。茶果间作栽培，既能集约利用有限的土地、充分利用光能，又能有效提升土地产出水平、增加农民收入，还巧妙地把碧螺春茶园、果园融为一体。碧螺春茶果间作与山、与湖、与传统村落、与历史文化遗迹等相映成趣，是遗产地最具特色的山水和人文画卷，形成了独特的碧螺春茶果间作生产制度。

茶果间作模式，丰富了生物的多样性，实现了茶果肥水一体化管理，节约了资源，也美化了环境。修剪的果树枝条，往往是手工制茶的优质燃料，燃烧后的火土灰又作为有机肥被施用到茶园中，实现了养分循环利用。茶果间作系统，既造就了洞庭山碧螺春的优良品质，使之成为中国十大名茶之一而享誉世界，也在有限的土地上产出了枇杷、柑橘、杨梅、枣子等多种水果，其中枇杷、柑橘等果品在历史上曾被作为贡品进贡历代朝廷，使当地农民有一个较高而稳定的收入。

从唐代至今，碧螺春茶果间作系统已历经千百年的风风雨雨，但仍然郁郁葱葱、生机勃勃，这也证明了茶果间作系统对洞庭山自然条件的长期适应性。从古代流传至今的传统茶果复合种植系统、手工采茶制茶、茶果错季生产和共同管理等传统生产、文化内容仍然普遍存在，这也是洞庭山人民在长期适应自然环境和资源约束的过程中遴选出来的农业知识体系，作为一种传统的复合农业生产系统，它被较好地保持了下来。

（4）水产养殖也能"精耕细作"

在以粮为纲的20世纪六七十年代，苏州的水产养殖水平不高，内塘产量低、外荡粗放型养殖。改革开放后，水产品市场供不应求，经济效益高，苏州农民开始在池塘养殖上针对放养品种、鱼种规格、放捕形式、饲料结构等进行试验示范。如在外塘大水面上进行了改以花白鲢为主的传统习惯为以草食和杂食性鱼类为主的放养模式；改单一品种稀放粗养为多品种与特种水产品合理混放；改天然饵料粗放养殖为以人工投放饵料为主，精粗（饵料）结合、精养细管；

改冬季一次性捕捞为年中小捕捞与年终集中捕捞相结合等四项改进。学习推广吴县农民创造的内塘养鱼"两低（低种苗量、低成本）、二高（高产量、高效益）"和吴江农民创造的小外荡精养高产技术，使全市渔业生产水平大幅提高。全市12.3万亩内塘养殖，平均亩产271.5公斤，同比增长56.48%；外荡精养面积发展到11.48万亩，亩均产量126.4公斤，总产1.45万吨。并出现了一批高产典型。吴县黄桥乡5000亩池塘养殖，当年亩产达550公斤，冲过了500公斤大关。吴江市八坼乡一个名叫"烂泥斗"的80亩小外荡，当年亩产量达668.25公斤，超过了池塘养殖产量。小外荡精养经验不仅在苏州全市得到普遍推广，而且引起了全省乃至全国的重视。农业部在苏州召开全国大水面养殖会议，总结推广苏州发展大水面养殖经验。通过内塘养殖和小外荡精养高产技术的大面积推广，1984年全市淡水鱼年产500吨的乡（镇）由1983年前的18个增加到33个，以淡水养殖为主业涌现的万元以上专业户有373户。水产养殖水平的提高，不仅丰富了市场供应，而且使养鱼成为农、林、牧、渔业中的"黄金行业"，是农民增收的"贴肉布衫"。

3. 兼业人员众多

老话说，一方水土养成了一方人。苏州以"富饶之地""鱼米之乡"久负盛名，人杰地灵自然不言而喻。苏州农民兼业化主要有两个方面原因。

（1）地理人文环境原因

苏州农户兼业化有地理人文环境的原因。苏州地处经济发达的长江三角洲的"金三角"地带，交通运输便捷。周边大中城市多，城乡之间的关系历来密切，农民见多识广，思想开放。工商业发达，传统手工业门类齐全，亦工亦农亦商，七种八养九行当，为农户兼业化创造了条件。

早在上古时期，吴地的先民们在开始使用简单农具种植水稻的同时，就已经知道养蚕与纺织丝、绸。到了唐代，苏州农户开始从事商业、手工业等非农活动，家庭纺织业已成为苏州农户农闲期间开展的一项重要家庭手工业，农户从事布匹的生产除了供自身消费及纳税外，还要有一些剩余供其他用途，而产绢帛则更多的是为了供应市场以获得一定数量的货币收入。在唐代，织物产值占农户家庭总产值的30%以上，形成了农户经济的重要补充。唐代后期，有更多的农户采取了既经营着土地，又兼营商业、手工业或出卖劳力等的多种经营方式，多种经营是当时农村经济中占主导地位的经营模式。明清时期，苏州以蚕桑和棉花为主的经济作物种植比重不断增加，促进了农村家庭手工业的发展，家庭手工业事实上已成为当时苏州农户农外兼业的主要实现形式。到了民国时

期,农户兼业的情况又有了新的发展。据费孝通先生1936年在吴江开弦弓村的调查,当时农户从事的非农产业主要包括农家副业性质的家庭手工业、农户成员从事的某种专门职业,以及在地方乡村工业务工等三种形态。蚕丝业是开弦弓村农户最主要的家庭手工业,它构成了农户的第二收入来源。在开弦弓村,"男耕女织"得到了很好的体现,通常农业是男人的职业,而女人几乎完全不参加农业劳动。在家庭缫丝业兴旺时期,农户从缫丝得到的收入几乎与从农业所得相当。开弦弓村农户成员从事的专门职业主要有纺丝工人(主要为镇上的丝行工作,把从村民手中收购来的土法缫制的、质量参差不齐的生丝进行进一步加工整理)、零售商人和航船,以及从事手工业与服务业的人员,如木匠、裁缝、理发匠、泥水匠、接生婆等。在乡村工业务工者主要是那些在村外丝厂工作的年轻女工。据费孝通先生1936年的调查,开弦弓村共有106名16～25岁的青年女性,其中有80%以上在村外工厂或合作工厂务工。

新中国成立后,随着农业生产力水平的提高以及商品经济的发展,苏州农户非农兼业的内容和形式日益丰富,对农户经济的贡献也越来越大。在家从事非农活动或外出亦工亦商的现象一直存在,甚至在人民公社时代,农户从事家庭手工业和社队企业务工的活动也未停止过。

(2) 农民迫切希望给剩余劳动力找到新的出路

苏州人多地少,再加上农业效益低,农民不再满足于农业上的微薄收入,其迫切希望给剩余劳动时间找到新的出路,这是现实中苏州农户兼业化的直接原因。苏州农业是一种典型的资源约束型农业。2004年年末,全市人均耕地面积只有0.72亩,远低于全国人均耕地面积1.41亩的水平,这一现实条件决定了苏州土地可以容纳的劳动力十分有限,而农业生产终将受到"耕地资源"瓶颈的制约。这就意味着,单纯的农业经营无法成为保障苏州农户收入持续增长的源泉,农户要想增加收入就必须在农业之外寻求途径,即在农业之外寻求更多的增收机会。农村非农产业的发展拓展了农户家庭的经济来源,使得农户在农业之外还可以获得一份非农收入,非农兼业收入自然也就成为农户家庭收入的重要组成部分。

改革之初,在"以粮为纲"的经济模式下,苏州农村从事农业的劳动力有211万人,占全部234万农村劳动力的90.2%。此时,农业收入是农户家庭收入的最主要来源,且实物性收入占到很大比例。进入20世纪80年代,随着农村非农产业的快速发展,越来越多的农户开始走出田间地头,在本地乡镇企业中实现就业,还有一些农户通过创业当上了私营企业的老板,大量的农村劳动力向第二、第三产业转移，非农兼业收入（尤其是工资性收入）占家庭纯收入的比重逐步提高。1990年，苏州农户家庭人均非农兼业收入达到964元，占人均纯收入的60.9%。

苏州农户兼业化表现有以下三个特点：一是兼业普遍化。据典型估算，苏州兼业农户数要占总农户数的80%，其中以农业为主的兼业户约占30%，以农为副的兼业户要占50%。二是兼业多样化。主要有两种，一种以经营农业为主，以农副业收入为辅，即以农兼工。另一种是以经营农业为辅，务工经商收入为其第一收入来源，即以工兼农。目前，苏州农村的兼业形态已由以农兼工为主向以工兼农为主转变。2006年曾对苏州农村采用等距抽样法抽取75个样本村，抽选有代表性的750个农户进行问卷调查。对农户兼业类型的界定是依照统计部门的分类方法，将农户分为纯农业户、兼营农业户（或兼业户）和非农业户。其中："纯农业户"是指家庭从业人员从事的主要行业均为农业，并取得相应收入的农村住户，或家庭从业人员中有人从事少量非农活动，但其非农收入不超过家庭总收入10%的农户。"兼营农业户"指家庭从业人员既从事农业生产活动，又从事非农产业活动，并取得相应收入的农村住户。如果农业收入超过非农业收入，则又称为"农业兼业户"或"一兼农"。如果非农业收入超过农业收入，则称为"非农业兼职业户"或"二兼农"。"非农业户"指家庭从业人员从事的主要行业均为非农行业，或家庭成员中有人从事少量农业活动，其取得的农业收入不超过家庭总收入10%的农户。数据显示，被调查的714户农户中，纯农户仅25户，占被调查农户总数的3.4%；兼营户339户，占47.6%（其中"一兼农"6.8%、"二兼农"40.8%）；非农业户350户，占49%。三是兼业复杂化。农户兼业，呈现复杂化的趋势。数据还显示，在苏州农村，农户的兼业程度与经营类型关系密切：从事种植业或畜牧养殖的农户兼业程度较高，而从事水产养殖的农户兼业程度明显较低。这可能与水产养殖不像种植业那样有明显的农闲时间有关。

随着农村非农产业的快速发展，越来越多的农户开始涉足非农活动。在工业化比较发达的地区和沿街近镇的商业区周边，半工半农家庭中只有辅助劳动力继续务农，有的农业本身几乎已经成为一种完全依赖闲暇时间从事的副业，普遍的兼业深化已经对苏州农村的经济社会产生了重要影响。

第三章　新农民问题的觉醒

进入20世纪90年代后期,随着社会主义市场经济体制的建立,以及工业化、城镇化、经济国际化的快速推进,土地、劳动力和资金等农业生产要素快速向第二、第三产业转移,农业的空间变小,务农劳动力数量大幅减少、素质下降,农业生产开始出现粮食产量连年徘徊、农业效益持续下降、农民收入连年增长缓慢、农田出现较大面积的抛荒半抛荒现象等情况,"谁来养活中国人""未来谁来种地"等话题在国内外引发了热议,也引起了人们对农业、农村、农民问题的忧虑和深刻思考。

一、谁来种地的时代困惑

"谁来种地"不仅是全国性的焦虑,也是苏州的困惑,曾经有一段时期苏州也同样出现过农民荒问题。苏州各地出现了各种各样的耕地抛荒、半抛荒现象,种养大户中有三分之二承包给了外地人,耕作粗放,追求短期效益,造成地力下降,农田环境差,农业生产水平明显下降。2009年《全国第二次全国农业普查资料汇编》所提供的2006年12月31日数据表明:第一,全市农业从业人员继续减少。全市农业从业人员37.77万人,占全社会从业人员总数的12.64%,比上年又下降了三个多百分点。第二,农业从业人员明显老龄化。在全市农业从业人员中,51岁以上的占66.8%,30岁以下的仅占2.82%,农业严重"后继乏人"。第三,农业从业人员的文化素质普遍较低。在全市农业从业人员中,小学及以下文化程度的占71.2%,高中及以上文化程度的仅占2.83%。

从现象上看,改革开放后,工业化、城市化的快速推进,大批农村青壮劳动力向第二、第三产业和城镇的转移,造成了务农劳动力的老龄化、低素质和后继乏人等突出问题；从直接的原因看，种田效益不高、收入低，加上生产力水平低，农活主要依靠体力来完成，造成了农业劳动力的基本素养低、文化水平低。但从深层次看，还有一个重要的历史原因，就是新中国成立后的一些制度性、政策性因素，如工农业产品价格剪刀差，农产品统购统销，1958年开始的城乡户籍制度，以及城乡二元结构带来的各方面物资供应、社会福利、就业机会等的不平等，使全社会形成了一种看不起农业、瞧不起农民的成见，不少人认为在农村搞农业当农民就是没出息、低人一等。这种已经渗透到骨子里的对农业和农民的偏见，加上人有往高处走的本性，是年轻力壮的农村劳动力自然而然地要离开农村往城市走，放弃农业这个不"体面"的职业往收入高、被人瞧得起的第二、第三产业转移的重要原因。

1. 历史原因

新中国是建立在一穷二白、百废待兴、外国封锁、战乱不停的基础上的，要自立于世界之林，最紧迫的任务是优先发展工业、优先发展城市，尽快解决工业落后的问题。国家工业化的核心是重工业，重工业优先的工业化发展战略，是以大量的资金和技术支持为前提的，这就需要建立相应的积累机制。一条途径是通过民间资本自发积累到足以能够投资发展重工业，这必将是一个极其缓慢和漫长的过程。如英国工业革命于1733年从纺织工业开始，随着纺织工业的扩张，对纺织机械的改进和对运输的需求开始驱动重工业大发展，但是，即便是在有着大批海外殖民地的背景下，英国工业革命从启动到大发展也足足用了半个多世纪的时间，直到进入19世纪，英国的钢铁产量才出现迅猛增长。如果后发工业国家等待重工业"自然而然"地发展起来，只怕需要更长的时间。另一条途径是借鉴日本、韩国等后发工业国家的经验，以国家为主导实施"超前发展"重工业的战略，以加快国家工业化的进程。中国在当时所处的历史背景和条件下，既不可能像发达资本主义国家当年那样通过对外掠夺来实现资本的原始积累，也不可能通过引进外资来补充国内资本的不足，这样就必须有一种新的制度设计和安排，以从中国自身寻找工业化所需资本积累的源泉。从当时的可行性来看，国家工业化所需要的大量资金，有相当部分只能从农业中提取。只有低价收购农产品，才能实现低物价、低工资、低福利，才能将工商业产生的利润更多地转化为国家的工业化资金。因此，压低粮、棉、油等主要农产品的价格，牺牲农民的部分利益，就必然成为当时为工业化提供资金积累的起点。

这种优先发展重工业实现工业化的模式，与当时国家面临的国际政治、经济、军事格局有关。新中国成立后，紧张的国际形势使国家领导人意识到迅速

发展经济、增强国家实力是关系国家和民族生死存亡的头等大事，而发展重工业又不会遇到市场狭小、需求不足的限制。但以优先发展重工业为目标的非常规的赶超型发展模式，不仅没有有效地吸纳农村剩余劳动力，提高农业的效益，反而使广大农民为此做出了巨大的牺牲，他们为工业化提供了巨大的经济积累。据专家估计，从1953年实行主要农产品统购统销开始到改革开放前期，我国工农产品交换的价格"剪刀差"总计达4500亿～7000亿元。1958年6月，国家还专门颁布了《中华人民共和国农业税条例》。1949年到2005年，我国征收的农业税累计达到4200亿元，虽然后来农业税占财政收入的比重下降至2%～3%，但在20世纪五六十年代却占到10%以上。如果把牧业税、农业特产税、屠宰税等税种及各种收费计算在内，数字还要大得多。

当时采取的这种向工业倾斜的政策，从全局和整体看是必要的，也是见效的。从1949年到1978年，中国的工业总产值增长了38.2倍，其中重工业增长了90.6倍，工业总产值占工农业总产值的比重从26.4%提高到57.3%。由此，中国在一穷二白的基础上，主要依靠农业提供的积累，建立起了比较完整的工业体系和国民经济体系，并且有了"两弹一星"，在国际上确立了自己的地位，为国家工业化和中国的长远发展奠定了坚实的基础。正是因为有了广大农民所做出的牺牲和贡献，中国才能够在当年那些微不足道的工业基础上，成功地发展出今天这样举世瞩目的工业制造能力。

今天的中国，不但有着几乎囊括所有产业环节的全能型工业产业链，有着雄踞世界第一的钢铁产量，而且还诞生了很多具有世界冲击力的超级工程，如载人航天工程、北斗卫星系统，两万公里的高速铁路系统、港珠澳大桥、上海中心大厦、世界最高的北盘江大桥、世界最快的超级计算机等，这些都是中国工业化取得的最新成绩。但中国工业化发展道路起步的艰辛，只有当时那代人才能深切体会。抚今追昔，无论如何都不能忘记中国的农民，他们对这个国家取得的历史性成就做出了永垂史册的伟大贡献。

2. 生产力落后的原因

在新中国成立之初，我国的经济满目疮痍，生产力极度落后。1949年的中国，人口为5.4亿人，工农业总产值为466亿元，粮食为11318万吨，棉花为44.5万吨，油料为256.4万吨，水产品为45万吨。如果这些数据还不够直观，具体到人均拥有量就更能够看出什么叫落后。1949年我国人均工农业总产值仅为86元，人均国民收入为69元，人均社会商品零售额为25.94元；人均占有的粮食、棉花、油料、水产品分别只有209公斤、0.82公斤、4.7公斤、0.83公斤。生活在1949年的中国人，每人每天只能得到0.57公斤粮食、0.013公斤油料、0.017公斤肉、0.0023公斤水产品。与农业生产力水平密切相关的重要农业生产资料更是捉襟见肘，化肥总产量仅0.6万吨，摊到全国平均每亩耕地只有4克化肥；我国仅能零星生产的少量矿物源农药和植物源农药也只有64吨（制剂），平均到每亩仅0.043克。1952年的农田灌溉面积仅有4.2亿亩，不到农田面积的50%。1952年全国农业机械总动力仅18.4万千瓦，拖拉机不到2000台，联合收获机仅284台。这一时期农业基本停留在自然经济状态，农活以人工畜力为主，农业基础设施陈旧落后，农业生产条件差，农业的产出效益低下。

新中国成立之初，苏州地区的农业生产力水平也比较低，全地区以稻－麦、稻－油菜、稻－绿肥等两熟制为主。1949年，苏州地区水稻种植面积371.1万亩，平均亩产166公斤；油菜58.8万亩，平均亩产24公斤；棉花66.9万亩，平均亩产6.7公斤。到五六十年代，苏州的农业生产仍以人工劳动为主，辅之畜力，仅有简单的排灌机具。到70年代才开始使用"东风－12型"手扶拖拉机，80年代引进轮式中型拖拉机。肥料主要依靠人工积造的草塘泥、人畜粪等农家肥，从60年代开始各县相继建设小型化肥厂，化肥使用量才逐步增加。农作物病虫害防治主要利用棉油皂、面浆水等自制土药，到60年代才开始使用化学农药。农田杂草的防除主要通过中耕松土、耘耥（水稻田）、人工拔草等传统的除草方法，到70年代才推广使用化学除草剂。60年代初，水稻产量仍徘徊在200～300公斤/亩，棉花、油菜亩产均在30多公斤。到改革开放开始的1978年，全市农业总产值为16.2亿元，农民人均纯收入205元，城乡居民收入比为2.1∶1。

到80年代中后期，农业生产的成本持续攀高，农产品的实际效益不断下降。有关资料显示：1984年苏州全市亩均生产成本（不含税金）分别为粮食120.46元、棉花154.46元、油菜籽为78.23元，到1999年分别为642.17元、927.61元和346.04元，基本上都比1984年增加了5倍以上，大大超过了农产品价格上升的幅度。农产品生产成本的上升，使农民种田的经济效益明显下降。据当时苏州市物价部门对农户的典型调查，2000年农民从主要农产品中每亩得到的纯收益分别为小麦22元、油菜籽116元、水稻396元、棉花375元。如将人工成本计算在内，则小麦每亩要亏损70元左右，油菜籽每亩亏损80元左右，棉花每亩亏损355元左右，仅水稻能盈利200元左右。以至于那一段时间每年都会出现夏熟抛荒或麦子成熟后农民不愿收割的情况。

在这样的生产力水平下，农民承担的是"面朝黄土背朝天""风里来雨里去"

高强度的辛苦劳作,在农村过着比较艰苦的生活,收入水平也很低,这与城市居民的工作和生活形成了鲜明的对照,而且城乡差距在不断扩大。青壮年劳动力由于种地纯收入太低、种地条件太苦和不体面而不愿回村耕种,"跳出农门""离开农村"成为一代又一代年轻农民追求的梦想。在青年一代农民中,打工越来越成为农民增加收入和谋生的主要办法,城乡流动、迁移并定居城市日渐成为农民的强烈愿望。

3. 制度性的壁垒

政策是被现实逼出来的,制度也不可能是完美的。当年国家出台的一些政策、制度都是根据当时的时代背景和国家整体的发展要求来制定的,因此,有些政策和制度就不可避免地对农业、农村、农民产生了较大的负面影响。

(1) 户籍制度

我国农村劳动力的流动问题,是由城乡二元结构这个体制决定的。城乡二元结构的形成,有其历史发展阶段的必然性。在百废待兴的新中国成立伊始,在新中国发展基础极度薄弱、西方国家又对中国实行封锁的夹缝中,国家需要同时解决吃饱穿暖、快速建立基础工业体系等多重历史难题。实行城乡二元结构体制,建立城乡间不同的户籍制度和资源配置制度,确保农民全力发展农业生产并为工业发展提供积累,是当时迫不得已的选择。

户籍制度是限制人口流动的管理制度。在新中国成立初期,农村人口是可以自由向城市转移的,那时的城市也没有多少人口。如果现在随便问问在城市中生活的某个人,他的爷爷辈是农村人还是城市人,估计绝大多数会笑着说:"当然是从农村出来的,而且还三代贫农呢。"1949年全国的城市人口才5765万人,人口城市化率才10.6%。在三年国民经济恢复后,中国开始实行"一五"计划,这一举措带动了全国工业建设的快速发展,又有大量农村劳动力转移到城市。这一阶段国家对人口迁移并无多大限制,只要办理相应手续,居民户口可自由迁移。1957年,全国城市人口增加到9949万人,比1949年增长了72.6%。

但问题来了,一是粮食开始不够吃了,国家解决不了这么多城市人口的吃饭问题。二是城里没有那么多就业机会,而城镇劳动适龄人口又呈增长的势头。因此,从20世纪50年代末开始,政府将"自由迁移"的人口政策调整为控制城市人口规模的政策,城市企业从农村招工开始受到严格限制,标志就是1958年1月通过的《中华人民共和国户口登记条例》,在这个制度下,凡是具有城镇户口的居民就是城市居民,具有农村户口的居民就是农民。这是我国法律上确认农民身份的唯一标准。"城镇居民户口"和"农村户口"之间的森严壁垒开始形成。1963年，以是否拥有计划供应商品粮为依据，又把户口划分为"非农业户口"和"农业户口"。在严格的城市户口管理和粮食计划供应制度的共同作用下，农民不能自由流入城市，大量的劳动力沉积在农村，任何自发流入城市的农民都被认为是非法的"盲流"（即流浪人口），严格地实行收容和遣返。这种城乡二元结构的户籍制度、劳动就业制度和社会保障制度一直延续到20世纪80年代。1981年，国家还专门发文，要求各部门严格控制农村劳动力进城务工。虽然1984年政策开始松动，但主体政策仍然是让农民"离土不离乡"，"避免农民涌进城市"。在城乡二元结构之下的城市化进程中，由于农业和农村投入产出率相对较低，农村相对城市而言基本公共服务较差，农村的人才、劳动力、资本等持续、单向地向城市流动，导致农村在城市化的进程中出现了资本和劳动力净流出的现象。这种情况在距离城市较远的农村表现得更为明显，尤其是以种粮为主的农村。这种单向输出加剧了"农民荒"。

　　城乡不同的户籍制度就意味着对城乡公共资源实行不同的配置制度。由于当时国家财力不够充裕，还不能为全国人民提供公共服务，在改革开放前，政府主要只能向城镇人口提供教育、养老、医疗、失业、救济等公共服务，建设城市公共设施，而对农村公共服务和基础设施建设的投入则相当有限。这样就使得两种身份的差异逐步演变成了两种生活待遇的差异，也成为当时我国农民想尽一切办法走出乡村、奔向城市的动力。迄今为止，虽然国家对人口和劳动力在城乡之间的流动、就业和定居已没多少限制，但城乡分治的户籍制度还没有完全改变。近年来，一些农民选择进城打工，农村的一些年轻人不愿意种地，反映的是城乡二元结构仍未打破、农业耕作收入相对较低、农民的生产积极性不高的现实。因为，如果种地的收入不如在城市打工的收入，而农村的精神文化生活也不如城市里丰富，一些农民当然会渴望成为"城里人"。对他们来说，这是理性的选择，无可厚非。

　　（2）粮食统购统销制度

　　所谓"统购统销"，其主要内容是，对农村余粮户实行粮食的计划收购，即统购；对城市人口和农村缺粮户，实行粮食定量配售，即统销；国家严格管制粮食市场。之后国家又陆续把棉花、油料、黄麻、生猪、烤烟等农产品列入统购统销范围。最多时，列入国家统购统销的农产品品种达到180多种。

　　对农民粮食的统购。国家对于农民主要通过农业税征收和粮食计划征购这两个体系来统一购粮，这里面又包括三块制度设计。一是通过农业税的实物征

收制度，国家可以稳定地征收到一部分粮食。1958年6月3日颁布的《中华人民共和国农业税条例》规定的平均税率是常年产量的15.5%，如果不是粮食作物，那就比较粮食作物折合后征收。当时这一部分可以征收约300亿公斤粮食。但之后实际上并未按粮食产量的增长来增加征收农业税的数额，因此直到改革开放前，以农业税名义征收的粮食数量一直比较稳定。二是实行粮食计划统一收购。从1953年11月开始，农户、农民合作社等粮食生产者在留足自己的口粮、种子粮、饲料粮并扣除要缴纳农业税的粮食征购数量之后，如果还有剩余，80%~90%的余粮要按照国家规定的价格由国家收购。如果前两块征收还不够，还有第三块，即粮食超购。在征收了农民80%~90%的余粮以后，如果再向农民征购，农民就会有意见，于是政府就采取妥协的办法，对超购的粮食实行加价，其价格比按计划统一收购的价格高30%，这样农民的意见就会小一些，心理上也更容易接受一些。在对粮食实行统购统销后，对其他主要农产品，如生猪、鸡蛋、糖料、桑丝、蚕茧、黄红麻、烤烟、水产品等实行派购，即通过分配收购指标或在产量中确定一定比例，按照国家规定的价格和数量（比例）收购。

对城镇居民和农民的统销。在那个年代城镇居民要买到粮食吃上饭，必须拥有两样东西：一是按家庭发放的购粮本，到国有粮食机构购买口粮必须持有这个购粮本；二是根据每个人的定量配发的粮票，当时城镇居民实行粮食定量供应。

由于有些地方农民自产的粮食不够吃，有些地方的农民主要生产经济作物和蔬菜等，因此，国家还要将一部分粮食"返销"给农村。每年返销给农村的粮食占国家征购粮食的比重达到38.9%~49.3%，所以部分缺粮地区农民吃的就是返销粮。当然，吃返销粮的农民也实行计划定量供应。

从当时政策的执行效果看，统购统销是1953年12月实行的。1953—1954粮食年度，粮食收购量比上年增加了77.78%，1954年6月底以前的库存比上年同期增加了51%。这仅是统购统销实行半年的结果。在当时全国粮食的总供求极度紧张的背景下，统购统销保证了城乡居民基本的食物消费需要。在"一五"时期（1953—1957），尽管国民经济以每年平均11.3%的速度高速增长，但物价指数的平均上涨幅度只有1.1%。在战后百废待兴的最为困难阶段，全国经济社会能够保持相对平稳的发展，这对于巩固新生的人民共和国政权尤为可贵。

当然，其最大的功绩或许还不在于此，这只有透过更长的历史跨度才能看得更清楚。一方面，在统购统销制度下，广大农民为工业化提供了巨大的经济积累。据专家估计，从统购统销开始到改革开放前期，工农产品交换的价格"剪刀差"，总计高达 4500 亿～7000 亿元。另一方面，统购统销制度对农民的生产生活也造成了极其深远的影响。一是粮食的统购制度造成了农村留粮水平过低，致使到 1978 年尚有约 30% 的农民（2.5 亿人）未能解决温饱问题。二是农产品市场被关闭。国家对粮食的管制以及大部分农产品的统购派购，甚至价格也由国家统一规定，使得农民根本不可能向市场自由销售这些产品。而这实际上就是关闭了农产品的市场，致使市场在资源配置中的作用得不到发挥。国家制定的低价格挫伤了农民的生产积极性，粮食等重要农产品的生产潜力没有充分发挥出来。同时，统购使农民难以剩余任何重要的农产品，从而导致农村手工业和农产品加工业原料缺乏，大量剩余劳动力和剩余劳动时间得不到充分利用，抑制了农村经济的活力，限制了农民收入的增长。三是限制了人口流动。城乡户籍和粮票的制度设计，不仅造成了农业生产的长期缓慢增长，而且使农村人口被严格地禁锢在土地上，农业内部的剩余劳动力不断积累，农村劳动力就业极不充分，中国的城乡二元经济结构矛盾更加突出，工农业之间的利益矛盾不断加剧。

在城市化进程、城乡一体化大力推进的今天，农村的各项设施、资源及公共服务与城市存在的巨大差距，往往导致人力、资本由农村向城市单向流动，这种农村人力、资本的净流出现象加剧了"农民荒"。新生代农民一般都是 80 后的青年一代，相较于父辈，他们往往接受了更好的教育，有更高的追求，他们认为种地苦、收入低、不体面，大多怀有生活在城市的强烈愿望，这种愿望加速了他们由农村向城市的迁移。

应该看到，我国出现"农民荒"的原因是多方面的。农业在本质上是弱势产业，"农民荒"是我国独特的城乡二元经济结构及有中国特色的工业化、城市化道路综合作用的结果。这些政策和制度上的壁垒，不仅直接影响到农业的发展和农民物质生活的改善，而且对农民的心理造成了很大的冲击，在社会上有一种偏见认为农民就是低人一等、就是没出息，农民愚昧、落后的形象根深蒂固。何况人有往高处走的本能，"眼望高烟囱，心里热乎乎"，"手握铁搭柄，心里冷冰冰"，农村人读书也是为了跳出"农门"。改革开放后农村劳动力得到了解放，在重大历史时期和新旧制度过渡时期，农民终于可以自己选择职业，可以进城，但心理上的影响远没有消除。

二、新农民问题的觉醒

"谁来种地"这个时代之问不仅成为社会热点问题，也引起了党和国家对

"三农"问题的高度重视。"农民荒"的出现,绝不是一个孤立事件,也不是一个简单的农村劳动力短缺的问题,而是由国家的政治制度、经济体制、社会转型等综合作用的结果。农民问题历来就是"三农"问题的关键,任何时候都不能掉以轻心。首先,农业的地位决定了农民的重要性。农业的公益性和公共产品特征,决定了农民的特殊地位,农业作为社会稳定、经济发展和国家安全的基本保证,需要有较高素质和足够数量的农民来经营农业、稳定发展农业。第二,从世界农业农民的情况看,有一个共同的规律,凡是称得上发达国家的,农业都非常先进、现代化水平都很高,而且有一支稳定的、高素质的现代职业农民队伍。而那些经济比较富裕但进不了发达国家行列的,一般农业都不够发达,农民的状况也不太理想。从中可以看出,"三农"是国家或地区现代化的一块短板,"三农"现代化的水平与一个国家或地区现代化的水平密切相关,而"三农"中尤以农民这个人的现代化最为重要。第三,从我国的国情看,十四亿人的粮食安全问题,与社会的稳定、人民生活水平的提高和国家的安全密不可分。党和国家在新时期更加坚定深化改革的决心,打破二元社会体制,统筹处理好工农关系、城乡关系;更加重视"三农"问题,真正做到工业反哺农业,城市支持农村;赋予和保护农民更多的权益,让农村成为人们向往的地方,让农民成为令人羡慕的职业,让农民过上有尊严、有体面的生活。从这个角度看,"农民荒"的出现并不是一件坏事,它使更多人的警醒,从而在解决好"三农"问题这个极端重要性问题上形成共识,把"农民荒"这场危机转化成加快实现农业农村农民现代化的一个契机。

解决"农民荒"问题是一个复杂的系统工程,需要党和国家的高度重视和顶层设计,需要社会各界的共同努力,营造有利于新农民产生、成长壮大的内部和外部环境。

1. 党和政府开始重视培育新型农民

党中央从战略的高度重视解决"三农"问题。农业、农村和农民问题是治国理政的头等大事,不但关乎整个国家的命运和经济社会发展全局,而且事关广大人民群众的生活福祉,因而也关系政权的人心向背。习近平总书记多次强调:"没有农业现代化,没有农村繁荣富强,没有农民安居乐业,国家现代化是不完整、不全面、不牢固的。"解决好农民问题、培育新农民不仅是农业的现实和未来,更是国家强盛、民族复兴、社会长治久安的根本之策。农民作为劳动力要素主体,是生产力中最活跃的因素,是土地、资本、技术、管理、信息等其他生产要素发挥作用的根基。大力培育新农民是建设新型农业生产经营体系的战略选择和重点工程，是转变农业发展方式的有效途径和基础保障，更是基本实现农业农村现代化的迫切需要和现实选择。

2006年中央1号文件提出，"提高农民整体素质，培养造就有文化、懂技术、会经营的新型农民，是建设社会主义新农村的迫切需要"。党的十七大报告进一步明确提出"培育有文化、懂技术、会经营的新型农民，发挥亿万农民建设新农村的主体作用"。2012年中央1号文件提出大力培育新型职业农民。这是中央统筹城乡、推进四化同步发展的重大战略举措，标志着我国新型职业农民培育进入新的历史阶段。同年8月，农业部印发《新型职业农民培育试点工作方案》，在全国选择有代表性的100个县开展培育新型职业农民试点工作。2014年，试点扩大到300个县，并选择14个市及陕西省、山西省整体推进，中央财政安排农民培训补助资金11亿元，以培养造就具有科学文化素质、掌握现代农业生产技能、具备一定经营管理能力的新型职业农民队伍为目标，科学解答"谁来种地"的问题。2015年，中央立足于深化农业改革，积极发展农业职业教育，大力培育新型职业农民，农业部在全国新增2个示范省、7个示范市和187个示范县作为新型职业农民培育重点示范区。由此，全国新型职业农民培育示范规模扩大到4个省、21个市和487个县。2016年，中央1号文件立足农业供给侧改革，以实现全面小康为目标，以农业提效为重点，提出"加快培育新型职业农民"，"把职业农民培养成建设现代农业的主导力量"，指明了在农业现代化进程中新型职业农民群体的主体地位。2017年，农业部出台了《"十三五"全国新型职业农民培育发展规划》，提出了到2020年全国新型职业农民总量超过2000万的目标，明确了"遴选重点培育对象""创新培育机制""规范认定""加强跟踪指导""加强师资队伍建设"等五大任务，并建立一主多元的新型职业农民教育培训体系。2018年，中央1号文件提出强化乡村振兴的人才保障，全面建立职业农民制度，完善配套政策体系。2019年8月，中共中央印发的《中国共产党农村工作条例》则提出了"培养一支有文化、懂技术、善经营、会管理的高素质农民队伍"。培育新农民已成为党和国家在新时期实施乡村全面振兴、加快推进农业农村现代化的重要抓手。

苏州从来就是"想通了，马上干"的地方。苏州市各级党委、政府认真贯彻落实中央、省关于加强农村人才队伍建设和培养高素质农民的一系列决策部署，紧紧围绕帮助农民、提高农民、富裕农民这一根本，坚持以培育有文化、懂技术、善经营、会管理的高素质农民为目标，不断加大培养力度，积极创新培养模式，着力提升培养质量，基本建成了一支与苏州农业农村发展需求相适应的新型职业农民队伍，为全市乡村振兴战略实施、农业农村高质量发展和率先基本实现农业农村现代化提供了坚强有力人才支撑。2015年苏州市政府在全省率先出台了《关于进一步加强新型职业农民培育的意见》1号文件，为新时期新型职业农民的培育提供了政策保障。同年10月，苏州市农委、人社局、财政局联合制定下发《苏州市新型职业农民社会保险补贴办法》。2016年5月，苏州市政府下发了《关于加快推进新型职业农民认定管理工作的通知》，市、县（市）区两级鼓励大学生、复员军人、返乡年轻人投身农业开展创新创业，确保新型职业农民纳入社保体系，苏州新型职业农民培育工作走上了助推农业发展方式转变的轨道。至2020年年底，苏州全市共认定新型职业农民6714名，其中大专及以上学历占比为47.7%，45岁及以下人数占比达到62%。

2. 研究培育新农民的意义

进入21世纪以来，我国正处在传统农业向现代农业转型的重要时期，开展对新农民的研究，已经不是一个简单的学术问题，对新农民进行比较深入而系统的研究，不仅对更好地了解农民、服务农民、培育新农民有重要的现实意义，而且对破解"三农"发展难题，促进城乡融合发展，实现乡村全面振兴，加快推进农业农村现代化有着深远的历史意义。

（1）研究培育新农民，是加快推进农业农村现代化的需要

"十四五"及今后一个时期，农业农村现代化要取得明显进展，构建现代农业产业体系、生产体系、经营体系，走产出高效、产品安全、资源节约、环境友好的道路，确保国家粮食安全和重要农产品有效供给，提高农业国际竞争力，迫切需要把农业发展方式转到依靠科技进步和提高劳动者素质上来，加快培养一批综合素质好、生产技能强、经营水平高的新型职业农民。

党的十九大报告提出两个"全面建成"，即到2020年全面建成小康社会，到2050年全面建成社会主义现代化强国。从全面建成小康社会到基本实现现代化，再到全面建成社会主义现代化强国，农业是不可忽视的重要产业，农村是不可忽视的重要区域，农民是不可忽视的重要群体。习近平总书记多次强调："没有农业现代化，没有农村繁荣富强，没有农民安居乐业，国家现代化是不完整、不全面、不牢固的。"没有农业农村农民的现代化，我国就不可能全面建成社会主义现代化强国。

新时代，我国社会主要矛盾已经转化为人民日益增长的美好生活需要和不平衡不充分发展之间的矛盾。一方面，众多的农民对日益增长的美好生活需要是全国人口的重要组成部分，农民的美好生活需要得不到满足，我国社会的主

要矛盾将难以化解。另一方面，农业农村是建设社会主义现代化强国的重要方面，农业农村发展不平衡不充分问题不解决，我国第二个百年目标也将难以实现。因此满足农民对美好生活的需要，实现农业农村现代化是我国全面建成社会主义现代化强国的关键所在，是我国何时能迈向发达国家行列的重要衡量标准。习近平总书记提出："中国要强，农业必须强；中国要美，农村必须美；中国要富，农民必须富"。

农业农村现代化包括生产手段的现代化、劳动者的现代化、组织管理的现代化、运行机制的现代化、资源环境的优良化以及在开放经济条件下的国际化。其中劳动者素质是实现农业农村现代化的决定因素，农业农村现代化必须由高素质的农民这一主体来推进，没有农民自身素质的现代化，要实现农业农村的现代化是不可能的，农业不仅要依靠现代的工业装备及先进的科学技术，而且还要依靠先进的管理手段在农业上的应用。总之，在农业生产经营过程中，先进的生产工具靠人去创造，先进的科学技术靠人去摸索，先进的管理经验靠人去总结推广，先进的经营体制和运行机制靠人去应用。无论是增长方式的转变，还是生产绩效的提高，都是在人的主观能动作用下得以实现的。离开了人，现代化是不复存在的。

从这个意义上说，我们要实现的农业农村现代化，是以农民为中心的现代化。农民素质的高低、农民现代化的实现水平，不仅决定着农业农村现代化的进程，而且影响到农业农村现代化的质量和水平。因此，研究和培育新型职业农民对推进农业农村现代化有重要的现实意义和深远的历史意义。

（2）研究培育新农民，是实现农业高质量发展的需要

新型职业农民是中国农业的现实和未来。随着传统小农生产加快向现代化大生产转变，现代农业对能够掌握应用现代农业科技、能够操作使用现代农业物质装备的新型职业农民的需求更加迫切。随着各类新型经营主体的增加和生产规模的扩大，农业加快向产前、产后延伸，分工分业成为发展趋势，具有先进耕作技术和经营管理技术，拥有较强市场经营能力，善于学习先进科学文化知识的新型职业农民成为发展现代农业的现实需求。培育新型职业农民就是培育现代农业的现实和未来。

培育新型职业农民就是培育新型经营体系的核心主体。现代农业的从业主体，从组织形态看就是龙头企业、家庭农场、合作社、社会化专业服务组织等，从个体形态看就是新型职业农民。因此，培育新型职业农民就是培育各类新型经营主体的基本构成单元和细胞，对于加快构建集约化、专业化、组织化、社

会化相结合的新型农业经营体系,将发挥重要的主体性、基础性作用。

① 从根本上破解"谁来种地"的问题

通过新农民的培育,吸引一大批年轻人务农创业,植根于农村,服务于农业,成为家庭农场、专业大户、农民合作社、农业企业、农业社会化服务组织等各类新型农业经营主体和服务主体的带头人,形成一支高素质农业生产经营者队伍,从根本上破解"谁来种地""如何种好地"的难题,全面提升农业生产经营服务水平。

② 能够有效保障农产品质量与安全

农产品质量安全是社会关注度极高的问题,各级各地都加强了农产品质量安全的监督管理,投入大量人力、物力,从农田到餐桌实行全方位监管。但要想从根本上解决农产品质量与安全问题,就必须提高劳动者的综合素质。随着我国农业专业合作社的发展,合作社的数量不断增加,合作社的标准化、规范化生产将会使农产品质量更加统一、规范。加强新型职业农民队伍建设,有利于推进农产品标准化生产,有利于实现农产品来源的可追溯,可以极大提高农产品质量和安全。

③ 有利于加快推进农业转型升级

加强新农民队伍建设是推进农业转型升级的迫切需要。我国正处于推进农业农村现代化的关键时期,农业生产正在向规模化、产业化、机械化、品牌化方向发展,加强新农民队伍建设能够使更多农民掌握现代农业知识和技术,顺利推进农业的转型升级,加快实现农业农村现代化。

(3) 研究培育新农民,是实施乡村振兴战略的需要

加强新型职业农民队伍建设是实现乡村振兴、推进农业农村现代化,提高我国农业综合竞争力的关键所在。新型职业农民成为现代农业生产、建设的主导力量,要让农民成为一种职业,成为发展第一产业的主力军,成为现代农业的建设者。培育新型职业农民是加快农业现代化建设的战略任务。

培育新型职业农民是实施乡村振兴战略的重要保障。长期以来,我国劳动力、资金、土地等要素资源大量从农村流向城镇,导致工农、城乡发展失衡,并成为我国经济社会发展的突出矛盾。实施乡村振兴战略,就要从根本上促进城乡要素平等交换和公共资源均衡配置。实施乡村振兴战略,迫切需要大力培育新型职业农民,提高农民的科学文化素质和生产经营能力,推动农民由身份向职业转变,使农民逐步成为体面的职业,让广大农民平等参与现代化进程、共同分享现代化成果;吸引一批农民工、中高等院校毕业生、退役士兵、科技

人员等到农村创新创业,带动资金、技术、管理等要素流向农村,发展新产业新业态,增强农村发展活力,繁荣农村经济,缩小城乡差距。

实施乡村振兴战略,关键是要促进产业兴旺,实现农民收入持续增长。传统农民增收的渠道之所以还不多、能力还比较弱,根本原因在于长效机制还没有建立起来。迫切需要培育一支创新创业能力强的新型职业农民队伍,推动农村产业转型升级,发挥示范带动作用,促进农民增收致富,缩小与城乡居民的收入差距,不拖基本现代化的后腿。

3. 新型职业农民的研究进展情况

我国开展对新农民的研究是从进入 21 世纪后开始的。从文献检索的情况看,2002 年之前没有见到关于新农民研究方面的文献报道。2003 年农业部印发的《关于做好 2003 年科教兴农工作的意见》中,提出了"实施新型农民科技培训工程"。2005 年农业部《关于实施农村实用人才培养"百万中专生计划"的意见》中,把"职业农民"确定为农村实用人才的培养对象。2006 年,中央 1 号文件提出,"培养造就有文化、懂技术、会经营的新型农民"。2007 年 10 月党的十七大报告提出,"培育有文化、懂技术、会经营的新型农民,发挥亿万农民建设新农村的主体作用"。从此以后,有关新农民、职业农民研究的文献报道开始逐渐增多。2012 年中央一号文件首次提出"大力培养新型职业农民",正式将"新型农民"和"职业农民"合并到一起。从此,新型职业农民成为国内学术界一大热点研究领域,众多专家学者就新型职业农民的内涵、培育模式、培育问题和培育路径等方面做了大量研究,并取得了较大进展。

(1) 在新型职业农民内涵研究方面

研究者从不同视角对新型职业农民自身应具备的本质特性进行了比较研究,并以此作为区别于传统农民的主要特征,归纳起来主要有以下几个方面。

① 新农民的职业是"自主选择的",是专门从事农业生产、经营或服务的人员,且具有较高的"稳定性",职业成为农民最亮眼也是最本质的标签。

② 新农民有较高的综合素质,有较高的科学文化素养和专业生产技能,有强烈的市场意识和自我发展能力,有较强的创新意识和创新能力,有良好的职业道德和社会责任感,有较高的社会地位和影响力。

③ 新农民是市场主体,其从事农业的主要目的是"获取经济利润"。农业生产经营所得是农民的主要经济来源,有一定的经营规模,能利用市场机制获得较高的经济收入。

④ 新农民能不断吸纳和接受先进的理念和技术,把科技最新成果运用到生

产实践中，具备农业生产、经营、管理等相关专业技能，具有较强的洞察力；能及时了解和掌握相关领域的最新动态，提升自身的素质与能力；勇于打破传统技术的藩篱，转变生产经营模式，紧跟时代步伐。

　　与此同时，还有的专家学者把新农民的内涵特征表述为三个"最"：一是最大的特征是"农民"。"新型职业农民"与传统农民不同，是传统农民的继承和发展。继承的含义是"新型职业农民"没有脱离从事农业生产的大环境，农业生产这一劳动对象没有变，"新型职业农民"是农业发展的继承者和乡村振兴的主力军。但随着劳动工具和生产力的提升，对劳动者的标准提出了更高的要求，从而发展了农民概念的内涵。在农业现代化和机械化的背景下，"新型职业农民"必须具有较高的农业生产技能水平，这是"新型职业农民"的基础特征。同时，"新型职业农民"还要具备经营、管理技能，具备抵御风险意识和市场意识，这是现代社会行业分工和交叉对农民的新要求，是"新型职业农民"的外延特征。二是最新的特征是"新型"。一方面"新型"体现在身份定义和群体组成上。"新型职业农民"不再局限于户籍制度等概念，是对"城乡二元"制度的摒弃。"新型职业农民"应该理解为农业从业者，从此农业从业者的来源不再局限于农村，各种有志于参与农业发展的人群都可以参与进来，这是"新型职业农民"群体与传统农民群体组成的最大不同。另一方面"新型"体现在农业生产组织形式的变革上。现代化农业打破了传统家庭小规模经营的农业生产模式。传统农业生产以农户为单位，处于封闭或半封闭状态，缺乏科技创新意识、市场竞争意识、合作意识，抵御风险能力较弱，属于粗放型、分散型农业，不利于现代农业的规模化、产业化、集约化生产。"新型职业农民"改变了这些现状，他们有知识，懂技术，会经营，不仅具有现代农业的先进生产管理理念，而且有较强的合作意识和开放意识，抗御风险的能力更强。三是最直观的特征是"职业"。传统农民更多的是代表一种生活方式，而"新型职业农民"代表的是一种职业，这是"新型职业农民"与传统农民在理念上的最大不同。现代化生产的理念和机械的应用加速了农业分工细化，对农业每一个环节的分工要求更具体，对从业者素质和能力的要求更高，这就使得每一个从业者掌握所有农业技能和要求变得极端困难和不可能，现代农业的分工要求需要每个"新型职业农民"在其所在岗位的技能方面高、专、精，以配合其他从业者一起完成工作。农业单一岗位技能的高、专、精要求既是"职业"的体现，也是现代组织形式对"职业"的要求。

(2) 在新型职业农民培育模式的研究方面

2012 年农业部在全国开展新型职业农民培育试点工作，2014 年联合财政部启动实施新型职业农民培育工程。各地按照部署要求在新型职业农民教育培训、规范管理和政策扶持等方面进行了积极探索和大胆实践，积累了丰富的经验，形成了一批典型有效的新型职业农民培育模式。目前已有大量的学者对新型职业农民教育培训模式和培育模式进行了研究。在国内研究方面，有学者对我国的新型职业农民培训模式进行了分类，认为按照培训主体的不同可以将模式分为政府主导类、政企配合类和市场运作类共 3 大类 11 种类型，目前在我国，政府主导模式仍是最主要的新型职业农民培训模式。也有学者在研究各地培育模式后选出了"产教融合校社（村、园）联动新型职业农民培育模式""创业兴业推动型新型职业农民培育模式""农民学院'七位一体'新型职业农民培育模式""校地联动教产衔接新型职业农民培育模式""青年农场主培育模式"这 5 种有代表性的培育模式。还有学者对"送教下乡"教育模式进行了研究，认为"送教下乡"教育模式符合农村实际和农民实际需求，是培养新型职业农民的重要途径。在国外研究方面，有专家认为国外职业农民的培育模式主要有北美、西欧、东亚等 3 种，他们在比较分析的基础上，提出了我国应健全培育体系、强化投入机制、扶植多元主体、创新培育形式、丰富培训内容、加强法律保障等对策和建议。

(3) 在建立健全新型职业农民培育的制度体系、管理体系、政策支持体系方面

通过研究，新型职业农民培育基本确立了教育培训、规范管理、政策扶持"三位一体"，生产经营型、专业技能型、专业服务型"三类协同"，初级、中级、高级"三级贯通"的新型职业农民培育制度框架，为规范化、系统化培育新型职业农民奠定了基础，对完善新型职业农民培育供给制度，创新新型职业农民政策体系，推进农民教育立法等有积极的意义。

总的来看，专家学者们对新农民的研究取得了较大进展，有许多研究成果已经在新农民培育、管理的实际工作中发挥了积极的作用。但新农民的培育、成长、壮大是一个复杂的系统工程，不能仅仅看作是一个教育培训问题，也不是一个简单的"三农"问题，而是与国家制度、体制等都有关联的社会问题。特别是我国的农民在很长一段时间是"二等公民"的身份标志，这对人们心理产生的影响还没有消除，社会对农民的偏见还普遍存在。所以，我们研究新农民绝不能离开特殊的国情和那段特殊的历史，对国家的政治、制度、体制机制

要进行一些分析研究,如:为什么农业、农村、农民这块短板一直存在?为什么发展不充分、不平衡的矛盾在农村表现突出?影响新型职业农民培育成长的要害究竟在哪里?只有这样,才能更加清晰地了解农民的过去、现在和将来,才能在研究新农民中有所发现、有所突破。唯有此,才能对解决短板、走向现代化,解决社会新的主要矛盾,促进体制改革产生积极的作用。

三、来自苏州的一份大学生农民调查

苏州关注新农民比较早。2009年,苏州市农村经济研究会就培育和造就苏州新型农民这一问题进行了调查研究,调研情况表明,新型农民的来源可以是多方面的:可来自农村现有的种植业、养殖业专业大户,他们是农民中的"精明人";可来自退役军人、私营企业个体工商户的经营者,或返乡的农民工,他们是农民中"见过世面的人";随着国家高等教育的普及和教育水平的迅速提高,大学生也成为新型农民的重要来源。

2013年全国两会期间,代表委员热议"三农"话题,"明天谁来种地"成为焦点之一。苏州市农村经济研究会联系苏州实际,又一次开展了关于苏州"大学生农民"的调查研究。通过摸底调查、分析研究,苏州市农村经济研究会提出了进一步鼓励和推动大学生从事现代农业的建议,并对培育和造就新型农民这一问题进行了更深入、更具体的探讨。现全文转载如下。

苏州"大学生农民"调查

在若干年前,就有不少人哀叹说,现在种地的人是"3860"部队,即种地的是一些缺少文化和体力的妇女及老人。今年全国"两会"召开前夕,社会各界又在热议一个话题——"将来谁来种地",从而再度引发了人们对农业前景的一种担忧。无论哪项事业,如果失去了年轻人,就意味着走向衰落,意味着失去了未来。

发展现代农业,实现农业的现代化,毋庸置疑的前提条件是必须有人种地,而且必须有一批年轻人种地。对此,我们农村经济研究会曾在2009年就培育和造就苏州新型农民的问题进行了调查研究。现实情况告诉我们,新型农民的来源可以是多方面的:可来自农村现有的种植业、养殖业专业大户,他们是农民中的"精明人";可来自退役军人、私营企业个体工商户的经营者,或返乡的农民工,他们是农民中"见过世面的人";随着国家高等教育的普及和教育水平的迅速提高,大学生也成为新型农民的重要来源。

2013年6月,江苏省委常委、苏州市委书记蒋宏坤在常熟市专题调研

现代农业发展时明确提出：要"引导大学生和有文化的青年热爱农业、发展农业、奉献农业，为现代农业的更好发展奠定良好基础"。对此，我们在2009年调研课题的基础上，最近又开展了关于苏州"大学生农民"的调查研究，试图通过对"大学生农民"的调查，从一斑窥全豹，对培育和造就新型农民的问题进行更深入、更具体的探讨。这里要说明的是，"大学生农民"不含各地推行的"大学生村官"。后者是地方党政组织挑选的，前者是个人的职业选择；后者属"官"，前者属"民"。

苏州已有不少"大学生农民"

据有关部门提供的资料反映，近几年来，全市先后有345名大学毕业生到农村当了农民。这些"大学生农民"中，"80后"占了90%左右；男217人、女128人；在农民专业合作社及各类农业经营主体就业的有312人，在农业领域自主创业的有33人；苏州籍的有261人，外地籍的有84人，他们分别来自北京、辽宁、山西、河南、湖北、浙江和本省的南京、南通等地。在345名"大学生农民"中，大学期间学农的106人，非农专业的239人；有三分之一的"大学生农民"在大学毕业后先是在工商企业就业或创业，有的还曾经是工商企业的白领。

"我来当农民""我要当农民"。曾经一个个离开农村、跳出"农门"的大学生，却在多年以后又回到农业，究竟是什么吸引了他们？根据调研，这些大学生之所以选择当农民，大体上有四方面原因。

一、农业领域有事业

大学生愿意从事农业，这首先是一个心态问题或是观念问题。乔布斯曾经说过："成就一番伟业的唯一途径就是热爱自己的事业。如果你还没能找到让自己热爱的事业，继续寻找，不要放弃。跟随自己的心，总有一天你会找到的。"大学生愿意当农民，最可贵的一点就是"要做自己的事业"。

吴江区五月田有机农业科技有限公司董事长卞涵佳，2008年毕业于加拿大维多利亚大学工商管理专业。毕业后她毅然选择回国发展，经过再三考虑，最后她把目光投向了农业有机食品行业。她认为："在食品安全问题频繁出现的今天，有机食品、有机农业的发展是历史的必然。"于是她组建创业团队，成立了苏州市倍绿食品科技有限公司，2010年5月在同里镇建成300亩生态有机农庄，主要从事农业科技的研发和推广、农产品种植、水

产养殖以及果树和苗木种植等,成为苏州市"菜篮子工程"直供基地,连续3年被评为"苏州市绿色风食品安全行先进单位"。

太仓市沙溪镇半泾村绿阳蔬果合作社董事长王建宏,2004年从苏州大学毕业后,先在一家企业做外贸业务,2007年1月回到家乡,2009年8月,根据本地经济发展的实际情况,率领成立了专业合作社。目前,合作社生产面积已达1000亩,入社社员已从成立时的12人发展到现在的212人,已累计完成基础设施投入900多万元,建钢架大棚300亩,新建区间道路5000平方米,水泥沟渠改造3000米,配套喷滴面积700亩,初步形成了一个路成格、田成方、可灌排的村级现代农业示范园区。同时,合作社注重农业科技的推广应用,采用先进生产技术和管理方式,实施农产品种植、加工、储存、配送、培训"五位一体"。"一分耕耘一分收获"。王建宏凭着积极努力的工作和出色的成绩,担任了村党支部书记并被评为苏州市第二届"十佳大学生村官"。

吴中区金庭镇吴门碧螺春茶叶专业合作社创办人黄雁萍,毕业于江苏技术师范学院计算机管理专业。2010年6月始,她注重开发西山岛特有的传统产品,如碧螺春茶叶、青种枇杷、乌梅种杨梅、柑橘、芦柑、板栗、银杏等,并尝试制作不添加任何防腐剂的青梅果酱、枇杷膏、杨梅果酱、蜂蜜等,使其发挥更好的经济效益;还与苏州市农业相关部门合作进行试验,引进美国无味、无毒药粉,采用高分子微生物肥料取代传统农药治虫的方式,从而使农副产品更加健康、绿色、环保,并影响周边乃至整个西山岛的农业意识、环境安全意识,走出了一条农业发展的新路。目前,该合作社社员已由当初的35户发展到现在的55户,今年预计可达100多户;基地规模由原来的170亩发展到现在的250亩。

二、现代农业有前景

随着现代农业的迅速发展,以及国家支持政策力度的加大,生态农业、有机农业、设施农业的前景日益光明,农业的效益空间越来越显现。农业能够成为一个赚钱获利的行业,这对大学生当农民产生了很强的吸引力。

张家港市科灵灵芝专业合作社理事长陈科是1986年出生的,大学里学的是市场营销,他的第一份工作是宾馆服务员,不久升职为上海一家连锁酒店的大堂经理。在工作中他经常看到一些客户拿着灵芝孢子粉作为礼品去送人，这让他产生了最为原始的想法："这个能赚钱！"2009年，在没有得到家人支持的情况下，陈科拿出自己打工几年的全部积蓄两万多元，开始在无锡学习灵芝种植技术。2010年3月，陈科回到老家张家港市杨舍镇五新村，筹集了50万元资金开始创业。他承包了村里的3亩土地，购进了6000多个菌种。现在，陈科的港城灵芝生态园已经成为张家港地区唯一的集灵芝种植、加工、销售于一体的观光型生态园。其本人近年来已获得"江苏省农村青年致富带头人"称号，并在苏州市首届农村青年创业大赛暨江苏省第三届农村青年创业大赛初赛中获二等奖。

苏州岚庭碧螺春茶叶专业合作社创办人邱晓庭和周峰，分别毕业于苏州大学和南京工业大学。他们在2010年着手创办了茶叶专业合作社，目前入社农户120户，拥有优质碧螺春茶园180亩，2011年建立了标准化茶叶生产车间并取得了QS认证。为了科技兴农，他们每年抽出时间去中国农业科学院茶叶研究所学习，不仅学到了很多提升茶叶品质的科学方法，还学到了不少独特的管理方法和经营模式。他们利用大学所学知识，制作了一个专业网站"洞庭山碧螺春网"，通过网站平台采取订单式生产，按照客户网上下单情况安排茶叶生产数量。目前该合作社的客户已发展到上海、北京、浙江、山西等地。邱晓庭和周峰运用信息技术经营农业，实现了从学生到"老板"的华丽转身。

东山、西山，是闻名遐迩的"绿水青山"，在大学生眼里它们又是"金山银山"。在东山镇和西山所属的金庭镇，由大学生创办并领取工商营业执照的合作社已有10家，东山、金庭各5家，注册资本平均为80万元；大学生创业平均年龄不到30岁，最年轻的23岁，其中男性7名、女性3名，大专生7名、本科生3名；入股农户1580户，带动农户近2000户，合作社年销售收入1000多万元。主营产品为特色农副产品，如碧螺春茶叶、枇杷、杨梅、初加工果酱，以及农家乐、采摘游和生态休闲观光旅游等。

三、大学生在农业领域创业有了舞台

近年来，农村改革不断深化，农村土地流转步伐加快，农业规模经营全面推进，现代农业园区、股份合作社、专业合作社等纷纷建立，这些农业经营主体的重大变革，为大学生从事农业提供了非常好的舞台，有利于他们发挥自己的聪明才智，学有所用，同时也有利于规避风险。在调查中，

我们了解到在一些新型农业生产经营主体中,"大学生农民"都觉得工作很踏实、很充实。

苏州电力工业学校毕业的大学生顾益,2011年8月在太仓市双凤镇维新村联合5人出资500万元,组建了太仓市利群水产养殖专业合作社,从事水产养殖、销售、产品加工、休闲渔业等。目前合作社成员有60人,资产已拥有900多万元。2012年,合作社实现销售收入1100多万元,利润190多万元。今年4月,该合作社顺利通过由江苏省农委、江苏省检验检疫局和江苏省海洋与渔业局联合开展的省级出口农产品示范基地考核验收,获得了省级出口农产品示范基地资格。除了顾益本人承担克氏鳌虾与青虾池塘轮养技术开发外,为了提高水产养殖的技术和水平,合作社还引进我国特有的珍稀鱼类胭脂鱼,开展人工繁育等方面的技术探索。在经过前两年的试养,基本掌握了胭脂鱼苗种的运输、池塘单养或混养的放养密度、饲料的选择品种与投喂、水质调控和病害防治等方面技术的基础上,今年5月,该合作社再次引进近千尾大规格胭脂鱼,准备开展人工繁育等方面的探索。

成都电子机械高等专科学校1999年毕业的女大学生徐飞,毕业后曾到深圳华为科技有限公司、上海京信通讯器材有限公司等企业就业,2005—2009年她自己又在成都开办了易泊科技有限公司,2010年后她还是返乡在吴江平望镇联丰村租赁22亩土地开办了农场。该农场全部采用新型的生产经营方式,种养殖生产坚持纯自然,不施化肥、农药;经营以会员制为主,每年收取一定的年费,农场每周供给会员家庭蔬菜和家禽。今年尽管受到禽流感和高温干旱的影响,但是农场年收入仍可在30万元以上,利润率达到40%左右。

四、从事农业是大学生不错的就业途径

随着高等教育的普及,大学生进城市就业压力越来越大,当一个现代的新型农民的确是一个不差的选择。在调研中,不少"大学生农民"感叹:农村就业范围很广阔,现在大学毕业生越来越多,城市岗位毕竟是有限的,与其在大城市里激烈竞争,还不如到农村田野里寻求自己的发展机会。

江苏理工学院2012年毕业的大学生小刘反映:"去年暑假毕业,为了找工作跑了很多单位,后来来到了太仓市陆渡农业园。在学校学的是计算机,到了农业园,认识了许多以前不认识的蔬菜,并了解了种植流程等。农业园经常有专家过来对农民进行技术指导,我也经常参加学习,相当受用"。

张家港市的董龚毕业于徐州建筑职业技术学院计算机网络专业。毕业后,就因为父亲"干脆跟我种地去"这句话,他从2009年起就和全家人一起干起了农业,到目前已承包了244亩土地种植稻麦,还承包了60亩桃园,他家的农场成为常南社区的"家庭农场"。他认为:"事在人为,业在人创。作为一名'80后',我不后悔从事农业,做农业虽然辛苦,但是我认为很有价值。"

家住常熟市虞山镇东联村的女大学生高玉平,2000年从山东潍坊医学院毕业后,在爸爸妈妈的影响下,承包土地90余亩,以种植水生蔬菜为主,现已发展到约700亩。她认为:"在每个行业都有领军人物,唯独农业这块好像少之又少。"她下决心要成为农业这个行业的领军人。

通过调查分析,我们可以清楚地看到,大学生与传统农民有三大不同:

1. 他们不是一家一户"一亩三分地"的"小农",而是有群体、农场、农业园区或合作社做支撑的"大农"。

2. 他们从事的不是单一的种植或养殖,而是融种植、养殖、科研、加工、营销于一体的"复合型"农业。

3. 他们凭借的优势不再是体力和技能,而是头脑,是知识和科技。"智能化"已成为大学生农民的显著特征。

鼓励和推动大学生从事现代农业的建议

2011年年底召开的中央农村工作会议明确提出,要"培养一代新型农民,鼓励有文化和农业技能的青壮年农民留在农村"。随后出台的2012年中央1号文件,进一步提出了培育职业农民的战略举措。今年中央1号文件明确:要"大力培育新型农民和农村实用人才,着力加强农业职业教育和职业培训。充分利用各类培训资源,加大专业大户、家庭农场经营者培训力度,提高他们的生产技能和经营管理水平。制定专门计划,对符合条件的中高等学校毕业生、退役军人、返乡农民工务农创业给予补助和贷款支持";要"建立合作社带头人人才库和培训基地,广泛开展合作社带头人、经营管理人员和辅导员培训,引导高校毕业生到合作社工作"。

发展现代农业的根本出路在科技,关键在人才,最根本的一条就是要培育有科技素质、职业技能与经营能力的"新型农民"。而"新型农民"的生存环境是各种要素的综合。在调查中,农委的同志反映,在大学生当农民问题上,目前明显存在着四个方面的制约因素:一是传统观念根深蒂固,

对"农民"的身份歧视造成了一定的心理压力;二是金融体制不适应,农业信贷难度大;三是大学生在农业领域创业,与农村现有的各种类型的合作社接轨仍有障碍;四是政策配套不够,大学生当农民有后顾之忧。就现代农业的发展趋势而言,无疑需要有更多的大学生当农民。各级政府及有关部门乃至整个社会都要积极、务实地创造环境,让更多的大学生、更多的年轻人乐于投入农业现代化的事业。

一、加强信息和基础服务

在调研中,不少大学生反映:要为大学生创造一个更宽广的农业就业创业平台,让更多的大学生愿意、方便到农业就业创业。农业部门要建立农业经营主体农业技术和经营管理岗位需求库与农业项目库,搭建高校毕业生农业就业创业信息服务平台,定期发布农业经营主体招聘信息。各级农业、人事社保部门要定期举办面向农业领域岗位的专场招聘会,在高校毕业生和农业经营主体之间起到桥梁和纽带作用。各地还可积极创办农业创业园,为大学生农业创业提供载体,孵化农业创业企业。同时,各级农业技术服务推广部门要努力为"大学生农民"保驾护航,悉心提供"菜单式培训"、保姆式服务,定人定点,跟踪服务,帮助大学生解决生产实践难题。

二、加强财政激励

良好创业环境的创造,离不开一些鼓励性的利好政策。在调研中,一些"大学生农民"反映,"要为农业企业加大人才补贴力度,吸引更多农业人才前来就业","应该多多给予政策上的支持,鼓励更多的大学生来到农业企业,为实现农业现代化添砖加瓦"。近几年,政府一直鼓励高校毕业生自主创业、灵活就业。我们思考:

1. 能否如同其他行业鼓励大学生创业一样,对专职从事农业生产或农产品营销工作,牵头兴办农民专业合作社并被市、区农业行政主管部门认定为规范化农民专业合作社理事长的高校毕业生,财政给予一定的补助?

2. 对从事农林牧渔业生产、种养殖达到一定规模,土地承包或流转有一定期限并签订规范化承包或流转合同的农业创业高校毕业生,财政能否也给予一定的补助(已享受规范化农民专业合作社理事长补助的,不再另行补助)?

三、加强金融、政策保险支持

在调研中，也有一些"大学生农民"反映创业中资金拮据的困难。首先，根据苏州市即将出台的新政，大学生毕业后创业，3年里每年可享受不超过5000元的租金补贴；其次，大学生一次性创业补贴可达6000元；再次，高校毕业生创业，可享受3年社保补贴；第四，大学生自主创业小额贷款最高额度可达30万元，并享受两年期内按照基准利率全额贴息。在农业创业是否也能享受有关优惠政策？同时，对农业创业的高校毕业生，各地农业小额担保公司要在农业小额贷款担保方面提供支持。农村金融机构要把农业创业高校毕业生列入农村信用等级评定范围，简化贷款手续，给予利率优惠。政策性农业保险要把农业创业的高校毕业生作为重点参保对象。

四、加强管理服务

出生于安徽亳州、毕业于宁波大学的大学生小李到苏州工作已6年多，他反映："虽然户口已经迁到苏州，但职称评级、社区选举、医疗保险等没有人通知联系"，"要关注大学生农民群体，尤其针对社保、医疗、职称等要制定合适的政策"。我们建议：

1. 对在农业经营主体就业或在农业生产领域创业的高校毕业生，应让他们在农业继续教育、农业项目申报、农业科技项目立项、农业成果审定等方面能够享受苏州市基层农技推广机构科技人员同等待遇，符合专业技术资格申报条件的，可优先申报相应专业技术资格。

2. 市、区和镇（街道）在招考事业编制农技、农经人员时，对在市、区农业行政主管部门和人事社保部门登记备案，在农业经营主体就业及在农业生产领域创业满一定期限且表现突出的高校毕业生，在同等条件下，可优先录用。

3. 对到农业经营主体就业或农业创业的高校毕业生，各级人事社保部门所属的人才交流机构要免费为其提供人事档案保管、代理集体户口挂靠等服务。各级农业部门要加强农业就业创业高校毕业生的技术和政策培训，建立农业专家与农业就业创业高校毕业生结对帮扶制度，为高校毕业生提供技术和政策咨询，帮助解决工作中遇到的困难和问题。

五、加强政治上的关心和生活上的帮助

1. 对表现优秀、业绩突出的"大学生农民"，市、区和镇（街道）要积极创造条件将其推选为各级各类代表人选，为他们参政议政提供平台。

镇（街道）要安排好就业创业"大学生农民"的党团组织关系落实单位，并切实帮助他们解决生活中遇到的困难。

2. 各地要结合实际，制定农业就业创业"大学生农民"的考核办法，每年进行一次考核，对表现优秀、业绩突出的进行表彰奖励。要建立农业就业创业"大学生农民"信息管理系统，加强农业就业创业"大学生农民"档案管理，健全台账资料，把"大学生农民"的日常表现及考核情况等及时存入个人档案，作为其享受有关优惠政策的重要依据。

展望未来，农民将不再是一种身份印记，而是一种新型的职业选择。目前分布在全市各地、日夜奋斗在农业第一线的"大学生农民"，正以自己的辛勤汗水、艰苦努力、点滴成就告诉社会：每个年轻人都有美好的梦想，梦想是人生的风帆；梦在心中，路在自己脚下。当"新型职业农民"同样是一份担当、一份责任、一份光荣。各地要经常主动关心"大学生农民"的工作和生活，树立宣传典型，营造浓厚氛围，这不仅有利于这些年轻有为的"大学生农民"更好地实现价值，更是为进一步推进苏州农业现代化发展之路打下坚实的基础。

2013年12月18日，时任江苏省委常委、苏州市委书记蒋宏坤对《苏州"大学生农民"调查》一文作出了批示："建议很好。发展现代农业，关键靠科技和人才，要有更多大学生热爱农业、发展农业，各级政府要加大对大学生农村创业的支持力度。"

第四章 苏州新农民结构分析

新农民也称"新时代农民",是相对于传统农民而言,以农业生产、经营、服务为主要职业的社会群体。新农民不仅包括新型职业农民,还包括为农业生产经营提供服务的从业者。如前所述,"农民"的概念很难界定,而且"新农民"目前还只是一个大的概念,没有具体的衡量标准,边界范围也不清,存在着诸多不确定性。新型职业农民——"新农民"群体的主体部分,有认定的标准,有清晰的边界,概念也是相对确定的。所以把苏州市已认定的新型职业农民作为蓝本,来替代新农民进行结构分析,这样的分析有合理性和准确性。

一、苏州新型职业农民的认定过程

苏州市新型职业农民的认定工作,是从昆山市开始的。2012年,昆山市被农业部确定为全国首批新型职业农民培育试点县,根据《昆山市新型职业农民培育试点工作方案》,2016年3月出台了《昆山市新型职业农民认定管理办法(试行)》,在苏州市第一个开启了新型职业农民的认定管理工作。《昆山市新型职业农民认定管理办法(试行)》重点明确了5个方面的内容。

1. 认定条件

具有初中及以上学历,男50周岁(含)以下、女45周岁(含)以下的昆山户籍居民,以农业为职业、具有一定专业技能、主要工作时间从事农业、主要收入来自农业的现代农业从业者,可以自愿申请认定为新型职业农民。

2. 认定方式

分直接认定和受理认定两种方式。所谓直接认定,就是对从事农业生产经营、技能服务的昆山户籍全日制普通高等

学校大专（含高职）及以上学历毕业生可直接认定为新型职业农民。所谓受理认定，就是对自己提出申请并符合认定条件的生产经营、专业技能、专业服务等三种类型的农民按程序进行认定。生产经营型新型职业农民是指长期从事农业生产并有一定产业规模的专业大户、家庭农场主、农民合作社带头人、农业园区企业管理者等。专业技能型新型职业农民是指在集体农场、家庭农场、农民合作社、农业园区企业等单位稳定从事农业生产并具有一定专业知识和丰富实践经验的农业工人、农业雇员等。专业服务型新型职业农民是指在农业社会化服务组织中或个人直接从事农业产前、产中、产后服务，并熟练掌握本专业知识与技能的园区企业技术人员、农村信息员、农机服务人员、统防统治植保员、村级动物防疫员等。

3. 认定主体

成立昆山市新型职业农民培育工作领导小组，领导小组下设办公室，办公室设在昆山市农业委员会（现为"昆山市农业农村局"，以下同），具体负责新型职业农民的受理审核、建档立册、证书发放、信息库管理及相关组织服务等认定事务，确保认定工作规范有序开展。负责对生产经营型职业农民实行动态管理，按年度进行复核；对专业技能型和专业服务型职业农民实行统计管理。

4. 认定程序

主要是指受理认定，分三步进行：第一步，本人提出申请，申请人于每年12月初至本人所在区（镇）农业服务中心自愿提出认定申请，填写"昆山市新型职业农民认定申请表"，申请材料交区（镇）农业服务中心。申请材料包括"昆山市新型职业农民认定申请表"一式3份，身份证、学历证书、农业知识和技能培训合格证书复印件，本人近期2寸彩色照片3张。第二步，区（镇）核实，由所在区（镇）农业服务中心根据申请材料进行核实，并汇总上报昆山市农业委员会。第三步，市级认定，由昆山市农业委员会组织开展认定工作，对符合认定条件的农民进行公示，公示无异议的认定为新型职业农民，统一颁发昆山市新型职业农民证书，作为享受相关扶持政策的有效凭证。

5. 激励政策

一是教育资助。新型职业农民参加涉农类继续教育的，给予一次性学费补贴；免费享有政府提供的职业教育、实用技术技能培训。二是创业扶持。在现代农业园区设立创业园、科技孵化基地，为大学毕业的新型职业农民提供创业支持。三是社会保险。在新型合作农场职业农民岗位工作，经认定为新型职业农民，签订1年以上劳动合同按规定缴纳社会保险费的，由昆山市财政给予单位和个人缴纳部分全额的社会保险补贴；在其他职业农民岗位工作，经认定为新型职业农民，按规定缴纳社会保险费满1年的，以单位就业方式参保的定额补贴标准以最低社会保险缴费计算的单位缴费数额确定（含养老、医疗、工伤、生育和失业保险），以灵活就业方式参保的定额补贴标准以灵活就业参保最低缴费数额的50%确定（含养老和医疗保险）。补贴实行"先缴后补"、按年发放，按照实际从事职业农民岗位工作月数计算，不满1个月工作时间的按照1个月计算。补贴期限暂定为5年，同一人的补贴期限合并计算。四是标兵奖励。根据新型职业农民继续教育、知识更新考核情况，以及年度经营规模和经济社会效益，评定新型职业农民标兵，对被评为标兵的新型职业农民进行表彰和奖励，优先推荐为各级党代表、人大代表、政协委员和基层干部候选人。

2016年6月，昆山市认定了第一批170名新型职业农民，之后每年认定一批，到2019年年底，昆山市共认定新型职业农民1299人，成为苏州市第一个认定新型职业农民人数超过千人的市。昆山市的新型职业农民认定管理工作不仅起步早，而且与时俱进，在实践中不断地进行调整和完善。2019年12月，昆山市根据几年来新型职业农民认定管理过程中出现的问题，对照率先基本实现农业农村现代化的要求，对原来的认定管理办法进行了三个方面的修改。

第一，适当放宽了年龄限制。主要是对自愿申请认定新型职业农民的昆山户籍男性居民，如果其他方面条件都符合认定条件，年龄要求从50周岁放宽到55周岁（含）以下。

第二，有条件地放开了对户籍的限制。非昆山市户籍的人员也可以自愿申请认定新型职业农民，但前提条件是：具有大专及以上学历，男55周岁（含）以下、女45周岁（含）以下，在昆山市稳定从事农业生产且连续缴纳社会保险3年（含）以上，在农业领域具有示范带动效应。

第三，增加了分级认定中高级新型职业农民的条款。按照职业素养、文化程度、教育培训情况、知识技能水平、生产经营规模、辐射带动能力和生产经营效益等要素，对生产经营型新型职业农民分中级、高级进行认定，中级的认定人数为生产经营型新型职业农民总数的20%，高级为5%。

昆山市新型职业农民认定管理工作不仅走在苏州市的前列，而且在多个方面有创新。一是建立了江苏省内首个财政全额拨款事业单位——昆山市职业农民培育指导站，专司新型职业农民培育认定管理工作，从组织机构、人员上为新型职业农民培育认定管理提供保障。二是成立了苏南首个新型职业农民协会，架起了农民与农民、农民与新型经营主体、农民与部门、农民与政府之间联系

的桥梁，为新型职业农民的成长壮大创造了条件。三是制定了《昆山市新型职业农民社保补贴实施细则》，为获得认定的新型职业农民享受地方政府给予的社保补贴提供了具体的操作规范。四是出台了涉农专业大学生就业补贴政策，对进入农业领域从事生产经营活动的大学生，市、区（镇）两级财政按每人每月不低于 850 元的标准对其所在规模经营主体给予补贴。五是开展昆山市"十佳新型职业农民""昆山市乡土人才"评选工作，推荐 5 名新型职业农民入选昆山市级以上人大代表或政协委员。

昆山市的新型职业农民认定标准不是苏州全市的标准。2016 年 5 月，苏州市政府发出了《关于加快推进新型职业农民认定管理工作的通知》（以下简称《通知》），要求各市区结合本地实际，学习借鉴昆山做法，加快出台新型职业农民认定管理办法，有序推进新型职业农民认定工作，制定和落实新型职业农民扶持政策，加强对新型职业农民的动态管理。《通知》还转发了《昆山市新型职业农民认定管理办法（试行）》。各市（区）根据《通知》要求和本地的实际情况，以昆山市的认定管理办法为蓝本，相继出台了认定管理办法，对新型职业农民的认定条件、认定方式、认定类型、认定主体、认定程序、扶持政策和认定后的动态管理等都进行了明确。各市（区）出台的认定管理办法虽然不完全相同，但是在认定类型、认定方式、认定程序等方面大同小异、基本一致，差别主要是在认定条件和扶持政策上。一是年龄要求，太仓市放得最宽，男性 60 周岁、女性 55 周岁及以下；常熟市其次，要求男性、女性均为 55 周岁及以下；张家港、吴江、吴中、相城、苏州高新区等 5 个市（区）则要求男性 55 周岁、女性 50 周岁及以下。二是学历要求，太仓市要求具有大专及以上学历，其他市（区）均要求初中及以上学历。三是扶持政策方面。（1）教育资助：除能享有政府提供的免费职业教育、实用技术技能培训外，常熟、太仓、吴江、苏州高新区等市（区）明确规定新型职业农民参加涉农类继续教育和成人高等学历教育的，也将给予一次性学费补贴。张家港、吴中、相城等市（区）明确规定参加成人高等学历教育的给予补贴，吴江区要求取得学历后必须是从事农业生产的才给予补助。（2）创业扶持：张家港、常熟明确规定新型职业农民可优先承包经营土地；常熟、太仓、吴中、相城、苏州高新区等市（区）在各级农业园区设立创业园、科技孵化基地，为大学毕业的新型职业农民提供创业支持；吴江区优先为新型职业农民提供农业技术、金融信贷、惠农补贴、农业保险、土地流转、用水用电等涉农政策服务。（3）社会保险方面：张家港、吴中、苏州高新区等市（区）均按照《苏州市新型职业农民社会保险补贴办法》执行，并规定具备大专及以上学历且缴纳社保满 1 年的新型职业农民可以享受社保补贴；其他市（区）适当放宽了享受补贴的条件限制，如常熟市的条件是大专及以上学历并缴纳社保，没有必须缴满 1 年的限制；太仓市的条件是签订 1 年以上劳动合同并缴纳社保，没有学历和缴费必须满 1 年的限制；吴江、相城等市（区）的条件是缴纳社保必须满 1 年，没有学历限制。(4) 表彰奖励：张家港、太仓、吴中、相城等市（区）根据新型职业农民继续教育、知识更新考核情况及年度经营规模、经济社会效益，评定新型职业农民标兵（或先进个人），并予以表彰奖励；太仓、相城等市（区）对成绩突出的新型职业农民，优先推荐为各级党代表、人大代表、政协委员、基层干部和劳动模范候选人；常熟市将新型职业农民经营服务、联结带动、取得效益等情况纳入农业农村条线表彰奖励；苏州高新区对每年新申报并获得认定的新型职业农民，一次性奖励 1000 元。

各市（区）认定管理办法出台后，在苏州市范围内全面开展了新型职业农民的认定管理，2016—2019 年全市先后认定新型职业农民 1049 名、1400 名、1562 名、1224 名，共 5235 名，不仅为苏州市农业农村现代化提供了人才支撑，还为新时期培育、认定、扶持新型职业农民提供了新鲜经验。

为了适应新形势下新型职业农民认定管理的需要，2019—2020 年，常熟、太仓、吴江、吴中、相城、苏州高新区等市（区）又对已经出台的新型职业农民认定管理办法进行了修改，主要是对认定条件进行了调整和完善，大多数市（区）都放宽了对年龄、户籍的限制，个别市（区）调整了对学历的要求。常熟市对大专及以上学历者无年龄限制，大专及以下学历人员男性年龄从 55 周岁放宽到 60 周岁；取消户籍限制，非常熟户籍人员与常熟户籍人员一视同仁，也没有社保缴费年限要求。太仓市学历要求从原大专放宽到高中（自身条件突出的可放宽到初中），仍限定太仓本地户籍。吴江、吴中、相城、苏州高新区等 4 个区有条件地放开户籍限制，具有初中及以上学历、在本区稳定从事农业生产经营服务且连续缴纳社会保险 1 年（含）以上的非本区户籍人员，也可申请认定为新型职业农民（相城区非本地户籍年龄限定为男 50 周岁、女 45 周岁及以下）。另外，在这次调整中，相城区对专业服务型职业农民类型的认定，增加了农产品经纪人和农产品检测员两类人员。

苏州市相关市（区）对认定管理办法的调整完善，适度放宽对年龄的要求、有条件地取消对户籍的限制和对新农民扶持激励政策力度的加大，是根据目前新农民培育认定管理的实际情况做出的选择。从当前来看，新农民的培育认定工作还刚刚起步，新农民的规模还很小，新农民的培育成长规律还需要在实践

中不断地进行探索。这次调整的意义在于：一方面能够在更大范围吸引更多的人才到农业农村从事与现代农业相关的工作；另一方面给现有的新农民提供了一个能够安心在农业农村创新创业的平台，为他们的健康成长创造了有利条件。因此，这次调整不失为是缓解目前农业农村人才严重不足问题的一个权宜之计。从长远看，它对新型职业农民队伍的成长壮大、农民整体素质的提高，推进乡村全面振兴，率先基本实现农业农村现代化都有积极的意义。

二、苏州市新型职业农民的结构分析

结构决定功能，每个自然物体、每个单位或社会群体都是如此。开展对新型职业农民的结构分析，主要是基于这样几个方面的考虑：第一，新型职业农民是一个新事物，是有别于传统农民、身份农民的一个新的社会群体，通过对这个群体的结构进行定量分析，可以比较出与传统农民的不同，看到这个"新农民""新"在哪里。第二，通过对新型职业农民的结构分析，可以看到不同结构之间的功能差异，为进一步优化结构、提升功能提供解决方案。第三，新型职业农民目前还处在成长发展阶段，单从数量上看，在现有务农人员中只占很小的比重，通过分析可以预测新型职业农民未来发展的趋势，为决策者提供依据。对新型职业农民的结构分析，主要依据2016—2019年苏州市已经认定的5235名新型职业农民的相关资料，以及2020年苏州市农业农村局与苏州市农村经济研究会联合开展的对683名新型职业农民进行问卷调查的资料，重点从文化程度、年龄结构、从事农业前的职业等方面进行分析。

1. 文化程度

在已认定的5235新型职业农民中，初中文化程度者占42.2%；高中（含中专）文化程度者占16.6%；大专文化程度者占26.2%；大学本科生占14.5%；硕士研究生有28人，占0.5%；博士研究生仅有1人。

从新型职业农民的文化程度来分析，受教育程度有了较大提高。一是他们的文化程度明显高于传统农民。2016年认定的1049名新型职业农民中，初中文化者程度占47.6%，高中文化程度者占17.2%，大专及以上者占35.2%。据《苏州市第三次全国农业普查主要数据公报》提供的数据，2016年年底苏州市农业从业人员中，未上过学的占7.7%，小学文化程度者占47.5%，初中文化程度者占35%，高中文化程度者占7.7%，大专以上文化程度者仅占2.1%。两者比较，新型职业农民中小学及以下文化程度的较传统农民减少了55.2%，大专及以上文化程度的增加了33.1%。二是受过高等教育农民的人数呈逐年增长的趋势。从2016—2019年认定的新型职业农民的文化程度来看，大专及以上文化程度农民的比例逐年提高，2016 年为 35.1%、2017 年为 36.3%、2018 年为 42.1%、2019 年为 51.1%。同时，大学本科及以上学历农民的人数也呈逐年增加趋势，2016—2019 年分别为 128 人、163 人、232 人、266 人。全市还有 28 位硕士研究生、1 位博士研究生成为新型职业农民。三是新型职业农民有继续提高学历的愿望。问卷调查资料显示，有 62.52% 的新型职业农民希望能够继续学习培训，提升学历水平。

2. 年龄结构

2016—2019 年认定的 5235 名新型职业农民，平均年龄为 42.03 周岁（以 2020 年为准），其中 35 周岁以下的占 35.7%，36～40 周岁的占 14.1%，41～45 周岁的占 16.5%，46～50 周岁的占 20.7%，51～55 周岁的占 10.9%，55 周岁以上的占 2.1%。

从新型职业农民的年龄结构来分析，其呈现出年轻化趋势。一是新型职业农民以青壮年为主体。新农民平均年龄在 42.03 周岁，比传统农民的 55 周岁降低了 13 岁。新农民中 45 周岁以下年龄段的占 66.3%，这与 2016 年年底苏州市农业从业人员中年龄 55 周岁以上者占 62.9% 形成了较大的反差，新农民改变了目前务农人员以中老年为主体的状况。二是年轻人在不断地加入新型职业农民队伍。从 2016—2019 年认定的新型职业农民的年龄分布来看，45 周岁以下年龄段占比分别为 61.1%、65.1%、67.3%、70.4%，呈逐年上升的趋势，老龄化、后继乏人的局面正在不断改变。三是新型职业农民具有鲜明的时代印记。从认定的新型职业农民的成长时代来看，其中有一半左右是出生在改革开放前，成长在改革开放后，有鲜明的时代印记。另外，在认定的新型职业农民中，男性占 74.8%、女性占 25.2%，这个比例，明显优于当下农村务农人员以老年、妇女占绝大多数的状况。

3. 从事农业前的职业

从新农民的来源来看，其涉及的行业、领域非常广。对 683 位新型职业农民的问卷调查显示，在从事农业职业前，有农业经历的占 29%，没有农业经历的占 71%。其中：有工业企业经历的占 31.8%，有服务业经历的占 16.3%，有营销经历的占 11.3%，有机关、村（社区）工作经历的占 6.6%，其他 5%。从行业来看，有来自农业、园林业、工业、建筑业、服务业、金融业、医疗卫生业、教育、新闻等各行各业的人员，既有机关事业单位人员，也有社区工作者，还有自由职业者。

从新农民的人员构成来分析，它有几个特点：一是新农民已经成为一个自

由选择的职业。问卷调查资料显示,新农民中原来从事农业的不到30%,70%以上的新农民是从工人、教师、医护人员、大中专毕业生、退伍军人、村(社区)工作者等非农职业转来从事农民职业的,这说明新农民在概念上不同于传统农民,它已经跳出了身份农民、被动选择的范畴,回归了农民的职业特征和主动选择的方式,这是一个历史性的变化,标志着正在开始告别农民是一种身份标签、是一个无法选择的职业的时代,农民已经成为农村人、城里人、各行各业的人都可以自由选择的一个职业。二是社会对农民这个职业的认可度在提高。曾经的农民,被一些人认为低人一等,是别无选择的"二等公民",而现在,在许多人看来当农民是一个不错的选择,这是社会的一大进步,也表明人们正在不断地改变着对农业农民问题的认识和看法。三是要重视对新型职业农民的培训和扶持工作。从问卷调查的情况看,由于不少新型职业农民没有接受过农业职业教育,缺少与农业生产经营相关的知识,不能完全适应农业这个承受自然风险和市场风险双重影响的产业,所以新型职业农民生产经营的不平衡性还比较大,有13.6%的新农民年收入不到5万元,有的还处在亏本状态,这就说明新型职业农民队伍的不稳定因素还存在,新农民成长壮大的基础还不牢固。对新型职业农民的问卷调查显示,希望自己子女从事农业农村或相关行业工作的占36.7%,不希望的占53%,由子女自己决定的占10.2%。

再从国情、农情来看,"新农民"与传统农民将会在一个相当长的历史时期内共存,"新农民"的不断成长壮大,将会影响和带动传统农民,促进小农户与现代农业的有效衔接。这就需要全社会不断提高和加强对"新农民"的支持、扶持与鼓励,切实解决"新农民"在成长壮大过程中的各种烦恼,使"新农民"真正成长壮大为我国农业现代化的深厚人才基础。

三、苏州农民发展趋势预测

农民的结构及其素质的演变,与时代及其所处的具体环境紧密相关。

从国际看,当今世界正处于百年未有之大变局,不确定性和不稳定性在加大,但开放的大势不会改变,命运共同体将越来越成为人类的共同追求。新一轮技术革命加快推进,互联网技术、生物工程、智能技术等科技成果,将对经济、政治、社会等各个领域产生革命性的影响,所有经济领域的行业关系、生产经营方式都会发生巨大变化。

从国内看,我国正进入全面建设社会主义现代化国家的新时期,深入贯彻落实新发展理念,农业农村优先发展,实施乡村振兴战略,深化农业供给侧结构性改革,继续推进工业化、城市化和城乡发展一体化,实现人与自然和谐共生的现代化，解决"三农"问题成为全党工作的重中之重，并被提升到了历史新高度。

苏州是邓小平设想小康的参照地，是习近平认为可以勾画现代化的先行处。苏州市提出到2022年要率先基本实现农业农村现代化，为经济发达地区乃至全国基本实现农业农村现代化探路子、做贡献。

鉴于上述条件和环境，苏州农民以后的发展趋势主要有以下方面：

1. 直接从事种田的农民会不断减少

所谓"传统农民"，说到底是传统生产力及生产方式的产物。传统农民就是劳动力和土地两大要素的结合，再加上简单的农器具，其突出表现就是"直接种田"。

农民的总人数在减少，"直接从事种田"的农民会更少，这是经济社会发展的必然趋势，也是现代农业发展的客观要求。

（1）工业化、城镇化继续推进，农村劳动力还会继续转移

苏州尽管工业化、城镇化程度较高，但与世界现代化程度较高的国家相比还有一定差距，农村劳动力仍有较大的转移空间。可以预见，随着工业化、城镇化水平的进一步提高，农村人口还会继续向城镇转移，农村劳动力还会继续向二、三产业转移，农民的总数和"直接从事种田"的人数还将继续减少。

（2）随着新技术革命成果的推广和广泛应用，农业的工业化（主要是机械化）、信息化、智能化水平不断提高，新型农民加速成长壮大，直接从事种田的农民必然会不断减少

苏州市到2022年要率先基本实现农业农村现代化，农业科技贡献率要达到73%，主要农作物耕种收综合机械化率要达到96.5%，农业信息化覆盖率要达到72%，新型职业农民占农业总人口的比例要提高到5%。智慧农业国家级试点加快推进，智慧农业生产经营体系、管理决策体系、服务应用体系和产业发展体系全面建立，实现"数据资源一张图""生产经营一张网""管理服务一朵云"。随着高新技术、先进装备、智能农业的广泛应用，新型职业农民的成长壮大，机械化、信息化、智能化替代了农业生产过程中大量的人工劳动，农艺简化、用工节省、劳动生产效率大幅提高，直接从事农业生产的人员会进一步减少。

（3）世界发达国家的农业现代化过程，也是从事农业的人口不断减少的过程

欧美发达国家从第一次工业革命开始出现农村剩余劳动力的转移，这个过程一直持续到20世纪五六十年代伴随着农业现代化的全面实现才基本完成，现

在发达国家农业劳动力占社会总劳力的比例一般在 1% ~ 5%。美国是世界上现代化水平最高的国家,也是第一大农业强国,农业从业者占全社会劳动力的 1%。德国、英国的农民分别占 1.5% 左右,荷兰、以色列的农民分别占 3%。从发达国家农民数量结构的变化看,苏州农村人口、务农人员的数量还会不断减少,务农人员的结构、素质还在不断得到优化和提高。

2. 从事新业态农民的比重会大幅提升

农业新业态是现代农业发展到一定阶段,依托互联网等高新技术武装,通过技术创新与产业融合而形成的不同于传统农业的新型产业形态。

近 10 年来,苏州农业农村新业态的发展如火如荼。以农村电子商务为代表的"互联网+现代农业"迅猛发展,以休闲观光、乡村旅游、农事体验、共享农庄("特色农业+乡村民宿")为特征的"农业+旅游"产业势头强劲,会展农业、农事节庆、物流配送、私人定制等多种形式的新型服务业需求旺盛。2020 年,苏州市农产品电商销售额超过 50 亿元,形成了大闸蟹、茶叶、果品、珍珠等一批特色农产品的电商品牌;各类休闲农业经营主体超过 2000 家,接待游客 4300 万,营业收入 57 亿元,农、文、旅融合发展格局正在形成,农业新产业、新业态呈现良好发展态势。

(1) 科技进步开辟了新天地

当今世界,高新技术日新月异,并深刻地影响着人们生产生活的方方面面。互联网技术、生物技术、信息技术、遥感技术与农业的融合创新,对农村现代物流、农产品电子商务、跨行互联互通、现代食品产业、智慧农业等新型业态的发展形成了强大的驱动力。

(2) 新需求催生出新市场

市场需求是新产业、新业态发展的拉动力。苏州及其周边地区人口密集、经济发达、交通便捷,城乡居民对农业多样化、个性化的需求增长较快,为休闲、养生、体验、旅游、养老等农业新产业、新业态提供了广阔的发展空间。

(3) 认识新境界拓展新领域

随着社会主义现代化国家建设进入新的时期,人民群众对人与自然和谐共生、生态产业、绿色生产、乡村文化等方面会有新的认识,对保护生态环境、生产绿色食品、提供丰富多彩的乡村文化产品等会有新的期盼。认识的新境界,带动了消费结构的升级,提升了农业和乡村的功能,拓展了"生态+""文化+"等新领域、新产业、新业态。

3. 农民兼业将成为一种普遍现象

由于苏州人多地少,加上苏州人心灵手巧,出于生计考虑,苏州历史上兼业的农民不在少数,如农兼工、农兼技、农兼艺、农兼副等,农民一身多技、一身多艺。

"专业分工"是现代文明的重要标志。当下培育新型职业农民是时代的要求,是推进农业农村现代化的重要举措。

随着时代的发展、科技的进步,社会格局、产业格局都在发生新的变化,"职业"将变得模糊,农民兼业化又是一种新趋势,而且兼业有时间、有空间、有机会。

未来的农民兼业与过去的农民兼业不同,过去是"一身多技"的兼业,以后是"一人多平台"的兼业。

(1) 产业融合发展为农民兼业提供了机会

一、二、三产业融合是国内外产业发展的大趋势。北京大学名誉校长许智宏院士认为,未来农业将跨领域深度联合,农业和工业很可能是融合在一起的,农业将包括食品加工、医药等。

一是不同产业或同一产业内不同行业之间相互交叉、相互渗透、相互融合的步伐不断加快,产业边界将日渐模糊或消失,全世界已几乎找不到任何一个产业能够在不与其他产业融合的情况下实现快速发展。

二是推动农村一、二、三产业融合发展,是党中央对新时期"三农"工作做出的重要决策部署,是实施乡村振兴战略、加快推进农业农村现代化的重要举措。在新常态下,我国的产业结构正在进行深度优化调整,跨行业、跨领域融合发展的步伐空前加快,产业融合形成了新的产业形态和产业发展空间。

三是苏州产业融合发展的主体不断壮大。苏州市在相城区成功创建全国农村一、二、三产业融合发展先导区,昆山巴城镇、太仓璜泾镇、常熟海虞镇成功入选全国农业产业强镇的基础上,正在创建国家级农村产业融合发展示范园和农村一、二、三产业融合发展先导区,为高质量产业融合发展搭建平台载体,在更广领域、更高层次、更多经营主体上融合发展。

农村产业的深度融合,产业链的不断延伸,为农民兼业提供了更多的机会。

(2) 互助合作为农民兼业提供了条件

农业是一个受自然和市场双重影响的产业,风险大、不确定因素多,加强相互间的合作,构建利益共享机制,增强抵抗各种风险的能力,是农业经营主体发展壮大的客观要求。

互助合作已成为一种趋势。从全国看，各类产业联盟应运而生。2019年，由280家科研院所、高校、企业、地方政府、投资机构等单位共同发起的"全国特色农产品产业联盟"在北京成立，目的是实现跨部门、跨领域、跨学科的大联合、大协作。2021年3月，由食行生鲜、鸿海食品、大域无疆等42家农业企业倡议的"苏州高新区农业企业发展联盟"正式成立，旨在开展不同企业类型、不同产业、不同行业之间的全方位合作。该联盟也是苏州市首家农业企业发展联盟。

目前合作的方式有多主体参与、多要素发力、多业态打造、多利益联结、多模式创新的大型产业化联合体，有风险共担、利益共享的中型产业化联合体，还有生产联动、利益联结的小型产业化联合体，目的是共同构建拓展农业产业融合发展的空间。多种形式的互助合作，为农民兼业提供了条件。

（3）劳动生产率提高为农民兼业提供了时间

现代农业较高的科技水平与机械化水平，有利于提高劳动生产率。新型职业农民注重新技术、新农艺的推广应用，加上农业生产性服务水平的不断提高，使农民有了较多的剩余劳动时间。产业融合为农民兼业提供了机会，互助合作为农民兼业创造了条件，劳动生产率的提高为农民兼业提供了时间，发达的城乡交通设施和互联网等信息技术为农民兼业提供了极大的便利。与这些变化同步，农户兼业将成为一种普遍现象并伴随工业化、城镇化、现代化的全过程。

4. 农民接受高等教育的比例将大幅提高

教育能提高农民素质，改变农民命运。随着新型职业农民的培育壮大，农民受教育程度普遍较低的状况必将明显改观，农民接受高等教育的比例会有较大幅度的提高。

（1）整个教育事业得到高度重视和发展

党的十九届五中全会审议通过的《中共中央关于制定国民经济和社会发展第十四个五年规划和二〇三五年远景目标的建议》（以下简称《建议》），明确了"建设高质量教育体系"的政策导向和重点要求，为未来5至15年的高等教育发展擘画战略蓝图。《建议》指出，要"提高高等教育质量，分类建设一流大学和一流学科，加快培养理工农医类专业紧缺人才"；"加强创新型、应用型、技能型人才培养"。展望未来，党和国家对高等教育越来越重视，高等教育的地位和作用在不断加强。随着我国进入高等教育普及化阶段，国民的高等教育水平不断提高，农民接受高等教育的机会也将不断增加。

(2) 苏州有重视教育的传统

苏州历来教育发达、人文荟萃。新中国成立特别是改革开放以来，苏州的教育现代化水平不断提升，为服务区域经济社会发展做出了重要贡献。1982年，苏州率先成为全国首个基本普及小学教育的地区；1992年，苏州率先成为全国首个基本普及九年制义务教育的地级市；1998年，苏州率先成为全国首个普及高中段教育的地级市；2004年，苏州率先成为全国首个普及高等教育的地级市；2007年，苏州率先在全省整体通过教育现代化建设水平评估；2012年，苏州率先成为全国首个高等教育国际化示范区；2013年，苏州率先成为全国首个义务教育发展基本均衡地级市；2020年，苏州入选全国首批智慧教育示范区。

苏州教育基础雄厚，高等教育资源丰富，具有发展高等教育的先天条件和独特优势。现在苏州市各市（区）都有大学。这两年，越来越多的知名高校落户苏州，如西北工业大学太仓校区、南京大学苏州校区等，为苏州高等教育发展注入了新的活力。目前，全市共有26所高校，其中9所本科院校、17所专科院校，总数在全省排第二。苏州重视教育的理念和丰富的高等教育资源，为更多的农民接受高等教育提供了有利条件。

(3) 高等教育多渠道、多形式

在国家高等教育加快发展，国民接受高等教育比例不断提高的情况下，农民接受高等教育还有不少渠道和形式。

一是国家高度重视发展高职教育，旨在构建专科职业教育、本科职业教育、研究生职业教育等三个层次的现代职业教育培养体系，畅通职业发展通道，增强职业教育认可度和吸引力。农业是国家职业教育发展的重要领域之一，农民接受职业教育的规模会不断扩大，层次会不断提高，结构也会不断优化。

二是教育部继续实施"一村一名大学生计划"。"一村一名大学生计划"主要面向高中（含职高、中专）学历或具有同等学力的农村青年、复员退伍军人、农业科技示范户、村干部，以及乡镇企业或龙头企业带头人、科技致富能手等。相关单位和部门制定专门的政策，计划单列。学生注册入学，不转户口，就地上学。办学方远程授课，累计学分，修满规定的学分即可颁发国家承认的学历文凭。

三是农业农村部与教育部联合启动实施"百万高素质农民学历提升行动计划"。该计划旨在培养100万名接受学历职业教育、具备市场开拓意识、能推动农业农村发展、能带领农民增收致富的高素质农民，形成一支留得住、用得上、干得好、带得动的"永久"牌乡村振兴带头人队伍。

四是苏州市继续开展对农民的学历教学。

① 扩大定向委托培养规模

以市（区）为单位，持续实施农民定向委培工程，与农业院校联合办学，开展集学历化、专业化、职业化于一体的"订单式"培养，依托扬州大学、江苏农牧科技职业学院、苏州农业职业技术学院等院校，委托培养具有本地户籍的优秀初高中毕业生，为基层源源不断注入新鲜力量，夯实乡村振兴人才基础。

② 开展学历提升教育

2020年3月，苏州市农业农村局出台了《苏州市新型职业农民学历提升工作实施方案》，率先在省内开启新型职业农民学历提升工作。学历提升包含函授学历和全日制学历这两种形式，设置"现代农业""园艺""水产""畜牧""植保技术""品牌建设""电子商务""智慧农业""市场营销""创业指导"等专业和课程。确保到2022年年底苏州市45岁及以下已认定新型职业农民中大专（含）以上学历人数占比达到80%左右。"十四五"期间，苏州新农民接受高等学历教育的比例将有较大的提升。

（4）提高了农民的资格门槛

随着我国职业农民制度体系的不断健全完善，以及现代农业发展对农民结构素质要求的不断提高，农民接受高等教育的水平将会不断提高。世界上大多数发达国家对职业农民接受高等教育有明确的规定。丹麦的农民中有85%是大学毕业生；以色列99%的农民受过农业专科教育，不少农民拥有硕士或者博士学位。美国、德国、法国等发达国家都实施农业职业资格准入制度和职业农民注册制度，在取得农民资格前都要接受正规的职业教育。法国有继承权的农场主子女，在接受基础教育之后，还要再上5年农校，再经过3年学徒期，考试合格后才能取得从事农业经营的资格。

未来的中国农民，为了适应农业农村现代化建设的需要，也迫切需要提高接受高等教育的水平，加上国家和地方对新型职业农民培育机制的不断完善，农民接受高等教育比例的提高将成为必然。

第五章　苏州新农民特质辨析

苏州新型职业农民培育管理从2012年起由昆山市先行试点，到2016年全面推开，逐步走上了正常规范的轨道。至2020年年底，全市共有经认定的新型职业农民6714名。尽管这支队伍在现有务农劳动力总人数中占的比重很小，但他们恰恰是"新农民"的典型代表，从他们身上可以看到未来农民的形象，可以看到新农民所操弄下的未来农业、未来农村的灿烂前程和美丽画卷。

苏州新农民是时代的，他们所生活和成长的时代是改革开放的时代，是我国经济社会快速发展同时又大幅转型的时代，是全国人民生活摆脱贫困走向小康的时代，是世界科技革命又一个高潮到来的时代，也是一个新问题不断产生、新事物层出不穷甚至"不可思议"的时代。苏州新农民又是苏州的，他们的一切行为和经历都与苏州经济社会的发展历程紧密相连，与苏州的文化传承渊源相通。他们向社会展示的是与传统农民完全不一样的形象，他们有理想、有抱负，他们见多识广、思想开放，他们活力四射、生机勃勃，他们不屈不挠、勇于探索，他们把农业这个最古老的产业经营得那样多姿多彩，让人耳目一新，令人赞叹、仰慕。从他们身上可以看到深深的时代印记和鲜明的地方胎记。对新农民特质的辨析，将颠覆人们头脑中长期刻下的"农民"印象，并有力地证实这句名言："农村是个广阔天地，在那里是可以大有作为的。"

一、内心爱上农业这一行

爱因斯坦曾说，兴趣是成功的老师。

又有人说，"认真做"能把事情做对，"用心做"才能把事情做好。

要当好一名农民,出自内心的爱是最紧要的。

中国古代,社会身份的排序是士、农、工、商,农民的位置是靠前的。也不知道从哪个年代开始,农民成了贫穷落后、愚昧的象征,落到了社会的底层,远离"农"似乎成了"人往高处走"的第一步。过去不少农家子弟刻苦读书,大多是为了能跳出"农门"。

但今天出现了一种过去罕见的现象,苏州新型职业农民榜单里有相当数量的大学生、硕士研究生、博士研究生,有相当数量的曾经在城市工作的经理、工程技术人员、校长、老师或其他拥有"铁饭碗"的人。

凡事都要问一个"为什么"。通过对苏州新型职业农民的解读,我们看到,这些新农民与原来的农民比较,有一个最大的不同点,就是绝大部分新农民对于"务农"是一种主动的选择,不像原来务农大部分是出于一种无奈。而这些新农民的主动选择,很重要的是发自内心的"爱"。

当然,世界上没有无缘无故的爱。新农民爱上农业这一行的缘由有很多,有出自利益的,有出自情感的,有缘于某种"梦"的吸引的,也有是兴趣使然的。总之,他们的"爱"都蕴含着一种人生价值的追求。

这种"爱",都是在同一个大背景下萌发的,这个大背景就是整个环境发生了前所未有的变化。改革开放以来,随着经济社会的不断发展进步,农村及农业生产经营各方面条件得到了极大改善,农村交通、通信、供电、供水等都畅通便利,农业的机械化、信息化、智能化水平大幅度提升,从事农业不再像过去那样劳累、枯燥、无望,市场化、信息化潮流又带来了各种资源的流动和整合,再加上最近十多年来我们国家从上到下对农村、对农业的反思和觉醒,越来越多的有识之士认识到农业、农村对于国家和民族生存、发展、繁荣的重要性。在这样的大背景下,一批有文化、有见识、有梦想、有担当的人,尤其是年轻人爱上了农业这一行。因为有文化,他们感知到农业这个领域是个大"富矿";因为有见识,他们对农业生产经营有许多创意和憧憬;因为有梦想,他们觉得从事农业会使人生更精彩;因为有担当,他们把搞好农业、建设好农村看作是一种责任。

故事 1

子承父业种出好吃的大米

"我是新生代农人，开着拖拉机来把田耕……"这个在网上走红的抖音短视频出自90后"农耕小哥"朱赟德之口。朱赟德是苏州市迎湖农业科技发展有限公司总经理，也是一名在农村"伴着米袋子长大"的地地道道的"农后代"，他的父亲是位水稻种植大户，在父亲的影响下，朱赟德报考了大学的农业资源与环境科学专业，大学期间主要精力都用在研究土壤与肥料方面。2013年，朱赟德到苏州市农业科学院实习种水稻，看着一颗种子变成秧苗，再慢慢有了稻谷，他觉得这个过程很神奇，由此产生了对水稻的兴趣。毕业后，朱赟德回到相城区望亭镇老家子承父业种植水稻，为了更快更多地了解农业生产技能，他每天跟着老农艺师一点点学习，从播种、管理到收割、加工全程参与，当捧到白花花的大米时，朱赟德说："这种收获的感觉实在太好了！就跟抱着自己的孩子一样。"

打理着2000多亩稻田的朱赟德带领一帮新农人，注重用新技术、新思路，种出新花样，谋求新发展。为了种出"好吃的大米"，他对水稻品种进行了更新，自己配置肥料制作营养土，采用水稻与油菜轮作让长出的稻米溢出"金香"，并琢磨出了一套有机水稻土壤培肥的新模式。朱赟德给种出的大米取名"金香溢"并注册了商标，"金香溢"牌大米不仅获得了"有机食品"证书，还先后获得"江苏省著名商标""江苏省名牌农产品"、第十一届"中国优质稻米博览会优质产品"、第十届"中国国际有机食品博览会优秀产品奖"等荣誉，受到很多家庭的追捧，每年销售量达1000多吨。如今朱赟德不满足于经营自己的种植基地，还带着团队"技术输出"，为水稻种植户提供专业服务。

以前每年农忙时节，朱赟德早上5点不到就从床上爬起来，一直干到半夜才回家。烈日炎炎的盛夏，他天天长时间泡在田里，皮肤被晒黑甚至脱皮，还经常被稻叶割伤，非常辛苦。他逐渐意识到，按照传统的农业种植方式劳作，不仅辛苦而且效率低、人工成本高，一到插秧期"雇人难、雇人贵"成了头疼的难题，他下决心一定要提高农业机械化水平。他认真研究农业机械，通过参加农机操作、维护等技能培训，很快就能够熟练操作拖拉机、插秧机、植保机、收割机等传统农业机械，还用上了北斗卫星导航的智能无人驾驶插秧机，以及无人机洒药、激光平田、智能灌溉等技术，

不断向信息化、智能化迈进，大大提高了作业效率，不仅自家的2000多亩稻田实现了水稻生产全程机械化，而且对外提供育秧、耕田、植保、收割、烘干、米加工等专业农机服务，如今农机服务区域已经从相城区扩大到苏州高新区、张家港、无锡等地。机械化程度提高了，种田也就不那么辛苦了，新技术新手段的运用，可以克服传统农业的弊端，打造更科学、更智慧的农业模式。

种了8年水稻的朱赟德感到非常满足。他说："每当有人对我说'你家的米真好吃'时，我就非常有成就感，浑身充满了力量。""乡村振兴必定会给农业带来很多机会和可能性，农村给了我不一样的人生，我会努力当好新型职业农民，为农村发光发热。"

故事2
在荒地上绘出最美画图

身着黑色卫衣、蓝色牛仔裤，开着奥迪车，拿着最新款苹果手机、交换联系方式时先问微信号……他就是东山东湖农场的农场主徐斌，一个货真价实的苏州新农民，先后获评"江苏省十佳新型职业农民""江苏省农村电商创业标兵"等荣誉称号。他的农场被授牌成为苏州农业职业技术学院的新型职业农民培育实训基地，家庭农场成了培养新型职业农民的"田间学校"，徐斌成为学院的客座教授，每年还要接待全国各地来参观学习交流的大批新型职业农民。

80后的徐斌从小生活在农村，毕业于工艺美院，学的是服装设计，做过外贸服装批发，开设过画廊，搞过品牌策划和建筑设计等，曾创下半年营业额破千万元的好业绩，最终回乡全家"总动员"办农场，做了一名新型职业农民。兴趣是最强大的动力，农村承载着徐斌的浓浓乡愁和对未来的美好憧憬，多年来他一直有个梦想——建立一个自己的农场，让家人和朋友们重新找回最自然舒适的田园生活，呼吸最纯净清新的空气，品尝最安全健康的菜肴，让城里人也羡慕农村人，同时他也希望这个农场能给自己的家庭带来不错的收益和安逸的生活。

2013年，徐斌在美丽的东太湖大堤旁的东山镇渡口村承租了100亩荒废多年、坑洼不平的土地，将之规划成绿色餐厅、水产养殖区、蔬果种植区、家禽养殖区、休闲垂钓区和农事体验区，动员从事畜牧工作30多年的父亲和务农数十年的母亲一起，从农科院引进品种优良的果树，果树下面种蔬菜和茶树，放养成群的鸡鸭，鱼塘里养殖鱼和蟹，依托传统种植业、生态养殖业，结合特色采摘、农事体验、休闲垂钓、绿色餐饮等发展生态休闲观光农业，并注册了"时光漫步""御洞庭"这两个商标，推出"私人定制"的概念，与快递公司合作利用互联网平台实现客户线上采购，同时针对城市高端客户推出会员预售模式，打造以"优质的绿色产品、闲适的农家体验"为特色的休闲观光家庭农场。农场内有60多种时令绿色蔬果并供应家禽、水产品，还建了几间木结构的房子，游客在此可吃饭、可休憩、也可以住宿，既可以自己动手烧菜，也可请农场内的厨师帮助做餐，闲眼时还可在河边垂钓，或在农场采摘、赏景，体验"住水边、食生鲜、观美景"的一体化田园乐趣，农场年营业额达1000万元。随着客户的越来越多，2016年徐斌联合8个大农户成立了东湖农场专业合作社，还发起了"我是农场主"众筹项目——F2F（家庭到农场），把合作社、农民组织起来，走上抱团发展、合作共赢的道路。

故事3
"蓝莓大叔"的彩色田园梦

人称"蓝莓大叔"的苏州忆乡源生态农业有限公司总经理李志峰常把园中的植物比作婴儿："它们不会说话，也不会提需求，但只要你悉心呵护，它自会长大，给你惊喜。"

李志峰出生在安徽农村，从小父母就希望他能走出农村，逃离"面朝黄土背朝天"的生活。但从小在泥地里滚爬长大的他，对土地有着与生俱来的眷恋，高考那年他背着家人报考了农业院校的园艺专业，大学毕业后相继在高校、企业从事过近10年的农业与园林技术研发、成果转化、生产管理等工作，其间还到大学进修，巩固和提升专业水平，并先后参与编著了《盆景制作》《苗木生产》《园林设计与施工》等专业领域服务"三农"的教材，获评高级园林工程师。经过深思熟虑，2012年李志峰带着多年积累的技术和管理经验，以及骨子里对农业的热爱和对乡村振兴的期待毅然重返田园，下定决心扎根农村创出一番事业，凭借过硬的专业技术和吃苦耐劳的实干精神，他的公司迅速发展壮大。

2016年,李志峰携技术与团队入驻"文学巨匠"冯梦龙的出生地——相城区黄埭镇冯梦龙村,租下100亩地建设彩色苗木与蓝莓示范园,引进国外先进的蓝莓种植技术,积极与科技院校开展深度合作,建立了蓝莓自育体系盆栽种苗培育基地,培育新品种,探索新技术、新模式,致力于打造自己的"蓝莓王国"。如与苏州农业职业技术学院合作成立"优质蓝莓种苗种源培育中心",推出"移动式果园"栽培模式,使蓝莓树可随时移植到想要放置的地方;与江苏省林业科学院等合作建立"彩色苗木产业化培育基地",形成专业化的繁育与生产管理体系,目前已获得专利技术8项。在李志峰的努力下,蓝莓亩产量由原来的100公斤提高到了500公斤,口感和品质也大幅提升,获得了"绿色食品"认证。示范园内不光有蓝莓,还有美国红枫、欧洲白桦等彩色苗木,每年蓝莓成熟的季节,一摞一摞蓝莓挂满枝头,游客成群结队、络绎不绝涌入冯梦龙村,既可在冯梦龙故里先贤文化的熏陶下体验休闲采摘乐趣,还可参与科普体验、农事活动,也可亲手制作蓝莓汁、蓝莓酱,甚至可以把盆栽蓝莓搬回家。李志峰在做大做优一产的同时带动"三产"发展,成功走出了他的"彩色田园"的创业之路。

故事4

始于好奇好玩的"多肉党"

说起"多肉",看起来文质彬彬的90后"小鲜肉"江健飞马上变得侃侃而谈:"这些是虹之玉、吉娃莲,这个是千佛手,还有这个是露娜莲,这个叫'静夜'……"因为学美术的原因,江健飞对美好的事物有着难以拒绝的情愫,迷你的身材、肉肉的体型,"多肉"这种"萌萌哒"的植物对于不喜欢它的人而言可能一文不值,江健飞却爱不释手,正是因为这份"爱",他一毕业就开启了自己的"花农"生涯。

2015年6月,江健飞从学校毕业回到家乡苏州吴江,从开始的好奇买几盆"多肉"玩玩,到后来一发不可收拾地爱上了"多肉"。他从多方了解到,这类多肉植物在中国有很大的市场,不少多肉植物"玩家"还会慢慢升级为"多肉"收藏家甚至投资者,多肉植物"中毒党"即使花千金也会忍痛下手买"肉",于是他萌生了创办多肉植物培育销售公司的想法。经过多重考量,他在吴江区八坼农创村包下2亩地,开始了自己的创业之路。

大棚建好后，江健飞陆陆续续采购了十几个品种的"多肉"苗，他在大棚旁搭起了帐篷，不分昼夜地悉心照看这些"萌宝宝"，查阅学习相关科普资料，对不同种类的多肉植物进行种植实践，死一批换一批，慢慢地摸索出了培育的诀窍。现在的江健飞成了多肉植物的培育行家，他种植的多肉植物已经发展到 300 多种。"多肉"消费群体主要是年轻白领和大学生，江健飞通过微信宣传、网店销售，把"多肉"从农村大棚送到千千万万热爱"多肉"的城市家庭。

故事 5

不同于父辈的"稻田守望者"

相比其他行业而言，当农民要辛苦得多，不少学农的学生因此不愿到农业一线去。然而来自广西农村的 80 后壮族小伙子黎泉 2013 年硕士研究生毕业后并没有选择大城市，而是怀揣着知农爱农的初心和干事创业的梦想，又回到了农村，如今他已经在苏州北太湖之滨的稻田里忙碌了 7 年多，用科技耕种一方良田。他说："农业很有奔头，'现代农业'的概念和以前的'农业'大不相同，随着现代农业和智慧农业的发展，种田也可以'高大上'。希望我们这一代青年人通过努力，把科技基因不断注入传统农业，让农业焕发出新的生机。"

黎泉的老家在"九分石一分土"的大山里，他家里的地虽然不太多，却分散在山里五六处平缓地带，甚至是石头缝隙处。在大学读书时黎泉就想着：如果能天天走在田里，看着一望无际的风光该有多好！2012 年，还在南京农业大学读研的黎泉到苏州市迎湖农业科技发展有限公司实习，配合研究太湖稻区高产栽培课题，学习作物栽培与耕作学专业的他看到地处太湖边的田地规范平整，生产条件优越，农业技术领先，机械化程度高，就被自己心目中的理想农田深深吸引了。黎泉是著名农业院校的研究生，又踏实肯干，实习期间他被公司董事长相中，从此扎根在"鱼米之乡"苏州的这片稻田里。

在黎泉老家的村子里，考上大学的年轻人极少，作为一名跳出"农门"并读了研的年轻人，黎泉是全家乃至全村的骄傲。黎泉毕业后跑到离家 2000 公里的农村种地，起初他的父母并不理解。但黎泉小时候常跟随父辈

上山干活,从小就喜欢农田风光,有很深的农业情结,他说:"我就是想做自己专业的事,我要种的田,和父辈的不一样。"父辈下田干活都是面朝黄土背朝天,凭经验种田,而水稻是有生命的,只有充分了解其生长规律才能种好稻。黎泉的导师告诉他:"水稻跟人的生长一个道理,早餐、中餐、晚餐吃多少要定量,吃多了会虚胖,吃少了又营养不足。"黎泉积极推广基于"叶龄模式"的新型水稻精确定量栽培技术,为了精准掌握水稻的生长规律,他每天清晨4点多就到田里仔细观察水稻叶龄的变化,了解和掌握水稻生长情况,然后通过水稻出叶数正确判断长势,根据水稻的生长规律科学定制水稻"营养餐",确定什么时候施什么肥、施多少肥等精准的管理措施,以最少的作业次数,在最佳的生长时期,使用最适宜的培育技术;并像在实验室里一样不断尝试、不断创新,积极探索有机水稻、绿色水稻种植方法,从蓖麻、香根草的杀虫作用到利用雌性激素的生物防治方法,从油菜花旋耕入地等土壤肥力保持方法到用米糠作肥料均匀地撒在水稻田表层,黎泉都进行了探索和尝试。他将土层封闭起来使杂草不能生长以改造土壤,做到不用化肥、不用农药并采用人工拔草,种出的有机大米口感更好,收到了"高产、优质、高效、生态、安全"的综合效果。2014年,他所在公司生产的"金香溢"大米拿到了苏州市第一张"有机大米"证书。在农业一线不会操作农机难以实现田间有效管理,黎泉2013年毕业时就开始学习农机操作,熟练掌握了拖拉机、收割机、插秧机、植保机等农机的操作技能,是公司最出色的农机手之一,每年公司近2000亩水稻田中有三分之一的秧苗都是黎泉开机栽插的。

如今穿着西装皮鞋、开得了新机器、能操控无人机、玩得转新技术的黎泉,带着新思维、新理念,用知识、文化和自信,把科技基因注入传统农业,把强农兴农的使命扛在肩上,把论文写在农村土地上,把青春和汗水挥洒在希望的田野里,成了一个不同于父辈的"稻田守望者"。2015年,黎泉获评为"阳澄湖农业突出贡献人才",并获得30万元安家补贴;2016年,荣获"全国农牧渔业丰收奖"的"农业技术推广成果奖";2018年10月22日,《中国青年报》以"一名壮族小伙子的'新农人梦'"为题讲述了他的故事。当初不理解黎泉的父母也十分自豪地说:"我儿子在江苏搞农业,他是用科学种田,种的是机械化、大规模的田!"

农业农村承载着苏州新农民的憧憬与梦想,寄托着他们的期盼与希望,他们喜欢农村、珍爱土地，有很深的恋农情结；他们对农业的热爱是植根于心底的，他们带着炽热的情感、创新的理念、先进的科技和真金白银奔赴"希望的田野"，朱赞德、徐斌、李志峰、江健飞、黎泉等在苏州新农民中具有普遍性。

二、崇尚学习，刻苦钻研

要"富口袋"必先"富脑袋"。

热爱是最大的引力，也是最好的导师，梦想追求激发学习动力，爱一行就会学一行，学一行就能专一行，专一行才能成一行，行行出状元，人人能成才。随着时代的发展和人们生活水平的日益提高，传统农业的种养方式和模式已不完全适应农业生产力发展的需求，农业的发展进入了一个越来越注重科技化、现代化的新时代，推进农业产业发展、提升农业产出效益的技术含量越来越高。有着崇教重学基因的苏州新农民崇尚科学，主动学习、认真学习、潜心思考，他们用比上学读书时更用心的劲头，通过参加线上或线下各类培训充电，虚心向经验丰富的"老把式"请教，或者把专家学者请进来点拨指导，或者走出去考察学习取经，可谓广采博览学遍天下。他们结合自身实际创造性地边学边干苦练内功，不断补充农业产业新知识，自觉学习掌握农业种养新技能，积极获取农业新信息，乐于接受农业新观念，不断提升自身能力素养，成了具有丰富生产经营经验的种植高手、养殖能手乃至行家里手，成了掌握专门技能乃至独门绝技的农业"土专家""田秀才""乡创客"，甚至成为全省、全国性行业领军人物。

故事1

情有独钟的"葡萄痴"

人称"葡萄王子"的张家港市神园科技有限公司创始人徐卫东，创业初期因经验不足、技术不通、市场变化、气候影响等遭受过多次失败挫折。20世纪80年代末，他向亲戚朋友借了2000多元，承包了村里2亩多地开始种植葡萄，建园、挖沟、整地、栽苗、种树，"白加黑""五加二"，泥里水里、风中雨中，他干劲十足。在长久的期盼中葡萄结果了，但是葡萄架上的穗形稀稀落落，藤蔓上的挂果斑斑点点，这样的葡萄一串也没能卖出去，辛苦一场换来的是"种一蚌兜只收一小捧"的结果。没想到第二年葡萄

园又遭受"灭顶之灾",那年的梅雨期比往年长得多,连续20多天的阴雨让葡萄惨遭黑痘病侵袭,2亩多地颗粒无收。为能全面弄通葡萄种植技术,他订阅了《中国果树》《江苏农业科技报》等几十种报刊,并且报名参加了农大的函授学习,遇到问题就向专家们请教,从农村到城市、从本省再到全国、从国内到国外考察学习先进的葡萄栽培、育种技术及产业发展经验,写下了数十万字的专业笔记,逐步由"菜鸟"变成远近闻名的葡萄种植能手,由痴迷葡萄种植变成"民间最牛葡萄育种专家"。

种葡萄、卖葡萄几十年的徐卫东一直坚守追求优秀的品种、品质、品德、品位和品牌的理念,推崇绿色无公害生产,他请来中国农科院南京土壤所专业人士进行土壤养分分析,全程使用有机肥和符合国家安全标准的绿色化肥,在葡萄园里套种既能吸收空气中的氮气合成氮肥又能增加土壤有机质的紫花苜蓿、蚕豆等豆科绿肥,尽量使用防虫网、黑光灯诱虫等物理措施来避免葡萄病虫害,保证葡萄的生长环境无污染、无公害。徐卫东生产的"神园"牌葡萄摘下来不用清洗就能入口,2002年就获得了"无公害葡萄产品"和"无公害产地"双重认证,2004年获得了"中国绿色食品"认证,2010年9月获得了欧盟认可的GAP(良好农业规范)认证,成为江苏省第一个获得GAP认证的果品。经过30多年的打拼发展,张家港市神园葡萄科技有限公司总部基地有近1000亩葡萄种植园,还在云南、新疆建了1300亩的标准化生产基地和100亩的新疆设施园艺科研示范基地。

徐卫东对葡萄育种的痴迷已经到了外人无法理解的"疯狂"程度,他千方百计要培育出自己原创的、具有自主产权的葡萄新品种,把葡萄产业的"芯片"——育种核心技术掌握在自己手中。他在张家港的总部基地专门开辟了270亩用于种植品种资源、实生苗木、优系扩繁的葡萄种质资源圃,建立了组织培养室和病虫害隔离网,花高价收集了1000多种葡萄品种,做了数以万计的试验,甚至不惜花费巨资让葡萄种子搭载2006年9月9日在酒泉成功发射的"实践八号"卫星,把倾注了五六年心血培育的"美人指""白罗莎""红罗莎""巨玫瑰""魏可"等5个葡萄品种的2000多粒种子送上了太空,这些经历过梦幻之旅的变异种子在"神园"的基地里扎根发芽、喜结硕果,目前已有"小辣椒""园意红""园野香""园玉"等10多个品种获得国家品种鉴定。其中首次走出国门的中国民间葡萄育种成果——"园野香"2013年8月在日本成功挂果。徐卫东还登上中央电视台农业农村频道大型新农技能挑战节目《超级新农人》，在蒙眼品尝分辨葡萄品种项目上挑战成功。

故事2

探索深水养鱼"新门道"

昆山市秋上品淡水产养殖有限公司总经理邹建星，2008年转行承包120多亩深水塘当起了养殖户，然而由于水位太深，池水太"瘦"，鱼也跟着瘦，死亡率高且长得非常慢，连续3年都赔了本。他基本请教遍了周边的养殖户，发现别人的养殖池塘绝大多数水深1.5米至2米，而自家的池塘却与众不同，平均水深8～9米，是名副其实的"深水塘"，深水塘和普通塘的养殖差别很大，本地没有现成的经验可以学习借鉴，后来他从网上得知浙江千岛湖一带有不少深水养殖地区，马上去拜师学艺。经过锲而不舍的学习、钻研与探索，邹建星终于找到了深水养鱼门道，一天天地把鱼养肥了、养好了，并且得到了一年比一年丰厚的养殖回报，他也成了别人眼中的"老师傅"，成了当地水产养殖的行家里手，被省内外多家养殖单位聘为水产养殖技术指导顾问。

故事3

钻研蔬果种植"生意经"

吴江区盛泽镇盛澜菜庄创始人陈云华是一名平凡但不甘平庸的女子，1998年她关掉童装店与丈夫一同转行开始种植大棚蔬菜。夫妻二人之前并没有种过田，创业初期没有技术、没有经验，赔掉了多年的积蓄。陈云华潜心研读农业方面的书籍，积极参加农业部门组织的各级各类技能培训，到优秀农业基地参观考察学习，主动引入优质蔬菜新品种和生物除虫、水肥一体化、集约化育苗、高温闷棚、休耕轮作、土壤修复等先进种植技术，形成了以绿色蔬菜种植为主，畜禽养殖、瓜果栽培为辅的生态可循环生产模式。基地内还设立了专业的农产品检测室，所有蔬果必须经过严格的质量检测方能进入市场，扫描包装上的二维码即可进行全程质量追溯。陈云华根据不断变化的市场需求调整自己的发展思路和产品方向，开拓新产品，

注册了"盛澜农庄"商标,设计包装标识,进行品牌化推广。经过多年努力,盛澜农庄培育的香青菜入选2017年度全国名特优新农产品名录,基地也被评为省级园艺作物标准园,夫妻二人用自己勤劳的双手撑起了一片全新的天地。另外,陈云华还充分利用农庄优势,定期开展公益技术推广、技术培训、技术咨询等活动,把先进、成熟的农业新技术和最新的果蔬品种介绍给村民,带动更多老百姓就业创业、增收致富,她荣获"江苏省'双学双比'竞赛活动先进女能手""全国妇女'双学双比'女能手"等称号。

故事 4
专啃柑橘技术"硬骨头"

吴江区横扇小龙果品专业合作社负责人周小龙,20世纪80年代初投身本地柑橘试种扩种。为了攻克柑橘北缘次适宜地区品质不良和产量不稳两大技术难题,他购买了200多本书籍刻苦自学,又自费到重庆"中国柑橘研究所"学习,并利用原吴江市柑橘研究所多次邀请日本专家前来学术交流和技术指导之机,认真向日本专家学习,把学到的知识用于实践,成功培育出了早熟、优质、高产、高效的江苏省首个自行选育柑橘品种"苏柑一号",建立了既适合本地生产又符合市场需求的"特早熟—早熟—晚熟"品种生产模式;探索出了适合本地柑橘的修剪嫁接改良新方法、发挥柑橘底层生产功能防止冻害的"橘—橙"立体种植模式、老橘园更新换代的"高接换种"模式等太湖水网地区种植柑橘的技术路子,解决了柑橘栽培次适宜地区产量不稳、品质不佳等问题,并参加了绿色食品质量标准的制定,被评为苏州市农民专家。周小龙还把专业知识无私地奉献给周边果农,一方面,他把自己的50亩品种园作为合作社成员的共同采穗圃,免费为合作社社员提供接穗;另一方面,他把自己的示范园作为合作社的专业技术培训基地,自己动手编写技术资料、讲解专业技术、辅导操作示范,每年编写4期1500多册技术资料发放到果农手中,现场技术培训果农5000人次以上,关键季节、关键技术环节上门服务100多次,受到广大果农的欢迎。

故事 5

锤炼农机操作"好功夫"

  常熟市尚湖镇的周建忠 1994 年初中毕业以后选择了自己喜欢的汽修职业,汽修厂拆迁后,他开了一家摩托车修理部,一干就是近 10 年。早在汽修厂当学徒期间,出于对农机修理技能的热爱,在学习修车和工作之余,他购买、订阅了各类与农机相关的杂志书籍认真自学,经常利用空余时间到汽修厂附近的虞山镇农机服务站学习开拖拉机等耕作技术。2005 年,政府大力推广农业机械,他和家人商量后决定改行,先买了 1 台中型拖拉机帮农户耕作,农忙 1 个月净收入有 1.5 万元左右。他又借来 10 万元买了久保田半喂入收割机,开展农业机械专业服务。他先后投入 90 多万元购买农机设备,现有中型拖拉机 2 台,全喂入收割机 1 台,半喂入收割机 1 台,小型拖拉机 2 台,高速插秧机 1 台,育秧流水线 1 套,烘干机 2 台等。随着农业机械的增多,他积极参加省、市的各类农机技能培训,刻苦学习农机修理方面的专业技术知识,熟练掌握了各类农机的操作规程、性能特点,精通农机具的维修、保养技术,专注于服务农业、服务农机、服务农民,多次参加各级农机修理技能竞赛,先后获得江苏省"五一劳动奖章",以及"江苏省乡土人才'三带'新秀""江苏省农机修理能人""江苏省技术能手""全国技术能手"等荣誉称号,还获得江苏省人社厅颁发的一级技师职业资格证书、农业部颁发的农机修理工一级技师资格证书。

  苏州新农民苦学成才的故事还有很多很多。他们勤于学习、善于钻研、积极探索、刻苦攻关,在平凡的农业岗位上做出了不平凡的业绩,得到了中央、省有关部门的肯定和褒奖。到 2020 年年底,全市有 6 人获评"全国技术能手",5 人在全国农业行业职业技能大赛农机修理工技能竞赛中荣获一等奖,5 人在江苏省技能状元大赛农机修理工竞赛中荣获个人第一名,1 人获评"江苏省技能状元",3 人入选江苏省乡土人才"三带"名人,7 人入选江苏省乡土人才"三带"能手,40 人入选江苏省乡土人才"三带"新秀,2 人获评"全国农业劳动模范",3 人被评为"江苏省劳动模范",1 人被评为"全国十佳农民"。

三、不畏艰难,不怕挫折

  "只要有信心,黄土变成金"。信念是一种精神力量,"艰难困苦,玉汝于

成",有时"挫折"就成了砥砺人意志的磨刀石。作为强者,苏州新农民在"挫折"面前坚强不屈,努力拼搏,从而造就辉煌灿烂的人生。

苏州新农民深知农业是一个充满风险的产业,从事农业从来就不是悠闲的"采菊东篱下,悠然见南山",成功不会一蹴而就、一帆风顺,艰难险阻、挫折失败不可避免。他们以知难而进永不服输的勇气、迎难而上从不气馁的毅力,迎着挑战上、顶着压力闯、奔着目标干,即使遭受曲折和失败也不改初心,而是矢志不渝坚守"农门"不动摇。他们坚信幸福是奋斗出来的,脚踏实地苦干、实干加巧干,一步一个脚印,攻坚克难破瓶颈,愈挫愈勇,越干越有劲,用顽强的意志、辛勤的付出换来丰厚的回报、成功的喜悦,享受奋斗人生带来的乐趣。陶胜、顾惠国、曹丙军从失败中奋起的生动故事就很有代表性。

故事1

坚持了才能成功

苏州恒洋澳龙农业科技有限公司总经理陶胜,出身于常熟尚湖镇的一个农民家庭,大学计算机专业毕业后在当地开了一家电脑店,4年顺风顺水赚了200万元,但他决定换一种生活。陶胜的父母以前养过蟹,后来转为种葡萄,陶胜想把老家闲着的30亩蟹塘重新利用起来。他走了五六个省份并远赴澳洲、非洲等地考察,最终决定养殖成品虾上市的季节与小龙虾相反、当时市面上还非常少、基本没有竞争对手的澳洲淡水龙虾。这种蓝色的龙虾看起来好看却不好养,陶胜2012年开始试养,当年就栽了大跟头,放养的2万尾虾苗只收获了200多只成虾,损失惨重。面对初战失败,不服输的陶胜"任你风吹雨打,我自岿然不动",继续醉心于养殖"蓝龙虾"。他努力学习水产养殖技术,认真总结经验教训,在养殖水域改造加装进水系统和水处理系统,做好水体有益藻类培养、种植水草、调控水质等日常管理。在他的精心管理下,放养的15万尾虾苗收获了5700斤龙虾。陶胜不满足于养殖的初步成功,针对土池近亲交配虾苗品质低和长途运输虾苗的成活率大大降低等问题,他产生了自己培育虾苗的想法。虾苗培育不仅是技术含量高、专业知识强的一门学问,而且投入大风险大,他边学习边研究育苗,因经验不足走了很多弯路,损失很大,也遭到了家人的反对,但是陶胜一心想要培育出优质虾苗,他坚信只有不断积累经验,才能培育出好产品。他顶着巨大的资金压力,起早贪黑整天钻在大棚里,通过高清摄像机观察龙虾交配、繁殖情况，常常几天几夜不休息，最终投入100多万元，经过3年艰苦的培育试验，攻克了澳洲淡水龙虾繁育、养殖的技术难关，申请了国家专利，成功将生活在热带的澳洲淡水龙虾养到了"鱼米之乡"。陶胜采用"公司+基地+农户+售后指导+营销"的模式，为农户提供苗种、养殖技术指导，对成虾进行回购等一条龙服务。他不仅在常熟建成了华东地区最大的澳洲淡水龙虾繁育基地，还在广东、云南、贵州、四川等地建立了10多个澳洲淡水龙虾育苗基地，带动600户农民一起致富，完成了从一名80后计算机"程序猿"到澳洲淡水龙虾养殖、育苗繁殖专家的华丽转身。2017年，陶胜走进央视七套《致富经》栏目分享了他的创业故事。在陶胜看来，创业的过程总是艰难的，对于热爱的事情，既然做好了决定，就认准方向努力去做，不是成功了再去坚持，而是坚持了才能成功。

故事2

不经风雨怎见彩虹？

常熟市惠健净菜配送有限公司董事长顾惠国的创业之路开始时走得并不顺利，而是经受了失败的痛苦和煎熬。1996年，顾惠国在常熟桃花岛承包350亩土地，主要种植果蔬，由于遭受自然灾害及缺乏种植经验，这次创业失败了。为了挽回损失，顾惠国转而养鸡，可是等鸡长到将近4斤时，又遭遇了鸡瘟，短短几天他养殖的5000只鸡全没了，两年间损失了40多万元。但顾惠国坚信走农业这条道路一定能成就自己的梦想，他用20多年的坎坷经历，从一名仅靠每月几百元生活的司机成长为一名怀揣梦想、崭露头角，拥有100多名员工的企业负责人，从一个只有高中文化的毛头小子成长为一名敢于创新、追求进步的业界精英。目前，他管理着惠健净菜、餐饮、农业等3家公司，形成了集种植、生产、配送于一体的产业链条，年营业额达到8000多万元。他经常用这样的话勉励自己和员工："做事需要阅历，意志需要磨炼；做强需要专业，做大需要团队；成功在于坚持，不经历风雨，怎能见彩虹？"

故事 3

幸福是奋斗出来的

出生于南通海安的新昆山人曹丙军是昆山市淀山湖恒丰观赏鱼养殖场场主,也是昆山市高级新型职业农民,他让小小观赏鱼"游"到了国外,"游"出了致富路。2005年,曹丙军在淀山湖现代农业示范园承包了30亩荒草地,修建观赏鱼场,进行观赏鱼养殖。美丽的观赏鱼让人赏心悦目,但养殖起来比普通鱼类也娇贵了许多。创业之初,曹丙军无人脉、无资金、无客户,加上2007年夏季连续高温,由于防范不足,不少金鱼出现了严重烫尾现象,尾巴破损的金鱼是残次品无法出售;2008年冬季又遭遇大雪严寒,整个鱼塘都被冰雪封住了,由于缺氧、冻伤,基地观赏鱼损失了近三分之一。但曹丙军坚信"幸福是奋斗出来的",他不气馁、不怕苦、不怕累,脚踏实地苦干加巧干,经过十几年的打拼,养殖场面积逐渐扩大到245亩,且全部安装了防鸟天网,每个鱼池都增加了喷水孔,用于夏季增氧降温;寒冬时会及时开动气泵,增强水流,防止水面结冰;同时还采用智能化控制增氧、喷水等。曹丙军养殖了30多个品种的金鱼和热带鱼,还自主培育出了"五花和金""红头草金""黄金金鱼"等多个新品种。其中的"五花和金"纺锤形的身体、孔雀形的尾巴,颜色五彩斑斓,十分漂亮可爱,深受市场青睐,价格是普通"和金"的3倍以上。他养殖的观赏鱼80%远销日本、美国、新加坡、澳大利亚、俄罗斯、欧盟等国家和地区,年创汇100多万美元,带动周围100多亩水面10多个养殖户一起养殖观赏鱼,形成了一个完整的供应链,帮助周围农民一起走上了致富路。曹丙军养殖的金鱼参加北京、上海、广州、新加坡等地的比赛多次获奖,还曾选送6个金鱼品种参加故宫宫廷金鱼文化展。曹丙军还接待过塞拉利昂总理的参观考察,并当选为中国渔业协会金鱼分会十大评委之一、中国渔业协会金鱼分会常务理事。

四、积极应用最新科技成果

科学技术是第一生产力,它改变了世界的面貌,改变了人们的生活。

农具的创造推动刀耕火种的原始农业向传统农业演进,农业机械等现代科技的广泛应用加快了农业现代化的步伐。随着现代高新科技的快速进步,种植和养殖越来越讲究智能化与科学化,科技为延续农业产业命脉注入了强大内生动力和活力。科技兴农是发展现代农业的必由之路。在苏州新农民的意识里,农业不再是"靠天吃饭""一熟水稻一熟麦"重复的消极无奈,如今种田不单靠体力和经验,更多的是拼脑袋和科技。闻名遐迩的江南水乡到处盛开着农业科技之花,有先进农机、互联网物联网、智能自动控制、生物基因技术等高新科技之力给现代农业"赋能"和提供支撑,为苏州农业插上科技的强劲翅膀,注入源源不断的动力。苏州新农民凭借高新科技成果的"加持"撑开了农业广阔的发展空间。

故事1

用现代农业理念灌溉农田

李中奇出生于安徽省宿州市,2016年南京农业大学植物保护专业硕士研究生毕业后来到位于江苏知名特色果蔬小镇董浜的南农大(常熟)新农村发展研究院工作,与他一起来研究院工作的还有他的女友——出生于山东省、同校园艺专业硕士研究生毕业的宁云霞。

怀揣着对土地难以割舍的热爱,李中奇和宁云霞于2017年创办了常熟市秾韵果蔬专业合作社。拿到第一块地后,比人还高的杂草要除,水管、肥料管道要铺,土质不行要重新翻地建垄,白手起家的他们为了节约成本,小到除草翻地,大到搭建大棚,基本都是自己忙活,经过艰苦的努力,荒芜的田地变成了十几个塑料大棚,两人还在大棚旁用彩钢板搭建了一个"家"并领证结婚,90后硕士小两口"安营扎寨"吃住在地里,一同编织着属于他们的"农场梦"。两人骨子里都有股自己认定的事就要干到底的"执拗劲",凭着农学科班的背景、吃苦耐劳的品质、积极乐观的心态,他们爱一行、学一行、干一行,用知识、文化和信心深耕脚下的沃土,经过4年的摸爬滚打,辛苦和汗水早已习以为常,心怀美丽"农场梦"的小两口没有被暂时的苦与累打倒,如今的他们干得风生水起,农场由25亩扩大到130多亩。

凭借系统的农科教育、扎实的专业背景,李中奇和宁云霞有着开阔的视野,二人立志用现代农业的理念灌溉农田,改变传统的种植理念和方式,他们"想做自己的生态农场,种出安全、优质的农产品,并推广给周边农户"。"庄稼一枝花,全靠肥当家",出生在农村的李中奇深知传统农业滥施化肥的弊端,也深深懂得现代农业要用现代的科学生态的"巧方法"改变传统的种植方式。他们将学校学的技术理念与当地特色果蔬种植结合,探索

"以菌促生、以菌抑菌的微生物种植"方法,利用作物种植过程中自然界的有益菌种,做成生物肥料,用来促进作物生长、防治病害。如使用微生物和富硒肥进行农业生产,用微生物有机肥配施化肥,第一茬能减施化肥30%,再种第二茬就可减50%,不仅减少了化肥和农药的使用,也实现了土地可持续生产。为了更好地打造"黄金玉米"品牌,二人于2018年年底注册了"董小棒"商标。同时还对玉米种苗进行了筛选,在育苗、生长、采收的每个环节,都用上了微生物菌剂,摸索用微生物有机肥配合标准化生产,制定出一系列栽种、施肥标准。他们还探索将高秆的黄金小玉米套种刀豆作物间作栽培新模式,不仅能够做到套种作物之间互不影响,充分利用立体空间,而且由于玉米生长中主要是吸收氮肥,刀豆作物的根部有固氮的根瘤,二者能够互利共生,从而大大减少了化肥和农药的使用。在栽培管理上,早春玉米覆膜3层,全部人工除草,不用除草剂。他们种出来的黄金小玉米产量高、品质好,不论是色泽、颜值还是口感、品质都获得了市场的广泛认可,董浜镇也将全镇小玉米种子苗的育苗任务交给他们。一些曾经笑话他们不施农药和化肥是"书呆子硕士"的周边农户,也改变了传统种植理念,主动跑来向他们要种子、学方法。他们采用"基地+农户"的模式,手把手地做给农户看,一边做玉米的育种,向农民提供优良的种子,推广种植技术,一边帮农民采收,统一销售。目前已有近60个农户跟着种他们育种的黄金小玉米,平均每亩可增收1500元。

故事2

实施机械化探索高效率

吴健的张家港市华田家庭农场目前拥有农机具92台套,农业机械总动力750余千瓦,农机总价值700余万元。其中中型拖拉机6台,联合收割机11台,乘坐式插秧机5台,育秧播种机3台,低温粮食烘干机16台套,中拖施肥机3台,植保机15台,无人驾驶飞机3台,配套旋耕机、开沟机、秸秆还田机、犁、耙、拖车等农机具30台套,建有约600平方米的粮食低温烘干中心和大米加工用房、农机库等,除了完成自家农场的560亩农田机械化种植外,还为周边农户提供全程农机服务。2019年帮助种植大户代育机插秧苗1500亩,为4000余亩水稻实行病虫害统防统治,防治效果提高了

10～15个百分点,农药节约10%以上。

类似吴健的常熟市虞美润农业专业合作社理事长宗建东也是从农机手起家,经过20多年的不断积累,目前宗建东拥有的农机涵盖了从种到收全过程的所有装备,总投资超过1000万元,其中不少装备处于领先水平。凭借在农机装备、技术、维修等方面的优势,从耕、种、防、收到产地烘干等,宗建东提供全程新型农机社会化服务及技术保障,每年辐射管理服务超过1万亩。目前,农场作为洋马农机(中国)有限公司在江苏设立的首个体验基地,正在打造为各类生产主体提供全过程、全要素服务的"全程机械化+综合农事服务中心",提供农业生产资料、农业技术、市场信息和农机等"一站式"服务,以进一步提高农机服务效率,拓展农机服务领域,推进农机服务向生产全覆盖、全过程、全产业链延伸。

故事3

快速推进智慧农业

张家港市永联农业生产能手刘中峰作为筹建永联现代粮食基地项目的主要负责人,深知科技的极端重要性,十分注重为基地注入"科技的因子",打造现代化农业生产模式,建成了包括泵站灌溉管道系统、现场水泵动力控制单元、闸门控制单元、电动阀控制单元、水位检测设备、视频系统、计算机网络与网络通信单元、实时大屏幕显示系统、节水灌溉计算机控制系统与现代粮食基地监控中心等在内的农田自动灌溉系统和监控指挥系统,在此基础上又陆续开发了"三精农业"管理系统,打造了集农田精确信息采集、精准农业种植、精细农业管理于一体的基地信息化平台——现代农业综合管理系统,真正实现了灌溉输配水现代化、田间灌溉现代化、田间管理现代化,2000余亩的永联现代粮食基地实现了"鼠标种田",只要不到10人操作即可完成生产任务。

在苏州太湖现代农业示范园,装备了从天上到地下的"智慧装备",通过融入现代物联网等技术,新农民们在电脑前、手机上随时查看监控视频实况、稻田实景图像和实时滚动更新的各类数据,从而实现了远程操控稻田的管理。用手机遥控的无人植保机1小时就能完成上百亩农作物的喷药作业,示范园内近7000亩高标准良田,只需要20多个农民管理,大大节省

了人力和成本，提高了效率和效益。

在相城区望亭镇御亭现代农业产业园里，新农民们用手机扫了扫所巡视大棚门前田间溯源集成桩上的二维码，"嘀嗒"一声，手机屏上立即跳出该大棚的情况：107号大棚，种植白菜，时间上午10:03，温度24.08℃，土壤湿度46.57%，建议打开喷淋浇水……看完屏幕提示，只要在手机上摁一下，棚内的喷淋设备便自动开启，而且107号棚的情况实时同步传送至数公里外的产业园智慧农业管理总控中心的"云端"，大棚里的高清摄像头把蔬菜叶的纹理拍得清清楚楚，新农民可以远程诊断病虫害情况。

在苏州漕阳生态农业发展有限公司的玻璃温室里，采用无土栽培技术，用岩棉作"土"，用滴灌输送营养液，室内遍布着各式各样的传感器串起的智能种植系统，就像一个细心的作物管家，温度、湿度及营养液的使用量、输送时间等均通过智能系统进行实时调控，不论是高温酷暑的盛夏还是极寒天气的严冬，草莓、西红柿等作物都能按部就班地生长、开花、结果。加上有植保机器人、运输机器人、采摘机器人相助，7000多平方米玻璃温室的技术管理1个人就能轻松搞定，没农药、没激素、没灰尘生产的瓜果不但颜值高、质量好，而且一年四季都能栽种和收获，产量可比传统栽培增加好几倍。苏州漕阳生态农业发展有限公司也因此被评为"江苏省现代农业技术体系草莓推广示范基地"，并在2019年举办的首届江苏省早熟草莓评比中获得优秀奖的第一名。

故事4
科技使新农民"如虎添翼"

常熟市小强农业发展有限公司总经理王强与南京农业大学、中科院南京土壤研究所等合作，建立了农业长期定位试验站。试验田总面积50多亩，围绕有机肥替代化肥、炭基肥应用、农业应对气候变化、新型生物农药应用等开展各类农业科研实验20多项，获得专利1件。

苏州市毛氏阳澄湖水产发展有限公司总经理毛觉生专注于"浪里王"牌罗氏沼虾虾苗及毛氏大草虾、大闸蟹、鱼等淡水产品的繁育、养殖和研发，他与苏州大学合作研究探索虾、蟹双主养新模式，制定绿色、高效、低碳的毛氏大草虾与大闸蟹的生态养殖操作规程，减少发病，促进生长，加速实现科研成果的转化和产业化,相关论文在《科学养鱼》杂志2020年7月刊发表;2020年3月又与中国水产科学研究院淡水渔业研究中心进一步深化合作,旨在突破青虾和罗氏沼虾的育种、繁育与养殖核心技术。

退伍复员军人张明轩回乡创办的太仓市轩轩家庭农场,与苏州大学、上海海洋大学紧密合作研发探索立体综合种养,让有限的土地发挥更大的价值,创新开发了"水稻+昂刺鱼""水稻+鸭嘴鱼""水稻+澳虾""水稻+罗氏沼虾""水稻+鸭"和麦季休耕种草养鹅等10多个立体综合种养模式,一水多用、一田多产,收到了增粮、增收和节地、节水、节肥、节药、节工、节本的效果。张明轩还在苏州率先引进包括养殖场中央控制中心、水质在线监测控制系统、智能增氧控制系统、视频监控系统、智能停电停气管理系统、气象站、水产品质量安全可追溯系统、渔病远程诊断系统在内的"智慧渔业管理系统",建立了数字化智能管理平台和安全保护屏障,实现了水产品质量安全可追溯,主要生产"浪里王"品牌放心虾、放心蟹和无公害大米等多种绿色农产品,每亩纯收益从以前单纯种水稻的1000元左右增加到4000~12000元。

五、开拓乡村产业新业态

苏州新农民敢于创新、积极开拓发展农村新产业新业态,为农业增效、农民增收、农村繁荣开拓出一片新天地。

故事1

"线下+线上"开拓两个市场

苏州东山茶厂股份有限公司总经理柳倩楠,早在上大学期间就关注互联网电商这个新的销售模式。大学毕业后的2012年,她开始尝试运用互联网销售模式扩大碧螺春茶的销售渠道,利用假期多次到杭州阿里巴巴电商总部学习取经,边经营边学习,不断积累线上销售经验。2014年,她通过"青创贷"向银行贷款100万元,先后在天猫、京东、拼多多等大的电商平台开设了"碧螺旗舰店",建立运营团队,加强品牌宣传,电商品牌影响力显著提升,产品销售量屡创新高,2018年线上销售收入超过1000万元。2019年,她又用公司另一个品牌"吴世美"开辟电商新市场,在互联网世界里闯出了新天地。通过线上线下、国内国外共发展的营销模式,其产品

已经销售到国内 30 多个省、市、区,出口到澳大利亚、新加坡、斯里兰卡、菲律宾等 26 个国家。

故事 2

"质量 + 品牌"享誉国内国外

常熟市金唐市水产品有限公司总经理张斌始终坚持"走质量路,举品牌旗"的理念,从 2016 年开始建立"四位一体"(水产品质量追溯、水生动物疫病诊断、水产养殖移动管理、水产养殖环境监管)的水产品质量安全平台,全面监控和追溯公司的水产养殖、销售全过程,通过基地规模化、技术标准化、管理规范化的措施,"金唐市"水产树立了良好的口碑和行业标杆,走出了一条高产、优质、高效的发展路子,先后通过 ISO9001 质量体系管理、GAP(国家良好农业规范体系认证)、无公害农产品认证,并获得"中国质量诚信企业"称号。张斌不断更新营销理念,积极探索销售多元化之路,线下销售和网络销售相结合,与苏宁易购、京东商城、顺丰等深化合作,试行水产品养殖到餐桌的 O2O 模式,大力拓展国内市场。张斌还积极开拓国际市场,在苏州地区首创"产地直采 + B2C 跨境电商"模式,从检验检疫结束到宅配再到香港地区市民手中,时长最快缩短到 24 小时之内,成功开启了出口鲜活水生动物新模式,先后将"金唐市"的大闸蟹远销到日本、马来西亚、新加坡等国家及我国的台湾、香港、澳门地区,荣获"江苏省阳澄湖大闸蟹出口示范基地"称号。

故事 3

"一产 + 三产"打造美丽经济

朱建芳的苏州市齐心粮食生产专业合作社先后投入 500 万元,把一片长 1400 米、宽 200 米的土地整理成高标准农田,邀请浙江大学结合长漾湿地风光,制定旅游整体发展规划,在田间构筑了两个"心形"池塘和一条贯穿南北的小河,充分利用挖出的泥土建造了一条"远看是绿化,近看是公园"的田野绿化带。桑蚕农创基地、百亩稻香田园、齐心欢乐农场等三大片区,以江南农耕文化为主线,构建集农创产业、农趣文化、农耕体验、农业文化互动于一体的吃、住、行、游、购、娱全产业链，打造可复制、可推广的生态种养田园综合体，吸引了一批有思路、懂市场、会经营的人才回村承包经营月半湾农家乐、月半湾生态果园，通过"合作社+农家乐"的模式，推动农业、林业、旅游、教育、文化等产业的深度融合与互动发展，实现从美丽齐心到实力齐心的转变。一条水杉大道，开启村庄美化的大门；一粒长漾大米，见证村庄从美化到美丽的嬗变；一条临水栈道，更在城市后花园中串联起村民的美好生活。从美化、美丽再到美好，朱建芳用"美"很好地回答了农、文、商、旅融合发展的乡村振兴时代命题，展现了高质量发展美丽乡村的现实图景。

故事4

功能叠加的创意农园

吴江三味果园农业发展有限公司负责人张士林，以优质果蔬新品种植园为载体，按照农田景观化、生产现代化、环境生态化、产业融合化、功能多样化的目标，强化规划设计和功能叠加，创新农业生产经营方式，相继开发了农事体验活动（果树认养+果品采摘+农事操作+农业科普）、农家生活体验活动（农家乐+土灶+烧烤+垂钓）、农场亲子活动（果汁吧+儿童乐园+书屋）等项目。他经营的农场环境优美、生产先进、绿色循环、功能多样，形成了观赏田园生态的味道、品尝农业生产的味道、体验农村生活的味道等特色，被评为"江苏省主题创意农园"。

六、搞农业玩出了新花样

勇于创新者进，善于创造者胜。

苏州新农民新理念接受快、新技术玩得转、新思路打得开，别人没干的他们先干，别人先干的他们能干得更好。他们用"苏绣"的"绣花功夫"，在生产经营过程中时不时地会玩出一些"个个都挺好、项项都精彩"的新花样，把农业生产搞得五花八门，像"魔方"般变幻无穷、精彩纷呈，不仅把可能做到极致，还把不可能变为可能。

故事1

凤凰水蜜桃"重塑金身"

颜明华的张家港市凤凰佳园水蜜桃种植基地,是江苏省第一家也是唯一的全国首届桃果品评比金奖得主,近几年这里的桃树由矮胖的"别墅"变成了高瘦的"小高层",一棵棵身高5米多的"Y形"桃树藏着丰收的秘密。

桃子好不好吃,充足的光照是关键,传统种植的"主干形"桃树围绕着一根主干开枝散叶,就像撑起了一把大伞,上面的果子光照足口感好,下面的果子见不到阳光,甜度自然也就上不去。2015年,颜明华将120多亩桃园里原有的"主干形"桃树全部挖掉,学习借鉴欧洲、日本的先进种桃技术,给桃树做了"整形手术",通过修剪、塑形,桃树在距离地面约40厘米处整齐分叉,形成了两条倾斜向上的主干,呈现出一个"Y"字形;桃树的行距扩大到4米,株距增加到2米,每亩地的桃树数量从200株减少到80株,虽然每亩地的桃树数量减了六成,但高达5米多的"Y形"桃树主干有倾斜度,能让每个桃子都晒到太阳,果实成品率更高,桃子品质均衡稳定,这种高高的"小高层"桃树比原来长不高的"别墅型"桃树的桃子产量不降反升,亩均产量达到1500公斤,增加了三成多;而且桃子的平均"体重"超过0.2公斤,颜色一致、口感香甜,4个水蜜桃包装成盒卖到近200元还供不应求,亩均效益超过3万元,是普通桃园的1倍以上。采用"Y形"新种法后桃树行距变大、树枝变高也为桃园机械化管养提供了可能,基地先后将植保机、除草机等农机具引入桃园。为适应桃树长高后的"高空作业",基地还专门定制了自动控制升降平台,实现了果品种植、采摘的全程机械化。

故事2

多学科跨界"混搭"

跨领域跨学科是时代趋势,农业也不例外。从种子到发芽,从小苗到果实,植物的生长总是受到自然界土、光、水等各种因素的影响,但在苏州工业园区的一家智慧互联植物工厂里,蔬菜、瓜果生长在"集装箱"里,只需一键启动,系统就能实现全自动栽培,不靠天不靠地,利用植物本身的生长规律能大大提高蔬菜、瓜果的生长质量和效率。这个集装箱式植物智慧栽培舱由智慧五季（苏州）生态农业科技有限公司自主研发设计，设计者将德国工业4.0理念跨界引入生物科技和现代农业，开创了移动式、智能化、生态农业植物工厂的先河。

大学计算机专业毕业的梅键，2017年辞职创立太仓市好么么农业科技有限公司，在太仓现代农业园建立了鸟巢智能温室气雾栽培生产示范基地，将气雾栽培技术（气雾栽培技术是一项复合型技术，包括光自养微繁换根技术、计算机控制技术、水肥一体化技术、传感器集成技术等）用于农产品产业化生产，主要生产口感型番茄、贵族南瓜、台湾长果桑、水果玉米、红梗芋艿等产品，1亩气雾栽培年产值可达10万元以上。他还与农户合作对传统连栋温室大棚进行设施改造，提供气雾栽培技术、种苗、人员培训、产品回收等"种什么、怎么种、卖给谁"的一揽子解决方案，彻底解决农户在生产销售中遇到的难题、痛点，2020年合作生产口感型番茄2万公斤，贵族南瓜7500公斤，水果玉米2万根。

故事3
一田上演"五重奏"

吴江明星产业种养殖中心董事长周伟民是远近闻名的水蛭养殖能手。水蛭，有个听着就让人起鸡皮疙瘩的俗称——蚂蟥，它通常生活在稻田、沟渠、池塘、河浜里，在农村生活过的人都知道这种"小家伙"，它吸附在稻根处，经常爬到劳作人的腿上吸血，扯都扯不掉，是个让农民深恶痛绝的"坏东西"。周伟民养的蚂蟥学名叫"宽体金线蛭"，是名贵的中药材原料，在《神农本草经》和《本草纲目》里都有记载。在他之前从未有人想到去养殖水蛭，更没人知道该怎么养，水蛭的人工养殖是一条前人没有走过的路，周伟民刚开始养水蛭的时候闹出了大笑话。头两年他买鸡血、鸭血来喂水蛭，发现泥塘的水越来越红，水里的水蛭却越来越少，其实他养的水蛭压根儿不食这些血块，相当于他喂养水蛭两年，也饿了水蛭两年，很多人都认为他得了"神经病"，他的养殖道路走得很艰难。他用20多年的时间尝试了多种养殖方式，才成功实现从池塘到水泥池再到钢架箱等多种环境下的水蛭人工养殖，随着养殖技术的提高，这些让人"肉麻"的

小家伙的生活"条件"越来越好,并产生了良好的经济效益。但单纯养水蛭产业做不大,经过四五年的摸索实践,周伟民创造了水稻、水蛭、田螺(螺蛳)、泥鳅、雪里蕻(当地的一种蔬菜)五位一体的"盆景式水蛭养殖系统及方法",在让水蛭养殖回归自然的同时,走出了一条高效利用农田的成功之路,并入选全国"农村创新创业实用技术推介"项目。

"盆景式水蛭养殖系统及方法"是一个别出心裁的"五重奏"立体种养模式:将直径30厘米、高40厘米的镂空塑料盆有序排列在铺上网的水稻田里,留足田埂、田沟和管理通道,1亩水稻田放4500个盆。按照农时季节纵向整合衔接、种养有序贯通田间"上下游"的精巧思路,在水蛭过冬的季节,每个盆里种1棵雪里蕻;清明以后,雪里蕻割掉开始养螺;到5月底螺蛳已经繁殖吸附在盆的边上,每个盆里再播10粒左右稻种;到7月初把水蛭苗放养到稻田里,再放10公斤左右的泥鳅。每个盆直径30厘米正好满足水稻根系的生长要求;水稻干田时,盆底可保持30厘米水深,正好满足水蛭的生长要求;捕捞水蛭时,将田里的水放干,所有的水蛭就可以一网打尽。野生水蛭原本就生长在水稻田里,通过盆景水稻种植方式让水稻与水蛭成了和谐共处、互惠互利的命运共同体:水稻长高了,能为水蛭提供背光的环境;水蛭在水稻间游走,不仅便于自己顺利蜕皮,还可以帮助水稻根系发育;在水稻生长过程中出现的稻包虫、稻青虫加上螺蛳,为水蛭提供食物来源,水蛭排出的粪便又能给水稻生长提供有机肥,泥鳅可清理水蛭吃剩的余食;水稻生长在阳光面,水蛭、螺蛳为边栖动物吸附在盆边上,1亩水稻田多出了3倍的侧面利用面积。盆景蔬菜、盆景水稻加套养螺蛳、泥鳅和水蛭形成了一条"五位一体"的田间产业链,相当于一个"五层楼"的田间立体花园,一田多用种养成本大大降低,一田多产经济效益提高了数倍,水稻+水蛭+泥鳅+雪里蕻的收益每亩可超过10万元。

周伟民已出版过水蛭人工养殖技术方面的专著,申报发明专利8项,其中5项已获得授权,主持研究"国家星火计划项目"2项,并在全国20多个省市建立了100多个水蛭人工养殖星火基地,带动苏州及全国各地养殖就业超5万人。先后获得"中国生态养殖领域科技创新先进个人"、入选榜样中国"新时代追梦人"和"全国优秀诚信企业家"等百余项荣誉。在第十届"中国三农创业英雄"颁奖典礼上,周伟民获评为"全国乡村振兴创业英雄",全国仅10人获得这一称号,周伟民是江苏省唯一获得这一荣誉的人。

故事 4

热闹的"另类枇杷园"

张家港市花盛家庭农场的花小荣是枇杷种植能手，别人的枇杷都是露天种植的，他的 70 多亩枇杷林却"住"上了有杀菌、浇水等多种功能的全自动喷淋系统的大棚，彻底解决了露天种植枇杷因受气候等条件影响，果实成熟分大年小年、产量不平均的大问题，不仅能让每年的枇杷产量均衡，还能让果实成熟上市的时间提早。他的枇杷园不光这样与众不同，还创造出了一个让人拍案称奇的立体种养新模式，2017 年 7 月 26 日和 2018 年 3 月 13 日央视七套《科技苑》栏目分别以"热闹的枇杷园"和"换个想法解难题"为题，介绍了花小荣的"另类枇杷园"。

花小荣的枇杷园里非常热闹，也很"另类"，来到他的枇杷园，走进枇杷大棚会大吃一惊，往前看有蟾蜍，往左看有蟾蜍，往右看也有蟾蜍……蟾蜍俗称"癞蛤蟆"，皮肤粗糙、布满疙瘩、颜色灰暗、身体臃肿，不仅颜值差而且还有毒（大部分蟾蜍耳后有毒腺分泌白色毒液，民间有"五毒"之说，这"五毒"就是蝎子、蛇、蜈蚣、蟾蜍、壁虎），人们对它没有好感，一看到在地上慢慢爬的令人毛骨悚然的"丑家伙"，不少人会起鸡皮疙瘩，纷纷避而远之。这个枇杷园里到处都是蟾蜍，令人既感到恐惧又觉得好奇：一个种枇杷的高手养这么多蟾蜍干吗？花小荣说："这是用来防虫的。"可现在农业上用生物防治病虫害的办法多种多样，为什么花小荣偏偏相中蟾蜍呢？

这是因为，长相不像青蛙那样讨喜、外貌丑陋的蟾蜍捉起虫子来一点也不赖，是个灭虫高手，养蟾蜍既能帮枇杷灭虫，还能增加经济效益，有"一石二鸟"之功。在枇杷园里养蟾蜍不但能捉虫而且经济价值又高，蟾蜍浑身都是宝：身上挤出的浆就是有名的中药材蟾酥，1 克蟾酥可卖到 20 多元钱；蟾蜍要长大就必须蜕皮，它一生要蜕 7~8 次皮，1 张蟾衣可卖 7~10 元钱。不仅如此，养蟾蜍还有"两全其美"之妙：蟾蜍喜欢待在阴暗潮湿的地方，而枇杷园里的枇杷树大多有 3 米高，树冠直径在 3~4 米，而且树下又有草，这些都可以很好地给蟾蜍遮阴，再加上园子里地面潮湿，这样的环境很适合蟾蜍生活，最重要的是枇杷大棚里没有蛇、黄鼠狼等天敌，蟾蜍的安全有保障，在枇杷大棚里虽然吃不到"天鹅肉"，但确实是蟾蜍的乐园，是蟾蜍生活的绝佳之地。

花小荣的枇杷园里除了满地的蟾蜍外,地上还零零星星放了一堆牛粪,在牛粪上面铺了一些草帘子养蚯蚓,用牛粪养出来的蚯蚓繁殖率高,长得又快又好,可以供蟾蜍享用,园子里的虫子+蚯蚓可以让蟾蜍吃得饱、吃得好。夏季枇杷收完还能养鸡,冬天水池沟里能养小龙虾,枇杷园里既有枇杷,又有蟾蜍,还有小龙虾、蚯蚓和鸡,大棚里蟾蜍跳、鸡儿叫、小龙虾闹,真的很热闹。这样的枇杷园生态循环,省地又环保,不但分散了种植枇杷的风险,还能增加新的效益,靠这些项目,1亩立体种养大棚能比单纯种枇杷多赚1.5万元左右。

故事 5
能吃可赏的盆栽有机蔬菜

卢申宝位于苏州市相城区望亭镇御亭现代农业产业园内的菜园与众不同,说是菜园其实更像是盆景园,规整有序的盆栽菜郁郁葱葱,装菜的盆有圆有方、形态各异,与栽种盆景的盆极为相似。这里的盆栽蔬菜采用无土栽培技术,不打农药不施化肥,不使用保鲜剂和激素,这样的盆栽有机蔬菜不仅能够摘下来吃,还可以观赏。2016年12月,央视四套《走遍中国》栏目介绍了走向农田的"海归工科男"卢申宝。

2013年,还在澳大利亚留学的卢申宝到马来西亚的岳父家拜访。他的岳父是一位庄园主,家里吃的水果和蔬菜都是自己种的,并且可以随手摘下来就吃。他品尝了岳父家的水果和蔬菜,感觉非常鲜美,让他震惊的是,这些蔬菜和水果并不是种在泥土里的,而是种在一种叫椰糠的有机基质里面。地处热带的马来西亚盛产椰子,大量的椰子壳是作为垃圾丢弃的废物,将椰子壳粉碎以后制成椰糠,以此为栽培基质成本十分低廉,在椰糠里种植蔬菜和水果是卢申宝的岳父自己试验成功的一种有机种植新技术。

2015年,在相城区举办的首届阳澄湖创客年会上,卢申宝和来自马来西亚的妻子带着盆栽有机蔬菜项目被引进到相城,他们在御亭现代农业产业园租了温室大棚,踏上了"阳台经济"的创业路。土地是农作物赖以生存的根本,但他们的菜园采用了从马来西亚学来的活性纤维腐殖土盆栽有机蔬菜种植技术,每棵蔬菜的盆里装的不是土,而是取材于椰壳的椰糠有机基质,可以避免使用土壤产生的植物自毒、微生物病害、根结线虫等土传

108

病害，杜绝了使用农药的现象。卢申宝还用珊瑚类海藻肥和营养液作为有机肥取代鸡鸭排泄物发酵肥的传统做法，消费者购买活体蔬菜盆栽后，只需每天浇一点水，配合使用专供的有机肥，蔬菜仍可以继续生长1~2个月，这样消费者每天都能吃到新鲜蔬果。不仅如此，他们还可以根据客户对品种的要求进行蔬菜个性化种植与销售。这种既可以观赏又可以食用的盆栽蔬菜放在阳台上，阳台就变成了菜园和盆景园，人们在家中就可以享受种植的乐趣，所以，这种盆栽对生活在城市中的人尤其是年轻人很有吸引力。目前，卢申宝的菜园主要种植辣椒、茄子、黄瓜、小番茄、秋葵等爬藤类茄果，1盆茄果的销售价格在120~180元不等，1棵叶菜的售价在6~8元，品种越珍贵、生长周期越长，售价也就越高。

故事6
窨制开发一茶多味

出生在茶香世家的苏州东山茶厂股份有限公司总经理、苏州江南茶文化博物馆有限公司董事长柳倩楠，在电商销售过程中发现传统碧螺春茶产品单一，无法满足市场特别是年轻群体追求新颖、健康、时尚、便捷茶产品的需求，她与南京农业大学、上海联合利华食品部合作成立了新品研究部研制花果茶，利用茶叶吸香的特性，采用苏式花茶窨制工艺，将新鲜水果、花草与茶叶拼配，让茶叶吸收花草、水果的香味，经过反复试验，成功研制出了口味新颖独特且适合年轻消费群体的玫瑰红茶、生姜红茶、蜜桃红茶、橘皮普洱等20多种花味茶、果味茶、花果茶新品，其中有9个新品已成功申请制作技艺发明专利。同时，她还引进现代化产品自动加工包装设备，将产品进行定量、小型、标准化包装，使产品更健康，携带更方便。新茶品进入市场后，不仅受到国内消费者特别是年轻消费者的欢迎，还远销28个国家和地区，2019年新品销售收入达5000多万元。她还依托碧螺春茶原产地保护区域，利用江南茶文化博物馆这一平台，整合周边520亩茶果园，针对不同的消费人群，制定不同的茶文化体验、茶园休闲观光、研学活动方案，探索茶旅文化融合新产业，将茶文化与社会实践、旅游度假相融合，打造以"茶"为主题，集茶文化展示、碧螺春非遗文化制茶体验、茶艺培训、茶园观光、茶果采摘、休闲度假于一体的综合性、多功能的

"碧螺春茶文化旅游体验中心",农、文、旅产业深度融合让游客及消费者能实景体验传统非遗制茶工艺,现场品尝口感甘醇、香味独特的碧螺春茶,更好地了解茶的历史文化、茶艺茶韵、茶的种植及制作,传播碧螺春茶文化,培养对茶文化的兴趣,享受健康茶生活,感受碧螺春茶产业发展的新气象。

故事7
多头联合打造产业"竞争链"

苏州三港农副产品配送有限公司总经理蒋春华,打过工、卖过猪肉、创办过门窗厂,最终选择从事蔬菜种植和农副产品配送事业。起步初期,他一个人负责开车、进货、送货的全部工作,凭借着诚信为本、质量至上、安全第一的经营理念,公司不断发展壮大。2013年,与同里镇北联村签约租赁200亩地种植蔬菜;2017年,与黎里雄锋村签约租赁500亩种植蔬菜和水稻;2018年,与同里镇北联村签约租赁800亩地种植水稻,与同里镇3家专业合作社、7个家庭种植大户成立了分工合作、优势互补、互惠互利的新型农业经营组织——苏州三港蔬菜产业化联合体,创新形成了多条"产地直采+基地专供+专业配送"的农产品供应链,最大限度缩短中间环节。2019年,公司总资产达到5496万元,实现销售1.5亿元,农副产品配送业务覆盖了250个大、中、小学校和企事业单位,为20万人就餐配送食材。2020年年初,公司与苏州同稻香食品有限公司合资成立"同稻香生活——LOCAL STORE",借助微信平台开发了同稻香微信商城、同稻香微信小程序,在吴江区的多个小区放置同稻香的智能小屋,线下实体小超市配合线上销售。公司先后荣获农业部全国"互联网+"现代农业百佳实践案例、"省级现代农业产业化龙头企业""江苏省农业科技型企业""江苏省智慧农业示范单位""江苏省供应链创新与应用重点企业"等荣誉。

故事8

古法酿酒新特色

出生于吴中区越溪官渡酿酒世家的许函芳，传承了古法酿酒技艺，既是中级品酒师，也是一名耕耘了10多年的农场主，她的苏州市许函芳家庭农场被评为"省级示范家庭农场"和"全国优秀家庭农场"。面对产品过剩且处理难这个制约果品型家庭农场发展的一大瓶颈，许函芳积极探索由种植向加工环节垂直延伸产业链，将"酿酒+"创新模式植入家庭农场，依托江南大学发酵健康食品团队的技术支撑，将传统酿酒技艺与现代食品科技相结合，用规范的酿酒工艺将枇杷、葡萄等果品酿制成酒类产品投入市场销售。目前已研发出枇杷酒、枇杷黄酒、葡萄酒和翠冠梨酒等酒类产品，其中枇杷黄酒全程采用零添加模式，真正做到了原汁原料发酵，并巧妙地将糯米糖化后的葡萄糖代替蔗糖加入枇杷果浆发酵，使得枇杷黄酒既有糯米酒的氨基酸和酯类物质，又有水果酒的果香、醇香，市场和消费者非常认可，2018年枇杷黄酒获评为"全国特色优质农产品"。许函芳与多家酒厂达成了一方提供技术、一方生产加工的产销合作协议，并通过农场休闲采摘体验活动、私人订制、优质民宿和共享农庄等渠道小众化、特色化销售果酒产品，吸引品质客户，提升产品影响力，显著提高了效益。2019年，枇杷黄酒的销售净收益达到20万元。许函芳还为当地果品种植大户提供专业酿酒技术服务，通过酿酒消化过剩葡萄、枇杷、翠冠梨等近2万公斤，带动周边采摘、民宿发展和农户增收。

七、自觉践行绿色循环发展

良好的生态环境是人和社会持续发展的基础，生态环境保护是功在当代、利在千秋的事业。苏州新农民尊重自然、顺应自然、保护自然，有较强的环境生态意识，坚持绿色发展、守好绿水青山，用心修复、拉近、改善与大自然的关系，努力构建高效循环的生态种养模式，走绿色兴农、可持续发展之路，既留下了好生态、好环境，又节省了农本、产出了满足人们"优生活"需求的有机绿色安全农产品，是绿色生态的守护人。

故事 1

破解困扰多年的"秸秆问题"

苏州是鱼米之乡，农村大量稻秸秆的处理是一大难题。太仓市稻花香农场专业合作社农技员陈俊，2017年开始探索利用稻秸秆种植大球盖菇获得成功。以稻秸秆为基料，种植1亩大球盖菇，可以消耗10亩地的稻草秸秆，秸秆经过发酵后成为天然有机肥料，实现了变废为宝循环利用。凭借此项技术，陈俊获得了"中央稻秸秆综合利用"资金，用于扩大项目的实施与推广。他还积极探索"稻虾共养""稻蟹共养"生态种养模式并获得了成功。

太仓市东林农场专业合作社负责人徐坚，针对一方面由于化肥和农药的使用，土壤中有机质不断减少，农业有害生物的抗药性越来越强，另一方面大量秸秆闲置浪费的情况，探索发展生态循环农业新模式，利用稻麦秸秆制成饲料，喂养生态养殖场肉羊，利用肉羊粪便制成发酵有机肥，反哺稻麦蔬果，形成了"草—羊—田"生态循环农业生产链，串起了金仓湖果蔬基地、金仓湖米业、东林生态养殖场、稻麦秸秆饲料加工厂、有机肥厂等多个产业载体，生产出"金仓湖"优质大米、蜜梨、葡萄等多个绿色食品，其中"金仓湖"牌系列大米被评为"江苏好大米"十大创优品牌，合作社亦荣获"全省农民专业合作社示范社"等称号。

故事 2

防病治虫不用药

虫靠治，病靠防。张家港市俞氏生态果园总经理赵科艳，采用"梨小食心虫迷向丝"对梨的主要蛀果害虫——梨小食心虫进行生物防治，赵科艳所管理梨园的农药使用量比常规管理梨园的减少30%左右，其所生产的俞氏翠冠梨是当地口感最好的梨之一，打响了"俞氏水果"品牌，成功销往国内百余个城市和地区。

苏州漕阳生态农业发展有限公司技术员姜蓉蓉，利用生物天敌昆虫代替农药"以虫治虫"，瓢虫、捕食螨、赤眼蜂等本领高强的"特殊部队"，不费一枪一弹就能杀灭害虫，大大减少了农药的使用。该公司首创利用废弃岩棉种植草莓的新型种植模式，提高了果品的品质，被评为"江苏省现代农业技术体系草莓推广示范基地",并在2019年举办的首届江苏省早熟草莓评比中获得优秀奖第一名。

故事3

发酵床养猪零污染

张家港市金港镇健康猪场场长王淑芳,坚持按照"资源节约、质量安全、环境友好"的生产技术操作规程组织生产,在专业技术人员的指导下,投入680余万元,严格按照环保生态养殖的要求建造6000多平方米猪舍、饲料仓库、管理用房以及相配套的污染处理设施等,其中发酵床猪舍面积5000多平方米,采用农业部、生态环境部重点推广的发酵床养猪新技术,实现了粪便零排放、环境零污染。发酵床养殖的"小明沙"牌优质、安全猪肉获得"无公害农产品"证书。该养猪场先后被评为省级"畜牧生态健康养殖、动物防疫规范达标、畜禽粪便综合利用、畜产品质量安全"示范场、江苏省农业"三新工程"项目技术示范和推广基地、江苏省农业科学院"猪生态养殖关键技术研究与试验示范基地"等。她还联合10多家农户申办了种养专业合作社,承包了300亩流转土地用于粮食种植,把猪场产出的有机肥用于农田,利用稻田养鸭、滩涂养鸭、树林养鸡等实现生态种养。

故事4

工厂化循环水养鱼

苏州渔小白生态科技有限公司柏志斌坚持生态、优质、高效、安全的经营理念,采用工厂化循环水养殖技术,集成了循环流水养鱼技术与普通池塘养鱼技术,将传统池塘的"开放式散养"变为"集约化圈养",使"静水"池塘实现了"流水"养鱼,通过机械造浪流,在整个大池塘里形成环形水流,水流流经水槽,既能在"跑道"内对水产品进行集中喂养,又能利用水流将排泄物集中到一个槽内统一处理,从而起到净化池塘水质的作用。柏志斌还应用物联网技术实时监测水质,加强水流调控管理、吸排污管理,保持养殖环境,保证养殖质量。

故事 5

蔬菜生产"标准全覆盖"

大学法学专业毕业的昆山市玉叶蔬食产品基地负责人陈颖常说:"为市民提供安全绿色充足的蔬菜,是我们玉叶基地的职责。"她的基地从2016年开始,将ISO9001认证、ISO22000认证、HACCP认证、环境管理体系认证、职业健康安全管理体系认证等一个个全都"拿"下,建立完善了从田间到餐桌的全程质量控制体系,实现了蔬菜种植的精确化控制和智能化管理,大润发、欧尚、家乐福、麦德龙、盒马生鲜等对蔬菜质量安全要求十分严苛的知名大型商超相继成了玉叶的客户。玉叶基地成功创建国家级星创天地,玉叶田间学校入围全国示范农民田间学校。

八、传承创新吴地农耕文化

农耕文化是千百年来世代传承的中华田园交响乐,是中华优秀传统文化的根和源。地方特色农产品是一种优势,更是一种文化遗产。苏州新农民具有较强的文化意识,自觉担当起传承的责任,这个传承不是复制、泥古,而是结合时代的发展变化,积极挖掘、继承、创新特色农产品、农耕技艺、农耕精神,增强传统特色农产品的生命力,从这个意义上来说,苏州新农民是吴地农耕文化的保护者、传承者和创新者、实践者。

故事 1

振兴千年蚕桑丝绸文化

丝绸是苏州最美的名片之一,也是苏州古老的传统产业。苏州太湖雪丝绸股份有限公司董事长胡毓芳的家乡是绸都,她对丝绸的喜爱源于儿时就埋下的种子。胡毓芳出生在"日出万绸、衣被天下"的吴江盛泽的一个桑蚕世家,父亲是管理桑蚕业的一名干部,他的日常工作就是指导蚕农养蚕,母亲摘桑养蚕卖茧。胡毓芳从小就与丝绸结下了不解之缘,小时候最漂亮的衣服是真丝旗袍,结婚时的嫁妆是缎面的蚕丝被。她对蚕桑丝绸有着独特的情感,就连别人觉得臭臭的蚕蛹味道,在她闻来都是一种独特的香味。她对于丝绸的专注与热爱深入骨髓、融入生活,就像春蚕一样吐丝不止、吐丝不尽,丝绸梦是她今生今世最无法抵御的"诱惑"。

1993年，师范毕业当教师的胡毓芳做出了一个让人惊讶的选择——她辞掉了既安稳又受人尊重、令人羡慕的"铁饭碗"下海经商，先后从事蚕茧加工、织造等多个行业。2002年，带着对丝绸的痴迷与热爱、激情与梦想，胡毓芳在"无一地不桑，无一家不蚕"的千年蚕乡震泽茧丝市场租了3间门面房，创办了自己的公司，靠着一张拉棉桌和4名女工，从一个"蚕丝作坊"起步，开启了"太湖雪"的艰苦创业路。

她以传承和复兴苏州丝绸为己任，凭着女性特有的坚韧、敢闯敢拼的魄力和精益求精的工匠精神，按照"做着一根丝也要跳出一根丝"的理念，把丝绸情怀转化为产业复兴、文化传承和兴农富民的生动实践，经过多年苦干实干，创造了"蚕丝被全过程无污染手工拉网"制被新工艺。她与苏州大学蚕桑研究所合作研发可水洗蚕丝凉被，克服了传统蚕丝被不能水洗的难题。她发明了伸缩式拉棉台、标准定位扣，不断应用新技术提升生产效率。好桑配好蚕，好蚕结好茧，好茧抽好丝，好丝制好被，从创业到创新、从特色到品牌、从工业迈向农业到三产，胡毓芳用一根丝串起了一条蚕桑农业、蚕丝工业和特色文旅产业跨业跨界融合发展、传统产业蝶变的"新丝路"，以一颗"丝绸工匠"之心对古老的丝绸进行了全新的现代诠释。她在创新中赋予蚕桑丝绸生命力，让老祖宗留下的宝贝迸发出新的生机与活力，把苏州丝绸的特色发挥得淋漓尽致。苏州太湖雪丝绸股份有限公司是苏州蚕丝被行业中首家通过"Oeko-Texstandard 100"国际生态认证，拿到进军全球市场钥匙的企业，"太湖雪"也跻身中国十大丝绸品牌。胡毓芳通过跨境电商将业务拓展到美国、加拿大、俄罗斯等20多个国家和地区，让全世界感受苏州丝绸产品的魅力。她把丝绸人的乡愁写在桑园里，把企业家的责任铺展在大地上，成为乡村振兴战略的践行者、先行者，她也因此被授予"全国劳动模范"光荣称号，还先后获得"全国三八红旗手""全国女性创业之星""全国城乡妇女岗位建功先进个人""全国杰出创业女性""江苏省三八红旗手""江苏省巾帼建功标兵""江苏省青年创业致富带头人"等荣誉。

胡毓芳充满追梦人的热情，在振兴蚕桑丝绸产业、传承蚕桑丝绸文化上有使不完的劲。她相信，只要坚定匠心品质不松懈、引领产业创新不固化，撸起袖子去传承、弘扬、创新，一切美好的东西都能被创造出来。

故事 2
传承碧螺春茶炒制技艺

苏州御封农业科技发展有限公司总经理严斌通过"企业+基地+农户"的模式,运用碧螺春茶生产管理系统,在《绿色食品原料标准化生产制度》《企业质量管理手册》《农产品质量安全快速检测制度》《追溯信息发布管理制度》等规章制度,以及追溯管理小组的监督和保障下健康、持续、有效发展,实现了原种茶原料的可追溯,产品质量不断提升,通过了"绿色食品"认证、中国森林认证,江苏省农产品质量安全追溯管理平台农产品快检合格率100%,从未发生因产品质量问题的投诉事件。该公司生产的碧螺春获得中国绿色食品博览会金奖。投资250多万元的"洞庭山碧螺春原种茶保护区+国家级非遗碧螺春制作技艺大师工作室"项目,选择洞庭山碧螺春原种茶覆盖率90%以上的莫厘村岱松区域,打造面积达100亩的洞庭山碧螺春原种茶保护区;通过建设碧螺春炒制技艺文化展示长廊、碧螺春炒制技艺流程对外展示区、洞庭山碧螺春品鉴体验区等功能分区,将工作室打造成为国家级非物质文化遗产碧螺春制作技艺宣传、展示窗口,构建一套完整的洞庭山碧螺春炒制技艺修复、推广、创新及国家级非物质文化遗产传承体系。

故事 3
保护畜禽优良遗传资源

毕业于畜牧兽医专业的昆山绿色农产品开发有限公司副总经理许冰斌,负责昆山麻鸭品种保护工作。他积极开展昆山麻鸭性能测定,建立规范资料档案,以保存昆山麻鸭耐粗饲、肉质鲜美、觅食力强等优良性状为前提,保持其遗传多样性。通过多年努力,已保存昆山麻鸭家系数30个,昆山麻鸭被列入江苏省畜禽遗传资源保护名录。他还参与江苏省农业"三新工程"项目"娄门鸭遗传资源抢救性保护",对娄门鸭的品种资源、历史文化资料进行收集、整理和保存;提纯复壮娄门鸭,提高其整齐度,保持娄门鸭的优良种质特性,重点选留和保存娄门鸭蛋品质特性、麻羽特性、肉质鲜美特征,形成的娄门鸭抢救性保护方案通过了专家论证;扩大娄门鸭保种群体,家系数已增加到35个,种母鸭增加到350只;开展娄门鸭性能测定,形成相应的测定记录和档案资料,主要技术档案资料完整率达到93%,该项目通过省级专家验收。2017年,许冰斌被评为全省畜禽遗传资源保护先进个人。

九、坚持团结互助,共同富裕

团结互助、和衷共济、扶贫帮困、双赢共富是中华民族的传统美德,也是社会主义的本质要求。

苏州的新农民不仅懂技术、善经营、会管理,而且有身在田野、胸怀大局的情怀,既关注社会需求、关注市场变化,也关注他人的难处,富有爱心,有较高的社会公德素养和向上向善的巨大正能量,有为他人着想自己才能成功和来自社会要回报社会的理念,他们先富不忘帮后富,关爱贫困群众、关心减贫事业、投身脱贫行动,通过携手合作抱团发展、结对帮扶脱贫攻坚、提供农业技术支持等带动更多的农民走上了共同富裕之路,是互助合作的倡导人、乐于助人的热心人、社会公益活动的领头人、扶贫济困的践行人。

故事1

为共同富裕探路

"光我富了不行,我要帮助大家共同致富。""我们一个村富了不算富,全国的村庄都富了才是真的富。"张家港市杨舍镇善港村党委书记葛剑锋是这样想的,更是这样做的,而且做得很成功。十多年来,葛剑锋奔走在田间地头,把一个贫困村变成经济强村;他还将扶贫的目光投向遥远的贫困山区,扶贫足迹遍布大江南北;同时还创办农村干部学院培训输送致富带头人,用心谱写了回村担任党组织书记实现富民强村,脱贫致富的"三部曲"。他也因此成为全国闻名的共同富裕探路人,先后荣获"全国农业劳动模范"、全国脱贫攻坚奖创新奖、"全国劳动模范""全国岗位学雷锋标兵"和江苏省脱贫致富奖、"江苏最美人物"等荣誉。他所在的善港村党委也获得了"贵州省脱贫攻坚先进基层党组织"、江苏省脱贫攻坚组织创新奖和"全国脱贫攻坚先进集体"等荣誉。

2009年,32岁在外经商且已小有名气、正处于人生黄金时期的葛剑锋,受命回到家乡担任张家港市杨舍镇善港村党组织书记,挑起了带领村民脱贫致富的担子。从总经理变身村书记的头几个月,葛剑锋搬到了村委办公

室,白天带着村干部在村子里寻找贫困的病根,晚上坐在办公室想方案,困了就趴一会儿,几乎没睡过一个好觉。当时善港村的家底比洗过的碗底还干净,不但集体没有一分钱,还欠了村干部不少工资,"家"穷人心散,葛剑锋回村的第一件事就是自掏腰包垫付了村里工作人员上一年的工资,此举换来了村两委班子齐心干事创业的精气神。葛剑锋又邀请专业的经济师和法务人员清理旧账,带着大家埋头苦干,只用近一年的时间就把善港村拉上了发展正轨。3 年后,他带领村民成功改掉了脚踩煤渣路、晴天一身灰、雨天一身泥"昨日故事"的"旧样子",甩掉了"穷帽子",走上了脱贫致富的康庄大道。

2012 年,组织上又交给葛剑锋把周边 3 个贫困村带起来的新任务,"四村合一"组建新的善港村。为把 4 块"边角料"缝出"新善港",葛剑锋凭借企业家特有的经营理念,根据新善港村的实际,经过反复考察研究,确定了"宜工则工、宜农则农、宜副则副、宜商则商"的发展思路,在村里开设有机生态农场,让地里长出"金疙瘩"来,走发展现代农业的脱贫致富路。缺技术就找专家,他"三顾茅庐"登门拜访,恳请时代楷模、著名农业专家赵亚夫(曾在全国脱贫攻坚总结表彰大会上荣获"全国脱贫攻坚楷模"荣誉称号)担任善港村的生态农业首席顾问,在善港成立了农业技术"智库"——赵亚夫农业农村研究院。缺资金就跑项目,他四处奔走争取到了 600 万元国家财政补助项目,建成冬暖式大棚 160 余个,3000 多亩的连片土地成了省内外知名的有机生态农业基地。在发展有机生态、高质量现代农业的同时,葛剑锋带领全村干部群众大刀阔斧调整产业结构,果断腾退了一批高耗低产的落后企业,建造高标准工业集中区,换来新的发展空间,善港的村级可用财力以 3 年翻两番的超高速度"逆袭",2019 年全村可用财力达到 2500 万元。近年来村里投入 3000 多万元用于民生实事工程,农民人均年收入超过 4.8 万元,每家每户都住着两层楼的别墅,如今的善港村穷苦日子已一去不复返,村强、民富、景美、风正、人和,幸福满满,成了"生态环境示范化、田园乡村特色化、富民模式标准化"的乡村振兴样板。

带着家乡父老实现了由穷到富的蝶变后,葛剑锋说:"乡村振兴,发展善港是建设我们自己的小家;脱贫攻坚,整村帮扶是顺应国家战略建设我们的大家。"他脚步不停、热情不减,勇当"火车头",驾驶"善始善终,善作善成，善登高峰"的"善港号扶贫动车"（率领善港村扶贫工作队），一直奋力前行在脱贫攻坚最前沿。他"做给百姓看、带着百姓干、帮着百姓销、领着百姓富"，成功嫁接移植了"一村带三村""村对村整村帮扶"的好做法，拉着革命圣地陕西省延安市安塞县沿河湾镇方塔村和侯沟门村、"望天吃饭"的国家级一类贫困村贵州省铜仁市沿河县中界镇高峰村、武陵山连片特困区湖北省恩施土家族苗族自治州咸丰县高乐山镇杨柳沟村、革命摇篮江西省吉安市井冈山市古城镇沃壤村、黄河故道九曲十八弯江苏省睢宁县姚集镇杜湖村等5个省的6个贫困村，沿着现代农业这条致富路跑出了脱贫攻坚"加速度"，开创了1个村结对帮扶6个村（被誉为脱贫攻坚"非常6+1"）的先河，让"善"花开满扶贫路。

葛剑锋认为，村民要致富，关键看干部，帮钱帮物不如帮建一个好支部。他在"对症下药"送理念、送经验、送人才，帮培训、帮技术、帮营销，与当地干部群众勠力同心"拔穷根"致富的同时，注重运用能"治百病的灵丹妙药"——建强班子打造攻坚堡垒，培育一支不会撤离的"永久"牌扶贫工作队。他总结形成了《整村扶贫标准体系》，把支部党建目标任务与精准扶贫、精准退贫目标任务有机融合，实现党的建设和精准扶贫"无缝对接"，探索出一套在党建工作、制度建设、文化打造、产业发展等方面可复制、可推广的立体精准帮扶经验。

葛剑锋深切体会到"输血"只能缓一时之难，只有"造血"才能解永久之困，"扶贫"还要"扶志扶智"，既要"授之以鱼"更要"授之以渔"。2018年，他决定开办善港农村干部学院，把经验传授给更多贫困村的能人干部，让善港成为全国创业致富带头人的"孵化器"。同年9月，国务院扶贫办批复同意设立"全国贫困村创业致富带头人培训（善港）基地"。2019年7月，江苏省委组织部在此挂牌"江苏省党支部学院农村分院（苏州）"。学院成立以来，已培训来自西藏、甘肃、贵州、青海等地学员100多期、1万多人次。

故事 2

对口支援，授人以渔

苏州忆乡源生态农业有限公司总经理李志峰，积极响应国家东西部扶贫协作和对口支援号召，2018年11月以相城区选派的农业技术人员身份走进贵州石阡大山深处，全力投入相城、石阡共建"园区景区化、农旅一体化"的千亩现代农业示范产业园。目前，猕猴桃、桃杏李、苏州白玉枇杷等特色经济水果以及美国红枫、欧洲白桦、花海紫薇等兼具观光旅游与造林美化功能的花木陆续扎根产业园，220亩从相城培育移种的蓝莓种苗成功挂果……一系列举措带动周边农民就业并使他们获得流转土地租金、务工薪金、入股分红资金等3份收入，有效促进了当地农业增效、发展增速，农民增收脱贫奔小康，他的事迹登上了《人民日报》。

太仓市雅丰农场专业合作社负责人许立主动报名参与国家东西部扶贫协作，作为太仓市扶贫工作队的一员，到贵州省玉屏侗族自治县新店镇大湾村担任"第一书记"，开展为期1年的扶贫工作。在贵州的大山深处，许立利用有限的资源，打造了雅鹿酒坊、"大湾人家"农家乐、侗族特色美食加工作坊等产业，增加了大湾村的经济收入。

故事 3

组团队建合作社

苏州市馨海园林花木有限公司总经理徐峻育，2009年刚刚跨出校门就投身农业，他看好花卉园艺的发展趋势和前景，认真学习花卉园艺技能与理论知识，积极参加浙江大学－苏州市吴中区新型农业经营主体培训班、江苏省现代青年农场主培训班、农业部组织的农场实用人才带头人培训班和吴中区新型职业农民培育暨农产品电子商务培训班等，报考园艺及相关专业的资格证书，用心剖析园艺产业发展存在的问题，勇于创新、敢闯敢拼，积极引进设施农业，自建标准钢管大棚30只，温室联栋大棚4000多平方米，发展高效化、设施化和适应市场需求的花卉园艺生产。2012年，徐峻育带领团队参与实施"茉莉花品种改良与反季节繁育、立体栽培模式"研究项目，建立高效茉莉花栽培种植核心基地60亩，平均每亩效益在2万元以上；2014年，参与实施"新品彩色玫瑰的反季节种植和培育"项目，种植培育的新品彩色玫瑰年销售 9.62 万盆。2016 年，他联合周边花卉生产农户成立了苏州花语吴娘园艺合作社，搭建了以销售花卉苗木和园艺用品为主，为消费者提供园艺空间设计施工、养护技术指导、园艺体验活动等综合性服务的园艺互联网平台——原乡园艺花园中心。为了保障花卉绿植及园艺产品的送达质量，徐峻育建立了同城无损物流运输模式，打造产销一体、场景体验、消费引导、售后管护的一站式花园体验模式，"公司+基地+农户"抱团发展，带动农户一起致富。花语吴娘的园艺创新模式先后获得第二届苏州市农村创业创新大赛一等奖，第三届江苏省农村创业创新大赛二等奖，第三届全国农村创业创新大赛三等奖。

故事 4
勇担"龙头"的责任

吴江区绿城景观建设工程有限公司董事长柳建国，2000 年从部队退伍后被分配到一家国营苗木企业工作。他大量阅读专业书籍，主动给自己"充电"，在一线实践中探索掌握苗圃的生产经营技术，短短几年就成为企业的生产、销售骨干。2010 年，柳建国拿出全部积蓄"下海"创业，决心在苗木领域闯出一番自己的事业。创业之初，他承包了 200 亩土地，种植易存活、虫害少、好管理的新品种苗木金叶水杉，赚取了人生的第一桶金。他又凭借差异化的经营理念，引种特性更佳的苗木品种，创新推广"容器栽培"模式，探索植物非试管克隆技术，如今已拥有 8 个苗木种植基地共 1000 亩，成为苏州市农业产业化龙头企业，被评为"江苏省十佳园林苗圃"。他积极发挥农业龙头企业带动作用，与苏州市绿和苗木专业合作社、吴江松陵金丰园林果专业合作社、苏州市绿科家庭农场、吴江盛泽彩枫家庭农场以及 4 个种植大户，联合成立了吴江绿城苗木产业化联合体，实施"十统一"（统一提供农业技术、统一提供良种良法、统一提供种子、统一提供农药化肥、统一植保、统一机耕机种、统一机械收获、统一收购苗木、统一检验检测、统一销售），整合资源组合优化生产要素配置，稳定合作联动发展，探索建立"公司+合作社+农户"新型抱团经营模式，培养农村技术人才，做好"种、养、销+试验示范"，加强苗木嫁接和综合利用，不断提高苗木品质，目前联合体拥有苗圃基地 5000 多亩，形成了生产与加工、

科研与产业、企业与农户相衔接配套的产业格局。从部队退伍的他还十分关注周边没有找到合适工作的退伍老兵,积极为他们提供就业机会。柳建国被评为江苏省乡土人才"三带"新秀。

故事5

指导他人毫无保留

昆山市科伟农业科技发展有限公司总经理姚科伟,曾在路边摆过烧烤摊、当过泥瓦匠、在外企当过职员,如今是一个与瓜果为友、与土壤为邻天天泡在田里的新农民,10年醉心于瓜果园的姚科伟,从一个"白面书生"熬成了皮肤黝黑的"大叔"。他在自己实现致富的同时,通过会议教学、田间现场教学、入户指导等方式,将自己掌握的技术教给其他种植户。张浦镇一位姓马的农民承包6亩地种植小南瓜已有多年,土壤出现连作障碍,植株的死亡率不断上升,小南瓜的产量和品质逐年下降。姚科伟主动前往实地指导,从土壤修复改良到品种选择、育苗、栽培管理、茬口模式等,毫无保留地给予指导,同时在小南瓜成熟后还主动帮其销售。经过姚科伟的长期跟踪帮助指导,马姓农民种植的小南瓜不仅产量提高了,而且品质也提升了、收益也增加了。像这样的农户姚科伟还帮扶了不少,他从帮助别人中感到幸福和快乐,从带动别人增收致富中获得成就感和满足感,他的笑容时常挂在脸上,大家亲切地称他"姚哈哈"。

故事6

以分享为乐

苏州御亭现代农业产业园发展有限公司副总经理、苏州市小林农业科技发展有限公司总经理林亚萍,2008年植物营养学专业硕士研究生毕业后,不爱红装爱农装扎根农业十余年,自主创建"林莓莓"草莓基地,克服重重困难,培育绿色食品——脱毒草莓,创新种植方法种植绿色生态草莓,做得有声有色,实现了从蔬菜基地技术员到草莓种植能手,再到现代农业产业园"领头人"的华丽转变。她在专家的指导下积极探索草莓循环栽培种植新模式,采用秸秆生物反应堆技术将秸秆资源化利用,变废为宝,减弱冬季阴雨寡照对草莓生长的影响,保障了生态草莓的种植。她在大棚里尝试实施早熟水稻与草莓的轮作模式,通过水旱轮作改良了土壤,解决了草莓种植连作障碍问题,增加了草莓种植的经济收益。林亚萍始终将农产品质量安全放在首位,确保草莓从"果园子"到"果盘子"全程质量安全,注册的"林莓莓"草莓成为相城区第一个通过"绿色食品"认证的草莓。林莓莓草莓农场紧紧围绕广大市民对休闲观光与乡村旅游的需求,充分利用自身优势,依托望亭环太湖、京杭大运河、望虞河等景观生态资源,积极延伸拓展主题旅游,探索发展休闲观光农业,建成了休闲观光区、生态养殖区和绿色蔬菜种植区,陆续开发了农产品配送、特色采摘、农事体验、农家小屋、草莓主题活动等多个休闲旅游服务产品,发展成为绿色蔬菜种植、亲子活动、农耕体验、文化与旅游融合的草莓主题农场,年接待游客20000人次以上。林亚萍先后获得江苏省农村青年创业大赛第一名、江苏省农业丰收奖,以及"江苏省科技致富明星""农业部新农民创业创新百佳成果""团中央乡村创富好青年"等荣誉称号。

2017年开始,林亚萍在苏州干部学院开设"大学生创业培训""现代农业发展经验分享和思考"两门课程,无偿分享创业经验,鼓励新农人培养科研思维、开展科学试验,帮助真正热爱农业、投身田园的青年新农人少走弯路,至今已为来自贵州、广西、云南、山东等地的大学生村官和驻村第一书记开展培训5000余人次。作为产业园副总经理的林亚萍参与整体规划和建设,负责对接农业人才,鼓励和帮助更多企业和人才创新、创业。在她的带动影响下,14名毕业于北京大学、南京农业大学等高校的高才生带着项目落户或是作为技术员在御亭现代农业产业园工作,手捧iPad或者手机,就能浇水施肥,开关风机、天窗,这些高学历的年轻人把新技术应用得淋漓尽致。御亭现代农业产业园引导60余家农业企业落户,培育姑苏创新创业等各类领军人才15人,新型职业农民56人,带领团队获得了"全国青年文明号""全国巾帼文明岗"等荣誉,御亭现代农业产业园也被评为"全国科普惠农兴村先进单位""全国百个新型职业农民培育示范基地""全国农村创业创新园区(基地)"。

2020年新冠肺炎疫情暴发后,林亚萍大年初二就回到工作岗位主动加入"战疫",她将自家农场的几万公斤萝卜、青菜、小白菜等全部平价销售,并搭配出含有3种新鲜菜品的"10元10斤蔬菜包"全城配送。当时由

于尚未复工复产没有工人,她就发动全家齐上阵,父母和公婆负责在大棚里采摘、包装,她和丈夫当配送司机。与此同时,她还动员御亭现代农业产业园的农场主与青年农民不惜售、不涨价,为保障"米袋子""菜篮子"和稳定市场价格做贡献。在苏州市妇联开展的关爱驰援湖北医护人员家庭送"三暖"活动中,林亚萍主动请缨担任"暖心菜配送员",自2020年2月9日起,每周两次将新鲜的果蔬、大米等农产品送到援助武汉的20多个医护人员家里。一个多月时间里,她每周驱车200公里,累计配送了15000多公斤蔬菜。在送货时她了解到附近很多农户的农副产品滞销、出货困难,于是马上着手与商超进行对接,很快搭建起蔬菜产销平台,把商户、农户、基地聚集在一起形成一条紧密的产销供应链,帮助周围农户销售了5000多公斤蔬菜、750多公斤大米,最大程度减少了特殊时期农民的损失。

林亚萍还是北太湖青年农民志愿服务队的一名志愿者,常为孩子们科普农学知识,定期开展"大自然小课堂"等新时代文明实践志愿服务活动。

像林亚萍这样敬业奉献、助人为乐,已在新农民中蔚然成风。如由于新冠疫情的影响,当地的青虾出现了滞销,苏州市承恩水产科技有限公司董事长金香,将自己家的水产基地腾出来当成电商销售基地,垫资收购虾农们的青虾,克服了活虾电商运输缺氧的技术难点,开创了水产品线上销售新模式——通过微信小程序、农商行、吴江云商公司、联联周边、苏州市民卡中心等电商平台,帮助本村的虾农在线销售滞销的青虾。金香还发动家人一起包装青虾,自己兼任客服,每天要接100多个电话,使青虾由滞销变为畅销。苏州市吴江区震泽镇胜利家庭农场主徐静将自留的5000公斤"三扇大米"全部捐出,帮助受疫情影响的困难家庭渡过难关。常熟市惠健净菜配送有限公司董事长顾惠国第一时间会同政府部门对援鄂医护人员家属、志愿者代表、隔离人员、行动不便困难家庭进行慰问,联合多家线上企业,组织采购了100多吨蔬菜食品,以极低的价格供应市场。多年以来,顾惠国还积极参与资助小学、中学特困生等多项慈善活动,累计资助金额50万元以上。

星光不问赶路人,时光不负奋斗者;你有多努力,人生就有多精彩。

苏州新农民通过自己的努力奋斗,从无到有,从有到优,从优到特,创造出了许多令人刮目相看的探索性、创新性、引领性成就，一步一步走出了一条条成功致富之路，用坚守、勇敢、乐观和匠心、爱心诠释了新时代农民的责任与担当。他们坚守初心不负韶华，志向远大只争朝夕、风雨兼程辛苦打拼，钟爱农业有热度，是有目标、有理想的追梦人，是不畏艰难坚守农业、扎根农村的老黄牛；他们开拓创新务实奋进、风生水起硕果累累，创业发展有亮度，是有创见、有闯劲的探路人，也是采用新兴科技开辟现代农业发展新领域、新天地的拓荒牛；他们厚德朴实热情待人、富有爱心乐于助人、热心公益扶贫帮困有温度，是有担当有道德的好农人，是扛起社会责任无私奉献的孺子牛。他们逢山开路，遇水搭桥，用常人不易承受的坚韧与辛劳，在农村的广袤大地上挥洒青春和汗水，播下希望和梦想，努力建功立业，从开始的执着到随后的坚定再到如今的自信，越干越有劲，越干越出色，逐步把自己炼成了有本领的行家里手、有实力的成功人士、有影响的领军人物，让农业变成有奔头、有吸引力的产业，让农民变成有体面、有尊严的职业，让农村变成城里人羡慕的美丽家园，为加快现代农业高质量发展，促进农民增收致富和乡村产业振兴、文化振兴、生态振兴，推动农业农村现代化、美丽乡村和全面小康社会建设做出了重大贡献，赢得了良好口碑，收获了很多荣誉。许多苏州新农民报上有名、广播有声、电视有影、网上有赞甚至成了网红，有的还登上了省级乃至国家级主流媒体，有较高的政治地位和社会地位，在当地更是家喻户晓、远近闻名，风光无限、广受尊重，有满满的获得感、幸福感、成就感、荣誉感和自豪感。

不少苏州新农民在国家级主流媒体上亮相，如"蓝莓哥"苏州忆乡源生态农业有限公司总经理李志峰登上《人民日报》；"农后代"苏州市迎湖农业科技发展有限公司总经理朱赟德、苏州市东山东湖农场农场主徐斌登上《中国青年报》；2016年12月，央视四套《走遍中国》栏目讲述了林亚萍、卢申宝、葛吴明等苏州御亭现代农业产业园新农人的精彩故事；2020年8月，苏州的农机操作高手徐怀忠、无人机操作手周进超、大闸蟹养殖能手常建华、葡萄种植专家徐卫东、水蜜桃种植户颜明华、"现代蚕娘"金晓春和朱云、稻田边的"鸭司令"胥爱礼走进央视十七套推出的首期大型新农技能挑战节目——《超级新农人》并挑战成功；周伟民、朱夏峰、花小荣走进央视七套《科技苑》栏目、"浪子回头蟹换金"朱夏峰走进央视十七套《农广天地》栏目；许函芳家庭农场的古法酿酒走进央视四套纪录片《传承》；缥缈香碧螺春茶叶有限公司叶玉泉走进广电总局纪录片《太湖之恋》；等等。

125

第六章　为新农民成长创造环境

> 马克思说:"人创造环境,同样环境也创造人。"
>
> 人才学里有个环境原则。《吕氏春秋》里有句话:"人往高处走,才向善政流。"意思是说环境尤其是软环境,包括制度、体制、政策、法规、文化思想等,是造就人才的关键。"善政"是环境之首要。

党的十八届三中全会明确提出发挥"两个作用",即发挥市场在资源配置中的决定性作用和更好发挥政府作用。十九届五中全会又强调要推动有效市场和有为政府更好结合。在中国特色社会主义市场经济体制下,政府是环境建设的主体。

在新农民队伍成长壮大的过程中,苏州各级党委、政府坚持从实际出发,坚持从不断变化的形势出发,坚持目标导向、问题导向,积极发挥组织功能、引导功能、帮扶功能、服务功能,坚持不懈地为新农民队伍的壮大创造良好环境。

一、改革篇

生产力决定生产关系,新的生产关系又孵化出新的经济模式。随着现代技术革命的迅猛推进,农业的工业化、信息化、智能化步伐明显加快,传统农业正在快速转型。新时代农业先进生产力呼唤着新农民,新农民的成长壮大又急切地需要适合的新体制、新机制,改革是必由之路。

在改革开放以来的 40 多年里,苏州紧跟时代,敢于实践,勇于创新,从未停止改革的步伐。在农村改革方面,苏州也一直走在全省乃至全国的前列。这里是被赞誉为"农民的一大创造"的社队工业"异军突起"的地方,农村工业化的大门在这里开启;这里又是"人民公社"解体、"家庭承包"实行时间不久就推行"五有六统一"、创造"统分结合"经验的地方。生产关系必须适应生产力发展要求，社会主义市场经济，这些深奥的理论，都能在苏州农村改革的一个一个具体实践中得到诠释。

"春江水暖鸭先知"。苏州这个地方，地处前沿，发展阶段靠前，因而许多新矛盾、新问题产生得也比其他地方早。发生早、发现早、觉悟早、试验早、总结推广早，苏州在农村改革方面一直扮演着"探路者"的角色。土地管理制度、农村户籍制度、农业生产保护制度、城乡一体化体制机制、土地股份合作、土地置换、农民民生保障、环境治理与生态保护等，都创造了值得全国推广借鉴的经验。

2011年，苏州成为首批全国农村改革试验区，先后承担了18项全国农村改革试验任务，覆盖农业农村领域诸多方面，成为承担改革试验任务最多的全国试验区之一，不仅为苏州的农业农村现代化建设不断拓宽着道路，也为全国的农业农村工作贡献了苏州方案。

建设和壮大"新农民"队伍是时代呼唤，也是时代课题。破题的首选措施毫无疑问是改革，通过改革，扫除新农民成长壮大过程中的体制机制障碍，打开窗口，开通渠道，使其发育得多彩而顺畅。

1. 土地管理制度改革

土地，这是与农民联系得最紧密、最直接的要素，一个人，离开了土地，就不能称其为农民。"新农民"队伍的成长壮大，密切他们与土地的直接的紧密的联系，是要提供的第一位的条件。

多少年来，苏州施行的诸多农村改革，基本上都按照这样一个行为模式，即问题导向，以经济社会发展中的现实矛盾问题为课题，允许并鼓励基层进行多种形式的探索和实践，然后由各级政府经过总结，逐步形成比较成熟、比较规范的改革措施。苏州农村土地管理制度改革同样经过了这样一个过程。

（1）背景

苏州农村土地管理制度改革的起点，总的来说是与工业化、城市化、科技革命步伐不断加快的形势不相适应所带来的矛盾和问题。一方面，从中央到地方都反复强调农村土地集体所有、实行家庭承包作为基本经营制度保持长期不变；另一方面，由于工业化、城市化的效应，农业比较效益低、劳动生产率低、农民收入低愈发显现，城市和二、三产业对农村青壮年劳动力产生了强大的吸引力和诱惑力，大批农村青壮年劳动力放弃了农业，离开了农村，至21世纪初，苏州农村已有四分之三的劳动力转入非农产业，真正的实际务农劳动力老龄化、

低素质化、兼业化日趋严重。第三次全国农业普查结果显示，至 2016 年年底，苏州全市农业生产经营人员共 41.8 万人，其中 55 周岁以上人员占 62.9%，高中或中专文化程度以上的只占 9.8%。如果把家庭承包长期不变看作一个僵化的格局，农业生产必然就会出现两种情况：一种是耕地抛荒或半抛荒，有地无人耕或有地无心耕；另一种是想种地、愿种地、善种地的人拿不到地或拿不到更多的地。社会上普遍发出的"谁来种地"的担忧就是由此而引起。

（2）探索

实行农村土地流转，这是苏州农民的选择；有序推进农村土地流转，这是各级政府的责任。

苏州农村土地流转，最初还是源起于 20 世纪 80 年代初的民间自发行动，一些务工的农民把自家的承包地转给亲戚、邻居和愿意多种地的人，有的还转给外地的农民。程序、手续也很简单，双方自愿，谈妥价格，签一下合同甚至是口头约定即可。最早的一批种田大户就是这么形成的。至 1986 年，全市种植 20 亩以上的种田大户就达 265 户，规模达 1.3 万亩。

但自发行动一般都存在明显的缺点：无序。在这类自发流转的情况下，对土地掠夺性经营的短期行为经常发生，所谓"规模经营"的大户也很不稳定。在这个时候，政府该担起责任了。

政府怎么推动这项工作？老规矩：试点。

试点的题目就是农村承包地流转与土地适度规模经营。

1988 年，全市就选择了 54 个村作为试验点，有领导、有部署的土地流转就此开始。之后，在试点的基础上再推广，到 1991 年年底，全市土地适度规模经营单位达 1293 个，规模达 71977 亩，平均经营规模 56 亩。同时还形成了 5000 多个新的经济联合体和 10 万余个多种经营专业户。1994 年，国务院农村改革试验区办公室对苏州的做法进行了总结论证，充分肯定了苏州的实践。

（3）规范

往往设想很好，现实却很骨感。土地流转直接涉及人们的权益和利益，过程中难免会碰到一个一个具体问题，一个一个节点必须打通，才能走上通达、健康、持续的轨道。

经过二十余年的实践探索，党中央对农村土地管理制度明确了一系列"顶层设计"方针和政策，苏州各级党委、政府坚持以中央精神为指导，继续发扬敢于实践、勇于探索的精神，一个土地合理、合法、有序流转的格局基本形成。

2006年，张家港市根据国家取消农业税后土地流转中出现的新情况，首先推行土地流转的财政扶持措施，妥善兼顾了土地流出户与流入户的利益关系，提高了农户土地承包经营权流转的积极性。2007年，张家港市针对年度之间和粮食、蔬菜及其他经济作物之间财政补贴标准不平衡的问题，出台了《关于进一步规范发展土地适度规模经营的实施意见》，2008年又《张家港市扶持土地规模经营示范户实施办法》，进一步明确了不同规模、不同作物、不同设施建设的扶持补助标准。在推广张家港市实践经验的基础上，苏州市委、市政府在2014年出台文件，明确以水稻种植150～200亩、水产养殖25～30亩、蔬菜种植20～30亩为标准对家庭农场给予扶持鼓励，合理处理了各方的利益关系，为土地流转打通了第一关。

2014年11月，中共中央办公厅、国务院办公厅联合发文《关于引导农村土地经营权有序流转发展农业适度规模经营的意见》，第一次提出了"三权分置"的概念，即一块土地的所有权、承包权、经营权可以分开，在落实土地集体所有权、稳定农户承包权的前提下，放活土地经营权，使得农村土地流转有了充分的理论依据和法规保障。

2014年9月，苏州按照中央部署，正式启动了农村土地承包经营权确权登记颁证工作，使农村土地的"三权"进一步做实，让土地承包户、经营户都吃上定心丸。至2018年年底，全市应开展确权的627个行政村全部完成土地承包经营确权登记颁证工作，共确认家庭承包耕地面积148万亩，完善土地承包合同、颁发土地承包经营权证书39万余份，土地承包经营权证书发证率达99.35%。

2015年，国务院办公厅印发《关于加快转变农业发展方式的意见》，明确提出在坚持农村土地集体所有和充分尊重农民意愿的基础上，在农村改革试验区稳妥开展农户承包地有偿退出试点。这是土地流转制度改革的又一完善性措施。"有进必有退"，而退又必须有序。2016年8月，苏州虎丘区获批"土地承包经营权有偿退出"国家试点。该区围绕"怎么退""怎么保权益""怎么经营退地"这三个问题反复商讨和论证，采用了"七步流程"的退出主体资格认定法，形成了"双地联动"和按股分红的社会保障及利益保障机制，对退出的土地实行公司化统一经营，把土地集约利用放在首位，以提升农业现代化水平为目标，全面推广新农机、新农技、新肥药，打造新品牌，推行新模式。经过两年多时间，该区33个试点村（涉农社区）土地承包经营权退出户共15792户，退出面积共31069亩，退出率达92.9%，顺利通过了国家农业农村部的验收。通安镇

将退出的1.1万亩土地全部由镇村统一经营,建立现代农业产业园,划分水蜜桃、葡萄、水稻等种植区域,打造"环太湖农旅产业新生化体验园",产业园主导品牌"通安良仓——金墅水源米"还成苏州大米十大价值品牌之一。

通过以上一系列土地管理制度的改革,一个个关节被打通了,农村土地流转的渠道畅通了,为一批愿耕、乐耕、善耕的新农民带来了获得耕地的机会和便利,种田大户、养殖大户、服务大户及家庭农场纷纷成长。至2020年年底,全市90%以上承包耕地实行适度规模经营,80%的农用耕地由种养大户或家庭农场经营。

例1

> 20世纪70年代出生的吴健,是张家港市塘桥镇金村村人,1990年高中毕业后他一直想跳出"农门",后来出于对农机的浓厚兴趣,他成了一名出色的农机手。农业生产的现实使他越来越认清了科学技术对农业发展的重要性,看到了农机发展应用的广阔前景,他下决心当一名以"农机服务"为主业的职业农民。他刻苦学习钻研有关技术知识,虚心向专业农机人员和专家教授请教,举债、贷款购置农机,反复磨炼多种农机的驾驶技术和维修技能。同样是当地的土地管理制度改革成全了他,使他拥有了1000亩地的经营权,凭借他一手打造的从插秧、植保、收割、烘干到碾米全程机械化产业链,2013年,吴健成功办起了"华田家庭农场",并注册"金村"大米商标,年销售超过100万公斤,年产值在600万元左右。2016年,吴健被张家港市认定为首批新型职业农民。

例2

> 苏州土生土长的90后朱赟德,现任迎湖农业科技发展有限公司总经理。起步时,朱赟德就在相城区和高新区等地通过土地流转,建设了168亩有机水稻和近2000亩绿色水稻基地,用朱赟德的话说,真的是像呵护自己的孩子一样呵护这片地。功夫不负有心人,目前在相城乃至整个苏州,朱赟德的"金香溢"大米每年销售1000多吨,收入近千万元。

吴健和朱赟德只是具有代表性的两例。若解读一下苏州全市现有新农民的所有资料,我们会发现,凡从事农业经营的,无论是种植还是养殖,无论名称叫"农场"还是叫"公司",无不得益于土地流转这一改革。

农村土地管理制度改革,实现了土地流转畅通,再加上整村流转及股份合作等新体制新机制,有效地促进了地方与农业高等院校科研院所的合作。地方与农业高等院校科研院所合作建立的这些基地无疑成了培育新农民的重要载体。

例1

张家港市神园葡萄科技有限公司与南京农业大学合作

张家港市神园葡萄科技有限公司是国内最大的葡萄产业综合服务基地之一,专注于葡萄品种的引选、栽培技术研究推广、产区渠道和品牌建设、教学人才培养、产业生态链整合等领域,并致力于为葡萄产业提供中国品种和解决方案。公司与南京农业大学园艺学院房经贵团队合作,于2016年在张家港市杨舍镇福前村开展葡萄高效数字化育种平台建设。平台组建了一支由22名行业知名专家、资深育种专家、专业技术人员等组成的团队,拥有收集并保留1200多个葡萄品种的种质资源圃、砧木接穗互作试验园、生产试验园和新品种推广示范基地共315亩,将葡萄种质资源重要性状及MYB单倍型数据库、综合色泽性状分子设计育种技术等数字化育种技术运用到种质资源评价、育种亲本精准选配、后代优株早期筛选、品种快速鉴定等葡萄育种全过程,使葡萄的育种效率提高1倍以上。

平台自建设以来,设计了60余个杂交目标,完成了40个杂交组合,筛选了282株优株,其中25个优株进行了生产试验和区域试验。"园香妃""东方金珠"等3个品种已申请品种权(已受理);"园红玫""园金香"已完成非主要农作物品种登记,"园芊芊指""园红指""神红香蜜"等11个特色新品系已申请非主要农作物品种登记。申请发明专利1项,获得实用新型专利2项,获得省科技进步奖1项,省农技推广奖一等奖、二等奖各1项。发表论文7篇,其中SCI论文3篇,出版专著1本。举办观摩培训、技术交流16场次,1250人次参加。在江苏、新疆、云南等地推广"园红玫""神峰"等品种5万余亩,促进农民增收5200多万元。

例2

扬州大学与常熟合作共建扬大（常熟）现代农业发展研究院有限公司

2015年开始，常熟与扬州大学合作共建扬大（常熟）现代农业发展研究院有限公司，在占地32亩的常熟市尚湖镇罗墩现代农业产业园区内主要实施两方面建设内容。

一是优质水稻高效绿色生产技术示范。具体包括三方面内容：（1）水稻机插秧＋侧深施缓释肥技术。利用侧深施肥插秧机在水稻秧苗根部附近10厘米施用颗粒状专用控释肥，控释肥规格为20—8—12，每亩施用量为50～60公斤，提高肥料利用率，减少施肥人工，实现节本增效。（2）稻田高效生态种养技术。通过对稻田实施工程化改造，每3～5亩为一单元构建稻鸭共作系统，实现"一水两用、一田双收"的高效立体种养技术。同时，每20亩农田设置1个太阳能杀虫灯进行物理杀虫，减少农药的施用，提高稻米品质。（3）中高端优质稻米产业开发技术。选用"南粳46""苏香粳100""早香粳1号""苏香粳3号"优良食味品种，早稻、晚稻合理搭配，实现优质稻米有序收获，同时按照绿色、有机稻米生产标准，大幅提高水稻产值。

二是优质水稻绿色生产新装备展示。采用"研究院＋公司＋基地"模式，运用基地拥有的带侧深施肥功能插秧机、多旋翼植保机在水稻种植期开展相关推广工作，提升农田肥料利用率，增加农业效益。

通过合作，水稻亩均增效20%以上，开发了一款高端大米——鸭稻米，获得了"味道·常熟优质大米金奖"和"江苏好大米银奖"等荣誉。

例3

太仓市东林水稻园区与苏州市农业科学院合作
形成现代"草—羊—田"农牧循环农业模式及产业化实践

苏南地区是江苏省农业高度集约化的重要区域之一，其最大的特点是高投入、高产出、高消耗，在取得显著经济效益的同时，面临着生产资源紧缺、环境污染严重的巨大压力。

2014年以来，苏州市农业科学院与太仓市东林水稻园区紧紧围绕资源与环境的双重限制和社会经济发达的区域特点，依据现代农业发展趋势，以实现既能减施化肥又能保障稻麦农田稳定增产为目标，在各级政府和科研院所的支持下，引进国内外先进装备，在成功进行产业化开发的同时，逐步构建了以水稻秸秆增值利用为核心的农牧循环农业模式，形成了"一根草""一只羊""一袋肥""一粒米"等四个核心产业，在2200亩耕地上实现了年净收入1000万元的增收实效，农业收入占村经济的半壁江山，成为长三角地区生态循环农业的引领性模式和产业高地。该模式及配套技术、装备经复制推广，既可为长三角地区乡村振兴、产业兴旺、生态宜居提供强有力的科技支撑与实现途径，又可作为精准扶贫项目，将东部地区丰富的秸秆废弃物转化为草畜优质饲料，为西部欠发达生态脆弱地区的草畜业可持续发展、牧民增收提供扶贫物资，实现东西部地区经济效益和生态效益的双赢。

现代"草—羊—田"农牧循环农业模式是以草畜发酵饲料产业为核心，实现"水稻秸秆机械收集打捆裹包微贮—饲料制备加工—湖羊规模圈养—羊粪有机肥制备—农田回用"多级增值利用的循环模式。以江苏太仓东林村办农业企业、合作农场、生态饲料厂、生态养殖场、生态有机肥厂、金仓湖米厂等为农牧循环生产载体，集成创新了以"稻秸收集—打捆—裹包—微贮技术"、稻草发酵饲料加工技术、肉羊全价日混饲料配方与养羊技术、羊粪机械收集与堆肥技术、羊粪有机肥适量机械还田技术为核心的技术链，形成了"草畜饲料—有机肥—优质稻米和羊肉生产"的循环农业产品，从而延长了秸秆饲料化利用的产业链，提高了综合效益，稻秸增值利用型种养结合模式较种养分离的传统产业净收益可提高45%。

例4

昆山市澄湖水产良种有限公司与上海海洋大学合作

昆山市澄湖水产良种有限公司于2012年和上海海洋大学生命与水产学院合作成立昆山市水产苗种科创中心，科创中心面积925亩，相关课题研究经费由双方共同承担。

近年来，科创中心承担"大口黑鲈的引种繁育及健康养殖示范推广"等省级以上项目3项，引进推广"浦江1号"团头鲂、"江海21"河蟹等新

品种5个，发表科技论文12篇，参与制定、修订地方标准5项，培养研究生25名，先后进入江苏省现代农业产业技术体系河蟹、青虾建设项目，培育示范点12个，推广面积10000多亩，开展各类培训及现场观摩3000人次，为昆山市本地名优新品的保种育种及生态健康养殖提供了技术及人才保障，养殖户的技术及产量效益不断提升，科创中心的带动服务效果凸显。

例5

南京农业大学与昆山合作共建蔬菜产业研究院

昆山蔬菜产业研究院是2014年由南京农业大学和昆山市农业委员会（现昆山市农业农村局）、昆山市优来谷成科创中心（昆山市玉叶智慧农业产业园）共同建立的产学研基地。研究院位于昆山市优来谷成科创中心，核心面积1160亩。

近年来，研究院承担农业农村部农业重大技术协同推广计划试点项目和江苏省农业科技自主创新资金项目"叶菜（不结球白菜、甘蓝）产业链技术创新与集成应用"等省级及以上项目8项，项目经费达200万元以上，获得了10项国家实用新型专利，参与制定地方标准10项，发表科技论文30余篇。先后引进"南农大黄玫瑰小白菜""南春白萝卜"等优新品种近百个，示范展示蔬菜绿色高效栽培技术、蔬菜纳米远红外技术等新技术30余项，示范展示叶菜全自动包装机和有机废弃物资源化综合处理系统等新设备20余项；研发叶菜全程机械化生产、菜田有机废弃物处理等先进实用技术，大约培养了26名研究生，为昆山蔬菜产业可持续发展提供了技术和人才支撑；开展各类农民培训与观摩活动超万人次，推广现代农业"四新"技术面积近万亩次，社会服务能力不断提高，研究院带动作用越发显著。

例 6

苏州市康绿农产品发展有限公司与中国科学院南京土壤研究所合作共建院士工作站

苏州市康绿农产品发展有限公司企业院士工作站于 2010 年经江苏省科技厅批准建设，总投入 385 万元，其中省拨款 100 万元。工作站主要针对合作社所在点对农业生态系统特征及关键问题，进行农业清洁循环生产关键技术研究、集成与示范。主要包括：(1) 蔬菜清洁生产技术体系，如土壤快速熟化技术、退化土壤快速修复技术、优质农产品环境友好施肥技术与病虫草害综合生态调控技术、农产品质量安全监控技术、农产品标准化采收储存保鲜技术等。(2) 农业废弃物无害化利用技术体系，如畜禽粪便与蔬菜残体无害化快速处理技术、农业废弃物的蚯蚓生物反应器技术、基于农业废弃物的食用菌基质生产技术、沼液沼渣蔬菜地安全回用技术、废弃物多级利用模式等。(3) 面源污染控制技术体系，如蔬菜生产区域养分拦截技术，养殖肥水与生活污水的安全回用技术，蔬菜园区的沟、渠、塘的生态净化与水生蔬菜安全生产技术，雨污混流综合处理技术，河道生态浮床技术等。(4) 蔬菜园清洁生产技术集成与示范，即在上述工作基础上，根据园区的自然特点与实际生产状况，对有关技术进行有机集成，并进行试验示范。

目前，工作站实验场所面积达 3000 平方米，10 万元以上仪器设备 3 台/套，已制定《苏州市康绿农产品发展有限公司院士工作站管理办法》，为工作站的正常运行提供了有效保障。院士及其团队共 28 人，其中院士 1 人，博士 5 人，有高级职称者 6 人。至今工作站已建设完成综合性野外实验场地 1 个，开展技术培训 110 人次，并参与了农业部公益性行业科研专项"农业清洁生产与农村废弃物循环利用集成配套技术体系研究与示范"项目。

例7

中国水产科学研究院淡水渔业研究中心与苏州市相城区农业局、阳澄湖镇政府及阳澄湖现代农业产业园合作水产新品研发

> 2017年2月,中国水产科学研究院淡水渔业研究中心与苏州市相城区农业局、阳澄湖镇政府及阳澄湖现代农业产业园签订产学研战略合作框架协议,并租赁改造300亩高标准池塘开展"阳澄湖1号"中华绒螯蟹新品系开发。2017年底又在南通如东改建了320亩苗种培育基地,专门培育"阳澄湖1号"大眼幼体,年产量约5000公斤。2018年初,又扩建"阳澄湖1号"中华绒螯蟹新品系示范基地679.49亩,其中:350亩作为"阳澄湖1号"苗种培育基地,329.49亩作为"阳澄湖1号"成蟹养殖示范基地,亩产优质"阳澄湖1号"扣蟹600斤、成蟹300斤;同时,在阳澄湖东湖水域建立"阳澄湖1号"中华绒螯蟹保种基地940亩,开展"阳澄湖1号"种质资源保护和河蟹新技术示范养殖工作。通过多年培育,总结出了一套适宜阳澄湖地区养殖的"863"绿色养殖模式和原位生态修复技术,申请国家发明专利1项,授权实用新型专利2项,并上报农业农村部,作为农业新技术进行全面推广。通过标准化池塘改造、培植多种水草、投放底栖生物、安装纳米增氧等技术措施,不但养殖的河蟹品种好、规格大、效益高,而且实现了养殖尾水零排放,养殖水质达到国家地表水Ⅱ类标准,实现了河蟹产业绿色发展。

2. 宅基地制度改革

苏州人多地少,土地资源格外珍贵。

十分有限的农村土地资源被分成三块:农民承包地,农村集体经营建设用地,农村居民宅基地。与农民关系最直接的是承包地和宅基地。

自20世纪八九十年代开始,在工业化、城市化浪潮的带动下,苏州农村伴随着大批青壮年劳动力离开农村、脱离农业,与农民有着直接关联的承包地和宅基地同时发生了问题,其实质都属于土地资源与人力资源合理配置优化整合的问题,都属于怎样既保护农民合法利益又能不断提高农民收入的问题。

针对承包地的问题,苏州经过了20多年的实践探索,形成了一套比较完整、比较有效的土地流转、规模经营的改革措施,使得绝大部分的承包地流到了愿耕、乐耕、善耕的新农民手上,从而提高了农业效率、效益,增加了农民收入。

至于宅基地问题,其起始与承包地问题基本发生在同一时期,由于其表露并不像承包地问题那样明显,再加上宅基地的性质更具有私人性,所以引起人们关注的时间比承包地问题要迟得多。

随着工业化、城市化、市场化的深入推进,再加上农民建房有很长一段时间缺少统一而严格的规范,农村的"一户多宅""小户大宅"以及村庄老人化、空心化现象越来越严重,"宅基地闲置"的问题凸显了出来。一是农民建房占用土地过多,远远超过其对住宅的实际需要。据苏州市人大农经工委调查,张家港市农村宅基地占该市全部建设用地的19.3%,接近五分之一。二是农民住房空置率较高。昆山市的抽样调查显示,有48.14%的农户已在城镇购房,将近占全部农户的一半。农村住宅居住的大多是老人,年轻人或周末或假期回老家偶尔居住是较为普遍的现象。

在经济社会继续发展尤其是在农业农村走向现代化的进程中,两个现实矛盾同时摆在面前:一方面,大量的宅基地这一土地资源被闲置、浪费;一方面,资本下乡到农村发展新产业、新业态却缺少土地承载。

出路在哪里?答案只有一个:深化改革,"盘活宅基地"。也就是让沉睡的资源醒过来,让闲置的资源活起来,让从事新产业、新业态的新农民壮大起来。

在过去多少年里,苏州农村农民对闲置住房进行隐性交易的情况早已有之,在城镇附近的农村更是时有发生。因为苏州外来人口较多,住房需求量较大,这种隐性交易的主要形式是房屋出租或转让。

2017年中央1号文件就对农村宅基地制度提出了"三权"即所有权、资格权、使用权分置的构想。党的十九大以后,2018年中央1号文件明确要求"探索"农村宅基地"三权分置"。苏州的昆山市在2019年被国家农业农村部列为承担"农村闲置宅基地盘活利用试点"地区之一。

昆山市根据中央关于在建立完善农村闲置宅基地有偿退出机制、宅基地权能拓展机制、使用权流转机制等方面进行探索的总体要求,同时按照中央农村工作领导小组办公室、农业农村部有关文件的精神,鼓励村集体和农民盘活利用闲置宅基地和闲置住宅,通过自主经营、合作经营、委托经营等方式,依法依规发展农家乐、民宿、乡村旅游等,对盘活利用开发闲置宅基地和闲置住宅进行多模式、多路径的探索,重点发展符合本地特点的休闲农业、乡村旅游、餐饮民宿、文化体验、民俗展览、创意办公、康养服务等新产业项目。目前试点工作已取得明显成效。

（1）以房扶贫模式

在淀山湖镇红星村探索"低保（边）户+银行+第三方"的以房扶贫模式。为扎实推进精准扶贫、整体推进农房翻建工作，在红星村村集体的组织协调下，由镇资产经营公司作为担保，鼓励本地农商行向农村生活困难群体（低保户等）发放低息贷款，用于支持其建房。在村集体、镇建管所的见证下，农民、银行、镇资产经营公司签订三方贷款合同。房屋建成后，农民只享有部分住房空间使用权，其余住房空间交由第三方市场化经营，村集体积极帮助低生活困难农民发展"房东经济"，联系可靠的"二房东"进行房屋租赁，获取稳定的租金收入用于偿还银行贷款。贷款结清后，农房权利回归农民，所有权人可自主安排使用。

（2）以房入股模式

在淀山湖镇永新村探索"合作社+农户+第三方"模式。永新村环境优美，交通便利，拥有"全国文明村""江苏最美乡村""江苏省特色田园乡村"等称号，全域乡村旅游产业勃发。2017年该村组建了闲置农房合作社，2018年6户农户以闲置农房入股合作社，合作社引入苏州田好公司投资经营，双方签订15年期限的租赁合同，由田好公司按照100万元/幢的标准出资，将入股的农房统一打造成高端民宿，以期实现高效的运营盈利。公司、合作社、农户三方形成了稳定的利益分配机制：田好公司通过经营民宿获取利润；合作社向田好公司收取一定比例费用用于卫生、物业等开支；农户获得5万元/年的保底租金，并以每3年10%的幅度上调保底租金；预期田好公司收回投资成本（签订合同后的第十三年）后，公司拿出上年度盈利的30%用于二次分红。

（3）村集体主导模式

在张浦镇金华村探索村集体主导模式。村集体经济组织对集中连片的闲置宅基地及农房进行动迁、安置，继而对退出的110户宅基地进行统筹再利用，村集体自主投资在其中一部分宅基地上开发建设，房屋建成后租赁给上海民盟书画院开办菁华宿院。对于剩余的30户宅基地，通过土地入股或联建联营的方式，引入工商资本投资经营。

（4）集中收储、联合运营模式

在周庄镇祁浜村探索"村集体+国有资本"模式。村集体与国有资本按照3∶7的出资比例合作成立周庄乡村旅游公司，村集体向农户收储了14幢闲置农房，国有资本负责旅游运营管理，所得利润按相应比例分别向村集体、国有资本分红。农户与公司签订10年的房屋租赁合同，前5年的年租金标准为5万元/

幢，5年后租金上涨8%~10%。

一系列试点，扩宽了农民的增收渠道，增加了农民的财产性收入，农户通过盘活闲置农房获得的年收益平均可达5万到10万元；改善了农村低保（边）户住房条件，创新了宅基地盘活利用扶贫机制；发展了农村新产业新业态，改善了农村人居环境，完善了农村公共服务设施，有效保障了农民安居乐业和农村经济社会发展稳定。2020年8月，农业农村部专家组对昆山试点进行了中期评估，昆山的试点做法得到了专家组的高度评价和肯定，并被多家媒体宣传报道。

许多事实表明，通过宅基地制度改革，规范和引导宅基地"分置"及合理有序流转，激活农村沉睡的房、地资源，能为农村新产业、新业态的发展提供实实在在的载体，能为新农民的成长开辟一片新天地。

例

> 苏州吴中区临湖镇柳舍村是"国家级美丽宜居示范村"，占地0.7平方公里，原有村民262户、1200余人，坐落在国家5A景区苏州吴中太湖旅游区内，与太湖洞庭东西山隔水相望、沿路相连，优质生态资源与旅游资源环绕四周，是太湖风光带上的一颗明珠。但就在前几年，由于缺少规划和有效的整治，该村住宅破旧，环境凌乱，一副穷酸相。近几年来，这个村抓住拥有良好的生态环境和闲置农房两大资源，以及紧靠上海，有稳定的客流量的优势，制定了"以引入创意特色精品民宿为载体、以乡村休闲文娱产品为配套"的生态休闲乡村旅游经济发展规划。在充分尊重农民意愿的前提下，该村对农村空闲农房进行盘活利用，引入工商资本发展民宿经济，完成高标准美丽乡村改造，打造20多处江南特色庭院及配套设施，每年接待来自上海和苏州等地的游客2万多人，推动农业、文化、旅游等产业融合发展，把休眠的资产变成了财富的源泉，不仅使农民取得了租金收入，还为本村及周边村民提供就业岗位70多个，走出了一条闲置农房盘活利用的创新之路。
>
> "一舍·味"民宿的投资人与农户的合同年限为10年，每年租金7.5万元。经营业主投资300万元用于老房子的改建，客厅的一部分改造成可容纳10人的会议室，配备投影仪等设施。二楼和三楼都有露台，视野开阔，有户外烧烤器具。客人在二楼的露台上听着音乐，吃着烧烤，身后就是江南美丽的田园风光。

"半山·艺"主打老房子味道,之前农户用于烧饭的一个窝棚被改造成茶棚,辅房被设计成一个书吧,客人可以在里面看书喝茶,享受悠闲时光。"半山·艺"的管家珍珍原先在外地工厂上班,为了照顾小孩上学就辞掉工作回到家乡,家庭收入因此减少了一半,生活变得拮据。柳舍村发展民宿经济后,她家的老宅也被租用改造成精品民宿。除了租金外,珍珍帮老板管理民宿,每个月能挣4500元。珍珍丈夫是承接村里红白喜事的厨师,现在为民宿的客人烧农家菜,还制作猪油糕、牛轧糖、雪花酥等土特产出售给游客。珍珍的母亲在民宿做卫生保洁,父亲加入了劳务合作社负责清理河道。一家人既取得了不菲的租金收入,又实现了在家门口就业。

沈静兰,一位土生土长的柳舍人,原先在上海的一家单位工作。看到村里的变化,她决定离开上海回到临湖,在家人和丈夫的支持下,她成功地开办了一家英语培训机构。

3. "三大合作"改革

"三大合作"是在家庭承包基本经营制度不变的情况下,从适应生产力发展要求出发,对生产关系进行的又一次大的调整,是对怎样实现"第二次飞跃"的探索和实践。"三大合作"是苏州农村改革的又一张名片。"三大合作"改革为"新农民"的成长壮大提供了更广阔的空间。

(1)"三大合作"的基本内涵

① 社区股份合作社

社区股份合作社是将积累的集体财产评估核实、折成股份后按照一定标准量化给个人,社员凭分得的股份参加年终分红,但不能抽资退股、转让、抵押和买卖。在将集体存量资产折股的同时设置现金股,鼓励社员将闲散资金投资集体经济。

② 土地股份合作社

土地股份合作社是在明确土地所有权是集体的、土地承包权是农民的前提下,通过农民自愿将土地承包经营权入股的形式,把土地经营权集中起来,组建土地股份合作组织,将土地适度集中进行农业产业规模经营,根据土地利用规划,通过对内或对外公开招标等形式落实经营主体,发展现代农业或从事其他二、三产业,所获收益按股分配。

③ 农民专业合作社

农民专业合作社是在农户自愿基础上，以增加成员收入为目的，实行自我管理、自我服务、自我发展的合作组织。

推行农村"三大合作"改革，既是明晰农村集体资产权属的经济体制改革，又是探索土地有序流转和完善农民组织方式的经营机制创新，旨在建立产权明晰、管理民主、资本（资源）联合、股份合作、与市场经济体制相匹配的新型合作经济组织。农村"三大合作"改革符合苏州农村的实际，适应农村生产力发展的客观需要，促进了集体经济的发展和广大农民的共同富裕，具有极强的生命力。

苏州市"三大合作"改革的发展大致可以分为探索起步（2001—2004）、全面推进（2005—2011）、规范提升（2012—）等三个阶段。

从 2001 年开始，苏州市学习借鉴广东、浙江等地的成功做法，按照股份制和合作制的原则，对原村集体经济组织进行了社区股份合作制改造，力求从根本上解决农村集体资产管理中普遍存在的产权主体缺位、权能结构错位、民主监督失效等体制性缺陷，保障农民利益，实现农民增收。

全市第一个吃螃蟹的是吴中区木渎镇金星村。

2001 年 8 月 26 日，金星村社区股份合作社宣布成立，将评估确定的 4295 万余元村集体经营性净资产中的 92% 折股量化给村民，全村 200 多户农户家家领到了社区资产股份合作社股权证。按合作社章程规定，合作社发展的重大项目、投资方向、股红分配等重大事项，均由 46 位股民代表组成的股民代表会议表决决定，真正体现了社员当家做主。股份合作社成立后第一次分红，每股分到了 413 元，10 年后每股分红达到 11180 元。

金星村社区股份合作社的成立，拉开了苏州农村"三大合作"改革的大幕。

在苏州农村"三大合作"发展的每个阶段，各级党委和政府在鼓励、引导、规范等方面一直发挥着主导推动作用，先后出台了一系列文件，如《关于农村社区股份合作制改革的实施意见（试行）》《关于加快发展农村专业合作经济组织的意见》《关于积极探索农村土地股份合作制改革的实施意见（试行）》《关于扶持发展农村富民合作社的意见》《关于加快发展农村劳务合作社的意见》等，对合作社成立的基本原则、组织结构、经营范围、操作程序、申报登记、计股分配等一些基本问题提出了明确要求。同时，根据合作社运行进程中遇到的具体问题，党委和政府又先后出台关于财政、税收、金融信贷等方面的专业性文件，逐个解决现实问题，保证合作社正常健康运转。

（2）"三大合作"的成效

"三大合作"的生机和活力，在于它的新体制、新机制。苏州按照"资源资产化、资产资本化、资本股份化、股份市场化"的改革方向，走出了一条"家家有资本、人人有股份、村村有物业、年年有分红"的共同富裕新路。

① 创新了农村经济运行机制

市场经济最根本的特征是明晰产权，农村"三大合作"改革的关键也在于明晰产权。其重大作用主要体现在，通过明晰产权，将农民分散的资产集中起来，按照股份的机制来统一经营，按股分配。它的特征，既有家庭经营的延伸，更有集体经营的拓展，是家庭经营与集体经营的有机结合，二者优势互补，形成合力，相得益彰。这种新的运行机制，既不同于改革开放前的"统"，也有别于改革开放初期的"分"，充分展现了"合"的优势和活力，较好地解决了新农民"想的是致富，盼的是服务，缺的是技术，愁的是销路"的矛盾，取得了"民办、民管、民受益"的成效，是新形势下农村基本经营制度的创新和完善。

② 创新了农民增收的长效机制

农村"三大合作"改革的富民效应十分明显，且具有可持续的功能。农民参加土地股份合作社可以拿到土地股权分红、打工收入和盈余分配。社区股份合作社每年通过资产经营为合作社的社员获取回报，有些镇或村拿出集体建设用地资源，农民出资入股，通过建造标准厂房、打工楼等物业设施进行出租，获取投资性收入。农民专业合作社，通过提供农业产前、产中和产后服务，大大提高了农产品的附加值，增加了经营性收入。新型股份合作经济实现了让众多的农民进入城镇或成为农业工人，实现身份转换；让少量的农民种多量的田，成为职业农民，实现规模效益。

③ 创新了集体经济稳定发展机制

新型股份合作经济组织的成长和发展，为市场经济条件下探索和发展集体经济的有效实现形式找到了新路。尤其是社区股份合作社，把集体存量资产量化给农民，非但没有削弱集体经济，反而通过股份量化使农民直接参与管理，规范二次分配，保障农民利益，调动了广大农民关心集体经济、发展集体经济的积极性，确保了集体资产的保值增值，促进了村级集体经济的稳步发展。

④ 创新了现代农业生产经营机制

发展土地股份合作，创新土地流转形式，加快了农业用地向适度规模经营集中的步伐，实现了土地资源的合理配置，为农民专业合作发展创造了条件。在具体工作中，通过制订落实优质粮油、高效园艺、特种水产、生态林地"四个百万亩"布局规划,加快调整农业和农村经济结构,依托农民专业合作组织,把分散的农民组织起来,将农产品的生产、供应、销售有机结合起来,统一供种、统一肥药、统一品牌、统一营销等,逐步形成了区域化、标准化、规模化、专业化、机械化生产新格局,提高了农民的组织化程度,提升了农业竞争力,农民组织形式和农业经营方式发生了积极变化。

⑤ 创新了基层民主管理新的机制

传统的集体经济名义上是农民集体所有,实质上干部说了算,农民并不关心,也无从关心,基层民主落实不到位。新型股份合作经济通过资产量化、股份到人,以收益分配为纽带,使合作社和成员之间构建起了更紧密的利益联系,农民成为集体资产的真正主人。新型股份合作经济的组织体系和管理制度,从经济利益上调动了农村基层参与民主管理的积极性,使基层民主管理的落实有了制度保障。通过建立"三会"组织,健全"三会"制度,并辅之以村务公开、民主理财,有效保障了农民群众的知情权、参与权、表达权、决策权,开辟了农村民主管理的新途径,有效提升了农村基层民主水平,是对农村基层民主制度和基层基础建设的一种创新、丰富与完善。

经过 20 多年的探索和实践,苏州各类农民合作社已经成为苏州农村新型经营主体的重要组成部分,成为农村社会化服务体系的主导力量,成为提高农民组织化的主要形式和带动农民增收的重要载体。合作社类型多样,覆盖广阔,为推动现代农业发展、农村社会稳定、农民持续增收做出了积极贡献。

截至 2018 年年底,全市共有各类农民合作社 3747 家。其中:社区股份合作社 1310 家,已基本覆盖到苏州市全部村和涉农社区,惠及 126 万户农户,净资产达到 564 亿元,通过权属"上证",让老百姓吃上了实实在在的"定心丸";土地股份合作社 547 家,拥有成员 89 万人,入股土地面积 104.99 万亩;农民专业合作社 1312 家,拥有成员 12.62 万人,经营土地面积 41.73 万亩,经营行业以种植业、农机服务业、渔业等为主。这标志着苏州农民已开始走上一条"户户有资本、家家成股东"的新的共同富裕之路。

随着社会的进步和时代的发展,许多"新农民"已不再仅仅以个体的身份出现,而是越来越多的存在于某个团队之中。苏州农村推行的"三大合作"业已成为全市"新农民"成长的又一摇篮。新的组织形态、新的经营结构,致使加入合作社的农民呈现出如下特点:有合作共赢的理念、有共创共享的思维、有各展所长的格局。合作社的创办人、领头人是"新农民"的典型代表,展现出来的是企业家精神、市场化经营理念和一体化发展模式。随着"三大合作"

的改革发展，一大批以新型职业农民为主导的农业农村生产经营主体迅速成长。

例1

常熟市虞美润农业专业合作社理事长宗建东是从田间成长起来的一名新型职业农民，他从事农业20年，从农机手起步，凭借出色的操作、维修、保养技能，开始承包土地并不断扩展粮食生产规模，至2017年种植面积达1800亩，创办了虞美润家庭农场，2019年又带动周边农民成立种粮专业合作社，种植面积扩大到3600亩。合作社实行统一种子、统一农资、统一管理、统一销售。宗建东带领合作社成员一起筛选并改良水稻、小麦品种，进行种植、管理技术革新，并将农产品生产、加工、销售有机衔接起来，实现了小农户与大市场的有效对接，创造了粮食生产增产增效、合作社增收的佳绩。

例2

太仓市城厢镇东林村东林农场专业合作社种植的作物以稻米为主。通过实行土地流转、集中管理、连片经营，耕种2200多亩土地，创新实施"大承包""小包干"的生产经营方式，农场的生产效率大幅提高，2019年，农场营收达到315万元，村级总资产已超2亿元。单祎轶是东林农场专业合作社的一名员工，2016年的时候他是合作社东林农机队的一名拖拉机手，经过刻苦学习，他的农机操作维修水平迅速提高，拖拉机、插秧机、铲车、秸秆打包机等样样精通。2019年由于业绩突出，合作社任用他担任东林米厂厂长。担任厂长后，他与同事们一起创新探索，不断提高大米质量，优化大米生产流程，开展大米车间改造，米厂在他的带领下井然有序、成效明显。

例3

吴中区金庭镇青承农耕农产品专业合作社理事长曹高宗，2017年牵头发起成立农产品专业合作社，成员均为家庭农场主，合作社拥有土地300余亩，主要从事以西山特色水果采摘体验为主要内容的休闲农业，年销售额超过500万元，带动周边农户增收超过200万元。2018年、2019年，合作社经营的吴中区金庭红樱桃生态休闲家庭农场先后获评为苏州市市级"示范

> 家庭农场"、省级"示范家庭农场"；2019年11月，合作社"青种枇杷"取得"绿色食品"认证。曹高宗喜欢用习近平总书记的两句话来总结过去和展望未来："山再高，往上攀，总能登顶；路再长，走下去，定能到达。"

二、政策篇

毛泽东早就强调，政策和策略是党的生命。

毛泽东还说过："共产党领导机关的基本任务，就在于了解情况和掌握政策两件大事。"

政策，是有为政府的重要手段。政策是调控，是杠杆，是指挥棒。

在促进"新农民"队伍成长壮大的过程中，苏州各级党委和政府最实在也最有效的一项措施，就是从有利于"新农民"发展的目标出发，根据实际需要，针对存在问题，遵循一般规律，适时出台政策，发挥政策的激励作用、引导作用、调节作用，给"新农民"成长壮大以动力和保障。

1. 普惠性政策

"三农"工作中政府调控的第一目标应该是提升农业农村的社会地位，即通过政策调节，努力从整体上改善农业农村弱势状态，使得农村越来越宜人、农业越来越引人。这是"新农民"得以成长壮大的大前提。

（1）加大财政支农力度，为"三农"发展注入生机动力

支持农业和农村的发展是公共财政的本质要求，也是新农民成长的客观需要。苏州市充分发挥财政政策导向功能和财政资金杠杆作用。党的十八大以来，市级财政支农投入就以年均10亿元的速度递增，连跨70亿元、80亿元、90亿元台阶突破100亿元。2019年，苏州市加大财政资金统筹力度，市级财政逐步提高农业农村项目的市级补贴比例，大部分项目调高至30%～50%，充分发挥了"四两拨千金"的作用。苏州市重点在以下三方面加大财政资助力度。

① 强基础

苏州市在推进农村土地规模经营、现代农业园区、高标准农田、农业技术示范推广基地、农村水利和公路等基础设施建设方面均建立了相应的扶持政策，有效推动全市农业农村迈开了规模化、标准化、科技化、现代化高质量发展的步伐。

政策1：土地适度规模和主体政策奖补

早在1986年，苏州就在有条件的地方开展了农业适度规模经营试点。1995年，正式提出了土地向规模经营集中的概念。进入21世纪以来，苏州在坚持

"依法、自愿、有偿"的前提下,通过合理规划、积极引导、统筹兼顾、财政扶持,努力推进土地适度规模经营。

针对土地流转中存在的农户既不愿多种地也不愿转让地等问题,苏州制定出台了《关于规范农村集体承包土地流转管理的补充意见》(苏办发〔2000〕38号)、《进一步贯彻落实中共中央〈关于做好农户承包地使用权流转工作的通知〉的意见》(苏发〔2002〕28号)、《关于进一步加强和规范农村土地承包经营权流转管理的意见》(苏农办发〔2008〕4号)等一系列政策。政策紧紧围绕推进土地规模经营,按照"土地股份化、经营规模化、设施标准化、产品优质化、生产科技化、耕作机械化、环境优美化、产出高效化"的要求,率先建成全市现代农业与高效外向农业的样板区和示范区,农村土地流转机制不断创新,农民土地流转数量不断壮大,农业适度规模经营比重不断提高,农产品综合生产能力、市场竞争能力和可持续发展水平持续提升,既保证了新农民有"用武之地",又推动了苏州现代农业高质量发展。

各县级市(区)分别针对土地适度规模经营出台补贴办法和补贴标准。如张家港市出台《"十三五"期间土地适度规模经营补贴办法》,明确规模种植蔬菜、果品、苗木、花卉相对集中连片,且种植面积在30亩以上的,每亩补贴200元,市、镇两级财政分别承担50%。昆山市每年发布相关支农惠农政策,2020年对达到一定经营规模,农民自愿流转土地承包经营权入股农地股份专业合作社土地经营面积,继续给予土地规模流转入股补贴400元/亩,农民自愿流转土地承包,对已兴办新型合作农场的土地面积,增加奖励200/亩,市、镇两级财政分别负担60%、40%。苏州高新区对单一经营主体种植水稻面积达到规模面积要求的稻谷生产者,在市级补贴的基础上,按照30元/亩的标准给予配套;达到规模菜田补贴面积的,在市级补贴基础上,按照200元/亩的标准给予配套。

农业规模经营的主体包括种粮专业大户、家庭农场、专业合作社、土地股份合作社以及投资农业的工商资本等,进入21世纪以来,苏州市不断加大对新型农业经营主体的培育和扶持力度。2005年,出台《关于转发〈关于积极探索农村土地股份制改革的实施意见(试行)〉的通知》(苏办发〔2005〕74号)。2015年,在全省率先明确家庭农场"八有"认定标准,为促进家庭农场规范、有序、健康发展奠定了基础。2016年、2018年又分别制定出台了《苏州市农民合作社和家庭农场财政扶持项目与资金管理办法》(苏府农办发〔2016〕7号)和《关于2018年度苏州市农民合作社(家庭农场)财政扶持的实施意见》(苏农办发〔2018〕46号)。到目前为止,全市累计扶持农民合作社和家庭农场项目

295 个，财政扶持资金 825.3 万元。

政策 2：现代农业园区和高标准农田建设奖补

建设现代农业园区是在一定规划范围内通过项目、资金、人才、技术、产业等要素的集聚和优化配置，在更高水平上加快农田基础设施建设提升、农业产业培育和农业农村融合发展，打造现代农业引领示范和建设亮点，推动农业农村现代化建设进程的必要手段。

2014 年，苏州市出台《苏州市市级现代农业园区认定管理办法》（苏府办〔2014〕68 号），每年将一批规划布局合理、产业特色鲜明、经营方式新颖、科技装备先进、生态环境良好、管理效益显著的农业园区认定为苏州市市级现代农业园区。

为提高农业综合生产能力、加速农业现代化、促进农民增收，2016 年、2019 年，苏州市又分别出台了《苏州市高标准农田建设规划（2015—2020 年）》和《苏州市高标准农田建设指南》，规划建设一批土地平整肥沃、灌排设施配套、田间道路畅通、生产方式先进、农田景观优美的高标准田块。通过推进高标准农田建设，提高农业物质装备和技术水平、农业综合生产能力、抗灾减灾能力，为推动现代农业建设迈上新台阶、率先基本实现农业现代化提供坚实保障。

2018 年初，苏州市下发《关于报送 2018 年度计划新增高标准农田、现代农业园区面积的通知》，首次实施由"压任务"向"领任务"转变，并从现代农业园区建设奖补资金中辟出 2310 万元用于高标准农田建设，根据各地上报的计划新增任务，参照下达引导资金。其中：现代农业园区建设奖补基数为各市 300 万元、各区 500 万元（苏州高新区 300 万元），农业园区新增面积参照奖补按 0.5 万亩以下（含 0.5 万亩，下同）50 万元、0.5 万～1.0 万亩 100 万元、1.0 万～1.5 万亩 150 万元、1.5 万亩以上 200 万元标准执行；高标准农田建设面积奖补，各县级市按 250 元/亩、各区按 400 元/亩进行奖补。2020 年，苏州市成为全省首家高标准农田"先建后补"项目试点区，当年 26 个试点项目，面积合计 8.73 万亩，计划投入 4.48 亿元，亩均投入达到 5100 元。2020 年，苏州市级财政投入 1.1 亿元推进高标准农田建设。

截至 2020 年末，苏州全市累计建成国家现代农业示范区 6 个，省级现代农业产业园区 9 个，认定市级现代农业园区 6 批 47 家，累计建成高标准农田 134.67 万亩。

政策 3：农业技术推广示范基地建设奖补

为调整农业结构、提高农民收入提供科技支撑。每逢单年份苏州市都会发

布近两年的《苏州市农业重大技术推广计划》，结合全市主导、特色产业，以增产增效、绿色优质、资源节约理念为核心，遴选发布和推广数十项先进适用技术，为农民科学种养遴选最适宜的新品种、新技术、新模式、新装备，并通过实施科技入户工程，建立健全村级农业服务站点，以入户指导、技术咨询、集中培训、现场观摩等方式加强对农户的科技指导，切实解决农技服务"最后一公里"问题。

现代农业产业技术推广示范基地是农民了解、学习和掌握新知识、新技术、新品种、新装备和新模式的重要载体和平台，推进现代农业产业技术体系建设有助于农民加快转变农业生产方式和经营模式，进一步改善种养结构、降低生产成本、适应市场需求，从而让农民走上一条新的致富路。

2017年以来，苏州先后有25家现代农业技术推广示范基地被纳入省级现代农业产业技术推广体系，涵盖稻麦、特粮特经、蔬菜、花卉、梨、桃、葡萄、河蟹、青虾、鮰鱼、肉羊等11个产业类型，每个基地除开展研究和推广外，每年还与5家以上的当地农户签订示范推广协议，并组织开展农民培训300人次以上，积极引导农民采用新品种、新技术、新模式。财政每年对省级现代农业产业技术推广示范基地给予40万元左右的资金补助。2020年，苏州全市25家省级现代农业产业技术推广示范基地共获得财政补助925万元。

2019年起，为加快品种更新进程，促进农业生产结构优化，让农民有更多适宜在本地区种植的优良品种选择，苏州市在张家港、常熟、太仓、昆山、吴江新建了5个县级农作物品种综合测试基地，并拓展形成以市种子管理站农作物品种试验基地为龙头、以五大综合测试基地为纽带、以镇级农作物品种示范方为落脚点的"1+5+N"的三级新品种综合测试体系。近3年来，苏州市级财政每年都对每个县级品种综合测试基地分别给予20万元的资金扶持。

政策4：村级公益事业建设项目奖补

加强村级公益事业建设也是政府的一项基本职责。为完善和激活村级一事一议筹资筹劳制度，充分利用农村富余劳动力发展村级公益事业，并引导社会资金流入农村，促进城乡公共服务均等化，充分发挥农民的主体作用、首创精神和村民民主议事决策实践，转变基层政权组织职能，完善乡村治理机制，促进农村基层民主政治建设，苏州市2010年开始实施村级公益事业建设一事一议项目财政奖补政策，制定了《苏州市村级公益事业建设一事一议财政奖补项目和资金管理办法（试行）》，并按规定每年下达村级公益事业建设一事一议财政奖补项目及资金。

苏州坚持"普惠制"和"特惠制"相结合，既集中财力抓重点村的建设，又保证了一定的覆盖面，让政策的阳光照耀到更多的老百姓。项目采取"先建后补"的方式，以省、市、县、镇各级财政为主，积极引导村集体和社会捐助资本投入村级公益事业建设，重点对村级道路、河道驳岸、村民停车场、村庄绿化等农村公益设施建设方面的项目予以财政奖补。

2018—2020年，苏州全市完成村级"一事一议"项目441个，总投资29666.68万元，其中各级财政奖补20084.2万元，引导村集体和各类社会资本投入村级公益事业建设资金近亿元。

政策5："四好农村路"建设项目奖补

农村公路是保障农民群众生产生活的基本条件，是农业和农村发展的先导性、基础性设施。2015年，交通运输部制定了《关于推进"四好农村路"建设的意见》，在全国组织开展以建好、管好、护好、运营好农村公路为主要内容的"四好农村路"建设。2018年，苏州市政府出台《关于印发苏州市创建省级"四好农村路"示范市实施方案的通知》（苏府〔2018〕60号）。2018年年底，率先全面建成省级"四好农村路"示范县全覆盖，打造具有"江南水乡、吴韵文化"特色的现代农村公路新样本，实现镇村公交线路和特色田园乡村双车道四级公路覆盖率100%，村道安全隐患治理率100%，农村公路三类以上桥梁比例100%，农村公路列养率100%、经常养护率100%，爱路护路乡规民约制定100%，镇村公交开通率100%等任务目标。

根据《苏州市"四好农村路"建设考核实施细则》（苏交〔2018〕213号）规定，2019年苏州财政对获得省级"四好农村路"示范县的县级市（区）予以奖励，下达奖励资金1800万元，其中：吴中区等4个市辖区各奖励250万元，张家港市等4个县级市各奖励200万元。

2020年，苏州市制定出台《苏州市农村公路提档升级工程资金补助方案》（苏交〔2020〕21号），对农村公路提档升级、桥梁、安全生命防护、"阡陌农路"创建等工程，明确和细化补助标准：对县级市的县道、乡村双车道、乡村单车道新改建工程分别补助50万元、20万元、10万元；对市辖区的县道、乡村双车道、乡村单车道新改建工程分别补助100万元、45万元、30万元；对县道大中型桥梁、县道小型桥梁、乡村道桥梁工程每平方米分别补助1000元、800元、400元；对县道、乡村道、自然村组道的安全生命防护工程每公里分别补助5万元、3万元、1万元；对创建"阡陌农路"提前2年、提前1年、最后1年完成的，分别补助600万元、550万元、500万元。

② 保必需

苏州市对粮食、蔬菜、畜禽等农产品生产、加工、销售及农机具购置等环节,建立了相应的财政补助标准,通过财政支农政策直接为种地农民减轻负担,降低生产经营成本,激发从事农业生产人员的积极性,全力保障粮食及重要农产品供应安全。

政策1:取消农业税征收政策

为进一步减轻农民负担,调动农民生产积极性,促进农业增效、农民增收,苏州市于2003年出台《苏州市农业税征收办法改革实施意见》(苏农税改字〔2003〕1号),在全省率先实施农业税征收办法改革,取消农业特产税,农业税不再向农民直接征收,实行镇村代缴、县级市(区)政府补贴的新办法,全年县级市(区)和乡镇两级政府共安排补贴资金1.5亿元。2004—2005年,出台《苏州市加强农民负担监督管理实施意见》(苏农办发〔2004〕22号)和《关于进一步做好农民负担监督管理工作的意见》(苏农办发〔2005〕29号),全面取消农民合同内负担,取消农村劳动累积工和义务工"两工",严禁村级"一事一议"变相向农民筹资筹劳等行为。涉农收费做到"四个一律取消":(1)没有法律、法规依据或未经中央和省两级政府及其财政、价格主管部门会同农民负担监督管理部门批准的,涉及农民负担的行政事业性收费项目一律取消;(2)没有法律、法规依据或未经国务院及其财政部门会同农民负担监督管理部门批准的涉及农民负担的政府性基金项目一律取消;(3)除国家法律和法规规定之外,1997年以来出台的专门面向农民的行政事业性收费项目和政府性基金项目一律取消;(4)农村的各种集资、摊派以及要农民出钱、出物、出工的达标升级项目一律取消,全面实行农民"零负担"。

政策2:稻麦良种补贴项目奖补

为稳定苏州全市水稻生产面积,提升地产稻米的产量和品质,为种粮农民提供优良的种源保障,2005年苏州市实施水稻良种补贴项目,每亩补贴10元,2015年改为12元。2010年,经市政府批准,制定了《苏州市水稻良种补贴项目实施管理办法》,建立了水稻良种补贴的长效机制。2015年,根据实际重新制定了《关于印发苏州市水稻良种补贴项目实施管理办法的通知》(苏市农规〔2015〕1号、苏财农字〔2015〕16号),到2020年末,该项目已连续实施16年,全市累计补贴水稻良种7282.10万公斤,拨付市级补贴资金9892.96万元,补贴品种20多个,补贴面积1875.44万亩,补贴良种种植比例达到98.11%。

为提升稻麦品种推广力度,加快稻麦品种优化进程,苏州市以市政府办公室名义出台了《苏州市稻麦良种补贴项目实施管理办法》,从 2021 年起在全市实行小麦良种购种补贴政策。

政策 3:稻麦价外补贴和生产研发补贴

为提高农民的种粮积极性,苏州市于 2008 年、2013 年分别在省内率先实行水稻、小麦价外补贴,先后出台了《市政府批转市粮食局财政局苏州市水稻价外补贴政策意见的通知》(苏府〔2008〕36 号)、《关于实施小麦收购价外补贴的通知》(苏府〔2013〕40 号),补贴对象为全市范围内种植水稻、小麦 15 亩以上的规模经营者或粮食生产专业合作社等经济组织,所交售的自产商品晚粳稻和小麦实行价外补贴。2008 年,水稻的补贴标准为每 50 公斤 6 元。随后根据《市政府办公室关于继续实施水稻价外补贴政策的通知》(苏府办〔2010〕165 号)、《市政府办公室关于提高 2012 年水稻价外补贴标准的通知》(苏府办〔2012〕32 号)等文件精神,水稻价外补贴标准在 2010 年、2012 年分别提高到每 50 公斤 8 元、10 元。小麦的价外补贴标准为每 50 公斤 10 元。

2018 年,苏州市政府办公室出台《关于加快推进农业供给侧结构性改革 推动粮食产业经济高质量发展的实施意见》(苏府办〔2018〕224 号),要求建立稳定的财政投入机制,统筹利用粮食风险基金,支持粮食产业发展;贯彻落实省政府对粮食品牌的奖励政策,落实粮食加工企业从事农产品初加工所得减免税政策;对于粮食企业研发经费以及各级政府补助的财政性资金,符合规定的,在计算应纳税所得额时扣除。

2020 年,苏州市相关部门联合印发了《苏州市区 2020 年稻谷补贴政策实施方案》,将稻谷生产者补贴标准从 2019 年的 70 元/亩提高到 100 元/亩,旨在进一步落实国家粮食安全和重要农产品保障战略,鼓励引导农民、新型经营主体稳定和扩大稻谷生产。

政策 4:规模菜田和蔬菜基地创建奖补

为落实"菜篮子"市长负责制,确保蔬菜最低保有量,促进菜农增收,苏州自 2017 年开始在全省率先启动规模菜田补贴政策,出台《关于印发苏州市辖区规模菜田补贴制度实施意见(试行)的通知》(苏市农〔2017〕56 号),对从事蔬菜生产、连片生产规模达到 10 亩以上的蔬菜地每亩补贴 500 元,3 年来累计享受补贴主体有 1829 户,补贴面积 5.36 万亩,补贴金额 2587.22 万元,有效保护和调动了农民的种菜积极性,实现了蔬菜种植面积稳定增长,保障和丰富了市场的蔬菜供应。

同时,苏州大力推进绿色蔬菜基地发展,市辖区累计投入 1.59 亿元用于

"菜篮子"设施蔬菜基地建设,其中市级财政累计补助7427.75万元,分别创建部、省、市三级蔬菜标准园10个、53个、13个,累计奖补资金190万元;创建高标准蔬菜生产示范基地,对市辖区分3个等次分别给予50万元、75万元、100万元的财政资金奖励,县级市的奖补资金为市辖区奖补标准的50%,目前全市已累计成功创建49家高标准蔬菜生产示范基地,安排苏州市级财政奖补资金2937.5万元;开展"美丽菜园"创建活动,2020年评选出"十佳美丽菜园示范村"和"十佳美丽菜园",分别奖补10万元、1万元,共补贴资金110万元。

政策5:规模猪场生猪保供综合奖补

2019年以来,受"猪周期"下行、非洲猪瘟疫情冲击、环境整治等多重因素影响,苏州市与全国一样,生猪产能持续下降,生猪产业链受到较大冲击,生猪供应偏紧、猪肉价格居高不下,对居民日常生活水平和生活质量产生了很大的影响。为此,苏州市政府分别于2019年、2020年出台了《关于稳定生猪生产保障市场供应的实施意见》(苏府办〔2019〕165号)和《关于印发苏州市进一步促进恢复生猪生产保障市场供应政策举措的通知》(苏府办〔2020〕54号),出台生猪稳产保供扶持政策组合等。市级财政对有地产任务并完成目标考核任务的市(区)给予一次性1000万元的奖励,市级财政对新增出栏5000头以上、1万头以下商品肥猪的规模猪场给予50万元(自2020年1月1日至2021年3月31日)的奖励,在现有种猪场和规模猪场贷款贴息政策的基础上,将贴息贷款对象由年出栏5000头以上规模猪场调整为年出栏500头以上。同时,自2020年1月1日至12月31日,省级财政对种猪场和年出栏5000头以上的规模猪场符合政策的贷款再给予1%的贴息;市级财政对年出栏500头以上、5000头以下的规模猪场,获得省财政贴息贷款的,再给予1%的贴息。

政策6:农机购置补贴

为充分调动政府、企业、农民发展农业机械化积极性,有效缓解农村青壮年劳动力短缺的矛盾,推动农业技术集成、节本增效和规模经营,保障农民增收,苏州从2004年起实施农机购置补贴政策。

近年来,苏州围绕耕、种、收、植保、烘干、秸秆处理等六大环节,加大对先进适用农机购置的补贴力度,2018—2019年全市使用补贴资金累计达4000多万元,支持1300余个农户购置机具3000多台(套),拉动农机消费2亿多元。2020年上半年,苏州全市使用农机补贴资金达700多万元,支持250余个农户购置机具500多台(套),拉动农机消费3200余万元。

农机补贴政策精准便利,推动农机作业水平有效提升。据统计,2019年苏州全市粮食生产中耕整地、种植、植保、收获、烘干、秸秆处理等六大主要环节的机械化水平已分别达到100%、90%、100%、99.9%、85.5%、97.9%，在全省保持领先。2019年，苏州市成功被农业农村部列入全国率先基本实现主要农作物生产全程机械化示范市，是全省唯一、全国仅有的5家之一。

2020年，苏州市政府出台《关于加快推进农业机械化和农机装备产业转型升级的实施意见》（苏府〔2020〕100号），明确将进一步提高农机报废补贴标准，加快老旧农机具报废更新。

③补短板

为了推进农业生态保护、耕地质量保护、种质资源品种保护、废弃物综合利用等，苏州市专门出台相应的财政奖补政策。

政策1：农业生态补偿财政补贴

苏州市于2010年在全国率先建立和实施生态效益补偿机制，通过财政支持，对因保护和恢复生态环境及其功能而使经济发展受到限制的地区进行经济补偿。2015年，苏州出台生态补偿资金管理办法，并于2020年重新修订了《苏州市生态补偿资金管理办法》（苏财规〔2020〕1号）。目前，苏州生态补偿政策已经实施到第四轮，具体补贴对象和标准：一是对种植水稻的田块，按种植面积予以420元/亩的生态补偿；二是对水源地、生态湿地所在村，根据不同的岸线长度、土地面积和村常住人口，分别给予120～160元/亩和80～120元/亩的生态补偿；对县级以上生态公益林，按250元/亩予以补偿；对风景名胜区内的核心景区，按150/亩予以补偿。

2020年，全市投入生态补偿资金8.6亿元，共有104.8万亩水稻田、31.76万亩生态公益林、175个湿地村、60个水源地村、10.26万亩风景名胜区得到了补偿。截至2020年年底，11年来全市已累计投入生态补偿资金101.7亿元，有效建立了生态保护者恪尽职守、生态受益者积极参与的生态保护补偿激励机制。

政策2：耕地质量保护补贴

为实施"藏粮于地、藏粮于技"战略，全面保护耕地质量，促进生态环境不断改善和农业可持续发展，2016年出台了《苏州市农业支持保护补贴（耕地地力保护）管理工作实施方案》（苏财基层字〔2016〕23号），对符合政策条件、拥有耕地承包权的种地农民，按118元/亩进行补贴；2017年出台了《关于推进苏州市耕地轮作休耕的实施意见（试行）》（苏府〔2017〕124号），对直接承担轮作休耕任务的种粮农户、家庭农场或农民合作社等，休耕晒垡每亩补贴245元，轮作换茬每亩补贴300元。各县级市财政还进一步提高补贴标准，如昆山市

2020年对休耕晒垡每亩补贴300元，轮作换茬每亩补贴400元。

政策3：农业种质资源保护项目补贴

为保护苏州名、特、优、新农产品和珍稀濒危农业生物物种资源，充分发挥地方特色农产品优势，提高农业种质资源的科技创新竞争力，苏州市从2006年起正式启动市级种质资源保护工作，先后对碧螺春茶叶、湖羊、水八仙、太湖鹅、太湖猪、地方家蚕、地方优质稻种、翘嘴红鲌、苏州青、香青菜、枇杷、杨梅、柑橘等13个地方名、特、优农业种质资源品种实施保护，并不断加大政策引导和资金扶持力度。2011年出台《苏州市级农业种质资源保护项目及专项资金管理办法》，为农业种质资源保护项目的实施提供了制度和资金保障。2016年重新修订《苏州市级农业种质资源保护项目及专项资金管理办法》，对原办法中物化、非物化资金比例和项目验收流程等规定进行调整，使之更加符合种质资源保护项目资金使用实际。2020年7月，苏州市农业农村局出台《苏州市现代种业发展方案》，将实施农业种质资源保护与利用列入现代种业发展三年行动计划工作重点，不断完善种质资源保护体系建设，提升种质资源保护单位科技创新与资源利用水平，明确到2022年年底，全市新增地方种质资源保护品种5个以上，开展种质资源基因组测序品种10个以上。2021年3月，苏州市农业农村局出台《2021年苏州市现代种业提升工作意见》，明确提出各地要将地理标志农产品对应的地方特色农业资源品种纳入种质资源保护范围，明确保护单位和保种方案，开展系统性收集保护，并予以一定的政策支持。市级农业种质资源保护品种和项目补助资金逐年提升，从2006年的2个品种30万元提高到2020年的13个品种450万元，已累计下达市级财政补助资金3213万元。

政策4：农业废弃物综合利用项目补贴

农业废弃物资源化利用是农村环境治理的重要内容，开展农业废弃物资源化利用是解决农村环境脏乱差、建设美丽宜居乡村的关键环节。

近年来，苏州市把农村废弃物综合回收利用作为促进乡村振兴、发展绿色农业的有力抓手，重点对农作物秸秆机械化还田和综合利用、畜禽粪污资源化利用、农膜和农药包装废弃物回收利用、化肥农药减量使用等给予相应的财政扶持。

在农作物秸秆综合利用方面，推动以农作物秸秆机械化还田为主，形成秸秆能源化、饲料化、基料化、肥料化、原料化等多种利用形式。2020年，全市农作物秸秆可收集资源量70.1万吨，实际利用量70.0万吨，综合利用率达到

99.86%，超过省定目标 4.86 个百分点，其中：机械化还田 63.54 万吨，占 90.73%；其余"五化"利用 6.38 万吨，占 9.13%。

在畜禽粪污资源化利用方面，推广发酵罐资源化利用模式、推进规模以下养殖户污染治理、落实生态养殖补贴政策、建立信息化长效管理机制，2020 年全市畜禽养殖粪污产生量 40.11 万吨，畜禽养殖粪污资源化利用量 39.83 万吨，畜禽粪污综合利用率达到 99.3%，超过省定 85% 的目标任务。

在化肥农药减量使用方面，大力推广测土配方肥料，并增施有机肥、生物肥，有效降低了化肥的施用量。2020 年全市农用化肥施用量（按折纯法计算）达 60642 吨，同比下降 2.9%。采取病虫草精准测报、绿色防控技术、统供统防统治等措施，以减少农药的使用量，2020 年全市农药使用量 2734 吨，同比下降 18.3%。

在农膜和农药包装废弃物回收方面，2020 年全市共建立废旧农膜回收点 181 个，回收废旧农膜 1997 吨，回收利用率 89.09%；回收农药包装废弃物 4346.9 万件，约 739 吨，回收处置率超过 90%。

近两年来，苏州市财政共下达省级资金 2794.82 万元，用于市辖区生态保护和资源利用专项。

（2）建立专项支农基金，引导社会资本参与农业农村发展

"三农"的发展离不开财政资金的引导，更离不开社会金融资本的共同参与。为缓解乡村振兴战略实施中急需投入大量资金与乡村金融供给普遍不足的矛盾，有效解决苏州各地涉农项目融资难题，积极引导社会资本参与农业农村现代化建设，2012 年，苏州市以建设全国城乡一体化改革试验区为契机，通过向江苏省财政专项借款 5 亿元，经苏州市政府批准，发起设立全国第一支以城乡发展为主题的政府引导基金——苏州城乡一体化建设引导基金，该基金于 2019 年更名为"苏州市乡村振兴建设引导基金"（以下简称"基金"）。

基金坚持遵循"政府引导、市场运作、科学管理、防范风险"的原则，采取"母子基金"运作模式，通过"让利基层"的方式，引导符合条件的社会资本共同发起设立子基金，以股权投资乡村振兴项目建设。

作为苏州市级层面唯一涉农类的引导基金，该基金实现了多项创新与突破：一是充分发挥财政资金引导与市场配置资源的作用，开创性地运用了"政府引导、社会资本参与"的模式，有效控制了融资成本，拓宽了融资渠道；二是创新股权投融资方式，和多家社会资本共同出资设立有限合伙企业，既充分发挥了财政资金"四两拨千斤"的杠杆作用，又集国企之力为乡村振

兴项目注资;三是支持城乡发展方向具体明确、可操作性强,基金定向投资现代农业经营、农民安居工程、特色田园、美丽乡村、农旅融合、农村生态环境建设等项目,实践出了一条政府资金引导、社会资本参与的支持乡村振兴战略的创新路径。

2012年基金成立伊始,除省级财政5亿元借款外,基金管理人苏州国企农发集团出资500万元,母基金规模5.05亿元。到2020年末,基金总规模已经达到115亿元,累计为本市16个乡镇(街道)的25个乡村振兴及城乡一体化项目提供服务,投资规模75.87亿元,引导撬动社会资金达15倍,设立子基金19支,基金无对外负债,无坏账资产,财务状况良好。

案例1

> 苏州甪直新区污水处理厂(二期)扩建项目(4亿元)。该项目被列入2018年甪直镇十项民生实事工程之一,基金引导地方国有企业及社会工商主体,共同设立规模为4亿元的甪直乡村振兴子基金,再通过股权投资的方式投入乡村振兴项目,一次性解决了项目建设所需全部资金。甪直乡村振兴子基金项目是苏州市首个以基金化运作方式和股权模式投资的乡村振兴项目,采取以财政专项资金引导、国企牵头联动、多种资本积极参与的投融资模式投资于乡村振兴项目。甪直乡村振兴子基金的实施受到甪直镇领导及当地居民的一致肯定,为当地经济建设及生态文明建设提供了有力保障。

案例2

> 临湖镇江南味稻生态大米项目(4亿元)。项目建成以生态保育为前提,集生态保护、休闲观光、科普教育、时尚体育、文化传承、农业生产于一体的国内一流的多功能现代农业示范区,突出太湖原生态保育、江南鱼米水乡、太湖田园风光、农耕文化特色,构筑"镇东千池鱼蟹,镇西万项稻米"的临湖镇生态大格局,塑造"临湖"牌特色乡村旅游品牌和有机生态高端精品农产品品牌。

案例 3

苏州现代农产品物流园服务配套项目（3.8亿元）。项目有效满足苏州现代农产品物流园急需的商品交易服务、金融服务及住宿、餐饮、购物等生活服务配套需求。项目的实施为服务完善苏州市"菜篮子"工程战略布局，有效保障苏州市的农产品安全稳定供应，确保苏州一级农产品区域物流中心地位提供有力保障。

案例 4

望亭镇贡湖新兴产业园（一期）项目（4亿元）。项目全面启动废塑市场整体规划，成立贡湖新兴产业园，逐步引进优质项目，园区产业导向以引进智能装备、机器人等高端制造业项目为主，主攻大项目和平台招商，并规划智能制造研发社区作为配套，集约利用土地资源、优化乡村产业布局、提升产业层次。

案例 5

金庭镇全域环境提升项目（4亿元）。按照太湖风景名胜区西山景区详细规划和国土规划，结合片区控规、城市设计、农旅融合的要求，全面实施全域旅游发展战略，优化西山景区旅游布局，深度挖掘遗产文化、水乡湖泊等旅游资源的潜力，大力发展文旅产业，发挥自身资源优势，高标准打造苏州太湖国家旅游度假区，助推金庭镇西山岛打响"太湖生态岛"特色品牌。

案例 6

乐余净谷（田园综合体）项目（2.5亿元）。将工农业与旅游业结合，大力开发与现代农业园区错位发展的乡村体验类项目，对区域内现有的旅游资源进行整合提升，建设一个集生产生活、商业休闲、文化教育、生态

居住于一身的功能完善的活力小镇——净谷小镇，以提高片区的环境品质、土地价值和公共服务能力，展现乐余镇的时代风貌。

案例 7

苏州阳澄湖镇一体化综合改造（二、三、四期）和现代产业园高效化、生态化改造（6.7亿元）。对戴娄、沈周、圣堂等7个村的2200户农户及35家企业按产权转换方式搬迁，拆迁农户全部在沈周花园安置小区集中安置；平整置换土地3000亩；改变当地农村住房分散和基础设施落后现象，节约集约土地利用，提升农民生活品质。对8000亩湖面高效水产养殖区进行标准化、高效化、连片化改造，同时对1000亩沿湖水环境进行生态修复，完成水体净化、清淤、驳岸护坡、绿化及其他配套，促进河湖环境美，提升水产品质，促进农户增收。

（3）加强基础设施建设，提高公共服务水平

近年来，苏州市加快城乡基本公共服务一体化建设，打破行业分割和地区分割，大力推进区域间制度统筹衔接，加大公共资源向农村、农业和农民的倾斜力度，把更多的财力、物力投向农村，让更多的人才、技术来到农村。

政策 1：推进科技兴农和现代农民教育工程

苏州市积极推进科教兴农战略，实施现代农民教育工程，提高农业科技持续创新能力和产业化水平。2003年，市政府出台《关于加快推进科技兴农工作的实施意见》（苏府〔2003〕173号）和《关于加快实施现代农民教育工作的意见》（苏府〔2003〕152号），加强农科教示范基地建设；组建职教集团，大力开展现代农民教育；拓展科技培训，带动农民科技致富；推广就业准入制度，提升农村劳动力从业水平等。2004年，市财政局、教育局联合出台《关于增加农村成人教育事业费的通知》（苏财科字〔2004〕67号、苏教财〔2004〕56号），苏州市级以增加农村成人教育事业费的方式，规定从2005年起，农村成人教育事业费由人均0.5元调增至人均1元，并实行专款专用。2010年10月，市委、市政府出台《关于加快实现城乡教育一体化、现代化的意见》（苏发〔2010〕55号），明确了"以县为主，城乡一体"的农民培训教育管理体制。初步构建以市（县）职业、成人学校为龙头，以乡镇成人教育中心校为主体，以村、企业农民

（职工）文化技术学校为基础的职业农民教育培训框架，农民农业科技素质不断提升，为新型职业农民培育奠定了良好的基础。

政策2：推进城乡居民医疗保险并轨

苏州的农村居民医疗保险，起步于新中国成立初期创建的农村合作医疗，2003年苏州出台《苏州市农村合作医疗保险管理办法》。为保障农村居民的基本医疗需求，提高农村医疗保障的统筹层次和水平，2007年苏州市政府出台《苏州市社会基本医疗保险管理办法》，统筹建立城乡医疗保险制度，该办法于2016年进行了修订。为进一步破解城镇职工和农村居民医疗保障城乡二元分割局面，推进城乡医疗卫生服务一体化，2009年苏州市政府印发了《关于加快推进城乡养老保险和居民医疗保险并轨的通知》，2011年年底全市5市7区全部完成了新型农村合作医疗向城乡居民社会医疗保险并轨。

政策3：推进城乡居民最低生活保障标准并轨

最低生活保障是实现城乡统筹发展的必然趋势，是消除制度性贫困、实现底线公平的必然要求。苏州市最早在2002年制定了《苏州市农村居民最低生活保障制度实施办法》，2009年将实现城乡低保一体化作为城乡一体化建设的目标之一，并明确2012年前实现城乡低保一体化。当年开始，苏州不断加大对农村低保的调整幅度，城乡低保标准的差距逐年缩小。2011年7月，城乡低保标准统一提高到500元，率先在全省乃至全国实现城乡统一的高标准最低生活保障目标。

2020年7月1日起，苏州市城乡居民最低生活保障标准从995元/月提高到1045元/月，并依据分类施保原则，低保中大重病患者按低保标准的120%（1254元/月）全额发放；老年人、未成年人、单身等特殊对象救助标准提高20%，按照1254元/月差额发放。

政策4：推进城乡养老保障并轨

为加快推进城乡社会保障制度一体化建设，将非农产业就业的农村劳动力及劳动年龄段被征地农民纳入城镇养老保险。2009年，苏州在全国率先出台《苏州市城乡一体化发展综合配套改革就业和社会保障实施意见》，逐步推动社会保障体系向纵深推进，实现城乡社会养老保障制度一元化。随着政策的实施，农保转城保进程加速，农保参保人员由2007年的182万人下降到2011年年底的12.9万人，2012年苏州全市全面实现了农村养老保障制度和城镇养老保障制度并轨。

苏州还每年调整养老年龄段被征地农民养老保障待遇，从2020年7月1日

起，苏州符合条件的被征地农民享受每人每月960元的标准领取养老补助金（征地保养金）；享受每人每月160元的标准领取省规定的城乡居民最低标准基础养老金；死亡后，相关部门按3900元的标准一次性发给丧葬补助费。

政策5：推进农村被征地农民就业创业

为加大鼓励农村低保家庭中有劳动能力人员就业的政策导向力度，进一步引导和提高失业、失地和无业人员就业脱贫和劳动自救意识，苏州推进建立就业与低保联动机制，于2004年出台《苏州市征地补偿和被征地农民基本生活保障试行办法》（苏府〔2004〕73号），2009年出台《苏州市人民政府关于进一步做好被征地农民就业和社会保障工作的意见》，2014年又出台《苏州市市区征地补偿和被征地农民社会保障办法》，对符合条件的被征地农民发放《就业失业登记证》；劳动力年龄段的被征地农民按规定参加相关部门组织的就业指导培训；经认定为"就业困难人员"的享受社会保险补贴和岗位补贴等就业扶持政策；被征地农民就业和再就业所需资金由各级财政就业专项资金安排。

近两年，苏州还陆续出台了《苏州市城乡劳动者就业技能培训实施细则》《关于进一步完善苏州市城乡劳动者职业技能培训的实施办法》《关于进一步加强就业失业登记经办管理的通知》《关于明确就业创业培训补贴标准的通知》，加大对农民就业技能培训，促进农民就业创业。

2. 特定性政策

培育新型职业农民直接关系苏州农业农村的现实和未来。2015年1月，苏州市在全省率先出台《关于进一步加强新型职业农民培育的意见》（苏府〔2015〕1号，简称《意见》），拉开了全市新一轮新型职业农民培育工作的序幕。《意见》要求，全市每年力争培育本地户籍农业院校毕业生300名以上，吸引各类有志从事农业的中青年200名以上，培训现有农业从业人员1000名以上，到2020年，基本建成一支与苏州现代农业产业需求相适应的"专业层次分明、年龄结构合理、技能领先实用、从业领域明晰"的高素质现代农业生产经营和社会服务队伍。通过学历教育、继续教育、在职培训相结合的培育模式，不断拓宽壮大新型职业农民人才队伍，提升其实用技术、文化素质和能力水平。《意见》明确，新型职业农民将在教育资助、创业扶持、社会保险、人才引进、项目申报、信息服务、金融保险、职称评定、就业创业等方面享有相应的优先优惠政策。在教育资助上，本地户籍优秀初高中毕业生在涉农专业高等院校学习期间，政府给予全额学费资助；鼓励有条件的地方给予一定的在校学习生活补贴；对参加涉农类继续教育、具备专业水准后从事农业生产经营或社会服务的各类人员，政府给予一次性学费补贴；直接从事现代农业的各种对象免费享有政府提供的职业教育、实用技术技能培训。在创业扶持上，积极试行在现代农业园区设立创业园、科技孵化基地，为大学毕业的新型职业农民提供创业支持；鼓励现有现代农业经营主体吸纳大学毕业生务农就业，政府给予一定的补助；自主创业达到一定规模，且建立家庭农场、专业合作组织、社会化服务组织等经营主体的大学毕业的新型职业农民，享受政府现有的创业扶持政策。在社会保险上，建立个人缴费、政府补贴相结合的新型职业农民养老医疗保险制度，对以单位或灵活就业方式参加社会保险，且缴纳社保满 1 年的大学毕业的新型职业农民，在一定期限内给予相应的定额补贴。同时，还要求建立健全返乡务农大学毕业生的人事代管制度和新型职业农民住房公积金制度。

（1）推进认定管理

2016 年 5 月，苏州市政府办公室制定出台《关于加快推进新型职业农民认定管理工作的通知》（苏府办〔2016〕92 号），要求各市（区）结合本地实际，参考昆山经验，坚持政府主导、农民自愿原则，制定相应的认定条件、认定标准、认定程序、认定主体，按程序对新型职业农民进行认定管理，本市从事农业的大专及以上学历者可直接认定为新型职业农民，确保当年全市认定新型职业农民 1000 名以上。同时要求制订符合各地实际的社会保险补贴办法，对符合条件的新型职业农民给予社会保险补贴，对返乡务农创业初期的大学生给予一定的生活补贴，获得认定的新型职业农民可以优先承包经营土地等。另外，还要求建立新型职业农民信息档案信息库，对新型职业农民实行动态管理，进行年度复核，强化技能培训，逐步建立新型职业农民终身教育机制。各市（区）在 2016 年相继出台了新型职业农民认定管理办法，明确了认定类型、认定条件、认定方式、认定主体、认定程序及扶持政策等方面内容。随着各地新型职业农民认定管理工作的开展，2019 年和 2020 年常熟市、太仓市、昆山市、吴江区、吴中区、苏州高新区又相继出台了新一轮的认定管理办法，对原办法进行了一定程度的调整和完善，以适应新形势下新型职业农民认定管理的需求。目前，各市（区）新型职业农民认定管理办法的主要内容包括：（1）认定类型：主要包括生产经营型、专业技能型和专业服务型等三种。生产经营型职业农民是指长期从事农业生产且有一定产业规模的专业大户、家庭农场主、农民合作社带头人、农业园区企业管理者等；专业技能型职业农民是指在农业园区（基地）、家庭农场、农民合作社、农业企业等单位稳定从事农业生产、具有一定专业知识和丰富实践经验的农业工人、农业雇员等；专业服务型职业农民是指在农业

社会化服务组织中服务或个人直接从事农业产前、产中、产后服务,并熟练掌握本专业知识与技能的园区企业技术人员、农村信息员、农机服务人员、统防统治植保员、村级动物防疫员等。相城区还将农产品经纪人、农产品检测员纳入专业服务型职业农民。(2)认定条件:各市区结合本地实际,制定了本地区的认定条件,在学历、年龄、户籍等方面作出了相关规定。2019年、2020年各地新一轮的认定管理办法,大多调整放宽了对学历、年龄和户籍的限制。吴江、吴中、苏州高新区等三区的认定条件基本统一,即男55周岁(含)以下、女50周岁(含)以下,具有初中及以上学历的本区户籍居民或在本区稳定从事农业生产经营服务且连续缴纳社会保险1年(含)以上非本区户籍人员,均可申请认定为新型职业农民;相城区本地户籍男60(含)周岁以下、女55周岁(含)以下或非本地户籍男60(含)周岁以下、女55周岁(含)以下,缴纳社保满1年的可申请认定为新型职业农民;昆山市规定女性须45周岁(含)以下,非昆山户籍人员须大专以上学历且连续缴纳3年社保;张家港市暂时只限定本地户籍;常熟市对大专以上学历者无年龄限制,其他人员年龄放宽到男60岁、女55岁,非常熟户籍人员也无社保缴纳年限规定;太仓市学历要求从原大专放宽到高中(能力突出的可放宽到初中),年龄要求为男60岁、女55岁,限定太仓本地户籍。(3)认定方式:主要采取直接认定和受理认定两种方式。直接认定是指,对全日制普通高等大专(含高职)及以上学历毕业生从事农业生产经营、技能服务的,可直接认定为新型职业农民。受理认定是对提出申请,符合认定条件的生产经营型、专业技能型、专业服务型农民按程序进行认定。(4)认定主体:一般是县级农业农村主管部门,具体负责新型职业农民的受理审核、建档立册、证书发放、信息库管理及相关组织服务等事务。(5)认定程序:一般包括个人申请、镇级审核、县级认定等三个步骤。申请人提交申请表、土地承包合同或劳动(服务)合同,以及相关身份、学历、技能培训证书等材料,经镇级农业农村主管部门核实后,报县级农业农村主管部门择优认定。(6)扶持政策:教育资助方面,除能享有政府提供的免费职业教育、实用技术技能培训外,新型职业农民参加涉农类继续教育和成人高等学历教育的,也将给予一次性学费补贴(张家港市、吴中区、相城区未明确对其继续教育给予补贴,吴江区要求取得学历后从事农业生产才给予补助)。创业扶持方面,新型职业农民可优先承包经营土地(张家港、常熟),在各级农业园区设立创业园、科技孵化基地;相关部门为大学毕业的新型职业农民提供创业支持(常熟、太仓、昆山、吴中、相城、苏州高新区),优先提供农业技术、金融信贷、惠农补贴、农业保险、土地流转、用水用电等涉农政策服务（吴江）。社会保险方面，张家港、吴中、高新区均按照《苏州市新型职业农民社会保险补贴办法》（苏委办发〔2015〕82号）执行，要求新型职业农民必须具备大专及以上学历，且缴纳社保满1年。其他市（区）适当放宽了享受补贴的条件限制，如常熟要求必须具备大专及以上学历并缴纳社保，无社保缴满1年的限制；太仓、昆山要求签订1年以上劳动合同并缴纳社保，无学历和须缴满1年的限制；吴江、相城需缴纳社保满1年，无学历限制。表彰奖励方面，张家港、昆山、太仓、吴中、相城根据新型职业农民继续教育、知识更新考核情况及年度经营规模、经济社会效益，评定新型职业农民标兵（或先进个人），并予以表彰奖励；昆山、太仓、相城对成绩突出的新型职业农民，优先推荐为各级党代表、人大代表、政协委员、基层干部和劳动模范候选人；常熟根据新型职业农民经营服务、联结带动、取得效益等情况，纳入农业农村条线表彰奖励；苏州高新区对每年新申报并认定的新型职业农民，一次性奖励1000元。

（2）加强教育培训资助

① 设立专项资金

苏州市财政局、苏州市农业农村局设立苏州市级新型职业农民培育专项资金，列入每年财政预算。从2017年起，每年以1000元/人的标准，为3000名市级新型职业农民培育下达经费300万元。另外，2017—2019年组织3期60名新型职业农民代表赴台湾地区考察，2020年组织29名新型职业农民代表赴浙江湖州、嘉兴开展异地现场培训，帮助他们学习借鉴先进地区的农业生产经营管理理念和经验。

② 加强基地建设

2019年4月，苏州市农业农村局制定《苏州市新型职业农民教育培训基地建设管理实施意见》（苏市农科〔2019〕7号），充分发挥涉农院校和产业基地在教育培训新型职业农民中的功能和作用，全面布局市级新型职业农民教育培训中心和实训基地，将一批教学实力好、示范能力强、服务水平高的涉农院校和产业基地纳入市级新型职业农民教育培训基地，不断完善新型职业农民培育制度，促进新型职业农民能力提升。同年，下发了《关于开展苏州市新型职业农民教育培训基地申报工作的通知》（苏市农科〔2019〕9号），经各县级市（区）推荐、专家评审，最后确定苏州乡村振兴学堂、苏州市农村干部学院、苏州大学、常熟理工学院、苏州农业职业技术学院等5家"苏州市新型职业农民教育培训中心"和张家港市神园葡萄科技有限公司等18家"苏州市新型职业农民教

育实训基地"。

③ 开展学历提升

2020年3月,苏州市农业农村局制定了《苏州市新型职业农民学历提升工作实施方案》(苏市农科〔2020〕5号),对照《苏州市委市政府关于印发〈苏州市探索率先基本实现农业农村现代化三年行动计划(2020—2022年)〉的通知》(苏委发〔2020〕10号)提出的"到2022年45岁及以下已认定新型职业农民中大专(含)以上学历人数占比达到80%左右"的目标任务,要求各地创新培养模式,提升培养质量,从2020年开始,依托苏州农业职业技术学院,采取苏州市级财政支付学员学费方式,面向45岁以下初高中学历,志愿长期从事农业生产、经营、管理、服务等方面工作的新型职业农民进行招生,通过3~5年的全日制专科学历教育,采用校内集中授课和送教下乡相结合、线上和线下授课相结合的多专业、分段式教学模式,致力于培养一批具有高度社会责任感和良好职业道德、较高科学文化素养和自我发展能力,掌握现代农业生产、经营、管理、服务等先进知识、先进技术,能从事专业化、标准化、规模化农业生产、经营和管理,有文化、懂技术、善经营、会管理的新型职业农民。

④ 实施定向委培

2013年,太仓市创新实施"农业定向委培"项目,探索以"培育机制科学化、管理运行高效化、激励机制项目化、选人用人优质化"为重点的新型职业农民培育新模式,决定在2013—2015年期间,每年从全市应届、往届高中毕业生中招收60名左右学生,委托农业类职业技术学院涉农专业实施定向培养,学成后调配到农业村、合作农场工作。委培生在校期间获得学费总额60%的政府财政资助,毕业并取得毕业证书后政府财政一次性补助学费总额的40%,学习优秀的享受在校生同等的奖学金、助学金、贷学金政策。2019年11月,农业农村部政策与改革司批复同意太仓市"探索建立新型职业农民制度"试验任务,试验的实施周期为3年(2019—2021)。太仓市政府出台了《关于进一步培育新型农业经营主体发展壮大乡村产业的实施意见》(太政发〔2019〕51号),稳步推进农业委培生培养工作,计划到2025年,再培养300名左右政治文化素养好、农业发展能力强、基层管理水平高、留得住扎下根的农业委培生,完善委培生管理、考核和保障机制。太仓市委组织部2018年、2019年还先后出台了《关于在农业委培生中加快选拔培养"定制村干"的意见》等文件,加强农业委培生队伍建设。

2014年,常熟市出台《关于定向培养基层农业农村人才的实施意见》(常办发〔2014〕37）号），从2014年起，用3年时间，采取"定点招生、定向培养、协议就业"方式，与扬州大学合作，开展本市户籍"农村区域发展"专业全日制4年大学本科学制本科生的定向培养，重点培养100名热爱农业、扎根农村、服务农业的技能型、实用型、复合型人才。除在校期间给予60%的学费资助和毕业取得学位证书后服从安排在基层工作后一次性补助学费的40%外，为鼓励定向培养生学好学优，还设立专项奖学金，标准为每学年人均500元。2018年，常熟市进一步出台了《市政府办公室印发〈常熟市涉农大学生培养实施方案〉的通知》（常政办发〔2018〕61号），从2018年起，计划用5年时间，培养350名左右涉农大学生。除了继续与扬州大学合作定向培养"农村区域发展"专业本科生外，拓展与苏州农业职业技术学院合作委托培养"现代农业技术"专业全日制3年的大专（高职）生，正式录取的大专委培生在校期间规定学制内的学费按年度全额补助，毕业后参加由常熟组织的专场招聘对接活动、双向选择，可在现代农业园区（基地）、各类农场、农业企业、镇村涉农经营主体等单位选择就业。

2019年年底，吴江区发布《吴江区基层农业农村专业人才培养实施意见》（吴委农发〔2019〕3号），采用送教下乡、"理论＋实训"等多种教学形式，配套学费减免等政策扶持，激励新型职业农民参加学历提升班。同时探索采用"定点招生、定向培养、推荐就业"方式，通过与高校、职业院校合作，重点培养一批具有本科或大专学历、志愿扎根基层的实用型、复合型农业农村青年人才，为吴江区农业农村人才队伍注入新鲜活力。与扬州大学农学院、苏州农业职业技术学院合作，开设"农村区域发展""现代农业技术"等涉农专业，通过全日制4年本科或3年大专学历教育，对吴江籍高中毕业生实施定向培养；对具有高中学历或同等学力及以上，男45周岁、女40周岁以下的农民开展学历提升。定向培养学生享受规定学制内的学费补助，在校期间按学费和住宿费总额的60%补助，剩余的40%部分在学生取得相应毕业证书和学位证书并到推荐岗位工作满1年考核合格后一次性补助到位。设立定向培养生专项奖学金，标准为人均1000元，并享受在校学生同等的奖学金、助学金、贷学金政策；学历提升班学员享受规定学制内的学费补助，学生在取得毕业证书后一次性获得学费总额100%的补助，学费由个人出资的补助给个人，由所在单位出资的补助给所在单位，并享受在校学生同等的奖学金、助学金、贷学金政策。定向培养生取得相应毕业证书和学位证书后，在吴江区各镇为毕业生安排的涉农岗位（每个镇不少于3个）中选择就业。

(3) 实行社保补贴

2015年10月,苏州市委、市政府"两办"转发了市人社局、农委、财政局联合制定的《苏州市新型职业农民社会保险补贴办法》(苏委办发〔2015〕82号),明确了新型职业农民社保补贴标准、认定条件和发放流程。以单位就业方式参保的定额补贴标准以当地最低社会保险缴费基数计算的单位缴费数额确定(含养老、医疗、工伤、生育和失业保险),以灵活就业方式参保的定额补贴标准以当地灵活就业参保最低缴费数额的50%确定(含养老和医疗保险)。补贴实行"先缴后补"、按年发放,按照实际从事职业农民岗位工作月数计算,工作时间不满1个月的按照1个月计算。新型职业农民社保补贴列入各市(区)财政预算安排。由此建立起了企业缴费、个人缴费、政府补贴相结合的新型职业农民养老、医疗等社会保险制度。

3. 靶向性政策

我国已进入了以信息技术、数字经济、人工智能为代表的新技术发展时代,同时也进入了新型城镇化城乡一体化快速演进的时代,农业生产经营及农村经济社会都在发生着深刻变化。在这一大背景下,新情况、新问题层出不穷,农业生产经营及农村经济新的组织、新的业态不断产生。这些新事物在某种程度上预示着农业及农村产业的前景和希望,也为哺育新农民提供了良好契机。苏州各级党委和政府则通过政策手段,对新形势、新理念引导下的新事物给予引导、支持和调节。

所谓"靶向",即施行的政策对象有明确的概念和范畴。

(1)"靶向"之一:支持返乡下乡人员创业创新

这一部分的主体是"返乡下乡人员",这相对于过去多年农村青壮年劳动力离乡进城是个"新事物"。创业之初,他们最缺的是创业起步资金和平台场所。为此,苏州各地积极探索,因地制宜地制定了支持返乡下乡人员创业创新的靶向性扶持政策。主要是两条:一是给予符合条件的返乡下乡创业创新人员小额无息(贴息)贷款;二是对符合条件的返乡下乡创业创新人员提供低成本的创业场所。如昆山市返乡下乡人员殷勤在2012年创办昆山市昆卉生态园林工程有限公司,昆山团市委给予5万元创业无息贷款,使殷勤顺利开启了小规模生产配送花卉绿植事业。同时,由于花卉种植养护需要设施大棚,投入成本较高,这对于创业初期的殷勤来说是一个很大的困难。此时,昆山农业主管部门牵线搭桥,促成殷勤与花桥天福生态园合作,利用生态园较好的设施条件,开设了6000平方米的花卉园艺中心,经营花卉培育、绿化苗木、绿植花卉、园艺工具、花盆器皿等园艺资材。在返乡下乡人员创业初期靶向政策支持下,殷勤的花卉产业越做越大,走上了良性发展的轨道。2019年3月,殷勤在昆山张浦镇承租了37亩土地,又注册成立了昆山东榆农业科技有限公司,这是一家集研发繁育、种植、加工于一体的科技创新型企业,是"产、供、销、贸"一体化的现代化农业企业,产品主要在苏浙沪、广西等地销售,开花株盆景主要通过线下销往苏州、昆山和上海各大批发市场,年销售额达500万元。由于成绩突出,殷勤获得了"江苏省三带能手"、"2019年度苏州市农村青年致富带头人"、"苏州市十佳新型职业农民"、"2020年度昆山市巾帼建功标兵"等荣誉,并在昆山市首届农业农村创业创新大赛中获三等奖。

(2)"靶向"之二:支持新农民提升科技创新水平

现代农业的发展,无疑离不开农业科技,离不开"新农民"这个农业科技成果转化的重要主体。随着农业结构调整和产业化进程的加快推进,农民科技素养不高的问题已成为农业科技创新的最大阻力,成为制约农业农村经济高质量发展的重要瓶颈。因此,提升农民科技水平和科学素养是推动农业科技创新、发展现代农业的核心举措。

在农业生产经营管理过程中,新农民掌握农业技术必然会经历一个由浅入深、由单一到综合、由常规到创新的循序渐进发展过程。刚开始,他们依靠自己原有的知识,通过掌握一些基本的、常规的技术,能基本满足农业生产经营需要。但是,农业农村新业态的发展、市场需求的变化,对新农民的科技创新能力要求愈来愈高,单靠他们原有的知识储备和自身力量已经不能满足需求,这就需要政府给予其在科技创新能力提升上的靶向政策支持。政府主要通过两个方面来提供支持,一是通过涉农项目立项支持他们对新技术的研发和新产品的创制;二是搭建科研院所与新农民创业载体的技术合作平台。

在支持涉农项目立项方面,譬如苏州馨海园林花木有限公司的徐峻育,他主要从事花卉种苗、温室花卉、园艺产品的研发、生产推广和相关服务。起初,他从事的是一些普通花卉的常规培养种植,但是随着市场竞争的不断加剧和市场对多样化产品需求的不断提高,徐峻育原来的产品和技术已经无法满足市场需求,必须进行产品提档升级和技术创新改造。就在这时,吴中区政府及区科技、农业主管部门对他给予了项目上的支持。2012年,徐峻育在区科技部门的支持下,开展了"茉莉花品种改良与反季节繁育、立体栽培模式"(WN201221)项目研究,为后续公司茉莉花品种改良和周年供应提供了技术支撑。2014年,徐峻育在区农业部门的支持下,实施了农业产业化重点扶持项目"新品彩色玫

瑰的反季节种植和繁育"，当年就种植新品彩色玫瑰12.53万盆，年销售9.62万盆，销售收入达96.2万元，带动周边农民增加收入62万元，有力地开拓了玫瑰产业化发展的新空间。

在支持搭建科研院所与新农民创业载体技术合作平台方面，譬如张家港市神园葡萄科技有限公司的徐卫东。2016年，在苏州市、张家港市农业部门的积极推动下，该公司与南京农业大学园艺学院房经贵团队合作，在张家港市杨舍镇福前村开展葡萄高效数字化育种平台建设。平台组建了一支包括行业知名专家、资深育种专家、专业技术人员在内的22人团队，建立收集并保留1200多个葡萄品种种质资源圃、砧木接穗互作试验园、生产试验园和新品种推广示范基地315亩，开展葡萄种质资源重要性状及MYB单倍型数据库、综合色泽性状分子设计育种技术等数字化育种技术运用种质资源评价、育种亲本精准选配、后代优株早期筛选、品种快速鉴定等葡萄育种全产业链研究，使葡萄育种效率提高了1倍以上。平台自建设以来设计了60余个杂交目标，完成了40个杂交组合，筛选了282株优株，其中25个优株进行了生产试验和区域试验。"园香妃""东方金珠"等3个品种已申请品种权；"园红玫""园金香"已完成非主要农作物品种登记；"园芊芊指""园红指""神红香蜜"等11个特色新品系已申请非主要农作物品种登记。申请发明专利1项，获得实用新型专利2项，获得省科技进步奖1项，省农技推广奖一等奖、二等奖各1项。发表论文7篇，其中SCI论文3篇，出版专著1本。与南京农业大学的长期合作，极大提升了徐卫东的葡萄育种科技水平，以及公司在葡萄新品种研发和产业化开发上的能力，使公司逐步成长为同行业的领头羊。

（3）"靶向"之三：支持农村一、二、三产业融合发展

农村一、二、三产业融合，是以农业为基本依托，通过产业链条延伸、产业融合、技术渗透、体制创新等方式，将资本、技术以及资源要素进行跨界集约化配置，以拓宽农民增收渠道、构建现代农业产业体系，加快转变农业发展方式，达到一产、二产和三产的全面融合发展。一、二、三产业融合发展是一种趋势，也是一种必然。近年来，苏州出现了许多一、二、三产业融合发展的成功实践，譬如产、供、销一条龙，育、繁、推一体化，产、学、研一盘棋，以及农副产品深加工等。在乡村振兴背景下，一、二、三产业融合已越来越广泛而丰富，除了较为常见的农、文、旅融合外，还包括高科技、金融、高等教育、研发设计、养生养老等高层次产业与乡村的生态、山水风光、优秀传统文化、传统手工业融合在一起，使乡村形态和内涵都得到极大提升，走出一条集

高质量经济、高颜值环境、高品位生活于一体的乡村发展新路。近年来，苏州各地也在积极探索，出台相关一、二、三产业融合发展靶向性支持政策，在资金、项目、土地等方面给予支持，利用乡村特色资源，引进工商资本和高水平团队，通过一、二、三产业融合，加快乡村环境改造和内涵提升，让乡村焕发出令人神往的魅力容颜，吸引更多的新农民到乡村创业创新，带动更多的农民增收致富。

譬如，昆山市张浦镇尚明甸村依托良好的自然湿地生态环境，以传统古村落与田园风光共促共建为原则，引入科技、文化、旅游等元素，积极打造"乡野硅谷"，开辟出一条"乡村+科创"一、二、三产业融合发展的乡村振兴新路径。政府在其发展过程中，给予土地、资源、人才、资金等全方位政策支持，实现"五个一"：打造一个新样板，张浦镇优先拿出原有集体资产、腾退乡村存量空间资源支持尚明甸村发展科创产业，打造"乡野硅谷"；创新一套新模式，探索一条政府引导、村民主体、社会参与的"三位一体"有效运营模式；创出一条新路子，将村民闲置农房引导发展为专业化、规模化、规范化的村民宿集，助推农民增收、百姓富裕；展现一个新特色，弘扬江南水乡文化，恢复江南圩田风貌，展现"圩田文化"特质；营造一种新风尚，以乡风文明为基石，构建自治、法治、德治"三位一体"乡村治理格局，树立新时代乡村新风尚。尚明甸"乡野硅谷"预计投资1.2亿元，规划建设景观塔、乡村振兴展示馆等功能建筑，建造车行道路、人行桥梁等道路桥梁设施，打造花海景观、入口雕塑等景观项目，同时开展水环境整治、村庄环境提升，配套天然气、亮化系统等基础设施，并引进"海绵乡村"建设理念，打造生态宜居的尚明甸乡村环境。同时，筑巢引凤，引进创新科技、文化、产业等进驻乡村，吸引高端人才聚集，塑造科创与田园交相辉映的特色乡村。目前，尚明甸村已成功落户9个人才科创项目——互联网信息技术行业5个、大健康医疗行业2个、光电行业1个、新能源行业1个。其中，重点打造以"智慧医疗"为核心的大健康产业孵化基地。同时，以富民、惠民、利民为出发点和落脚点，发展打造集旅游导览、宿集管理、餐饮功能于一体的乡村宿集。通过这种一、二、三产业融合发展模式，吸引社会资本进入乡村，吸引优秀人才扎根乡村创业，壮大了集体经济，增加了农民收入。

譬如，相城区望亭镇依托市级农业园区和成熟的稻米产业，大力扶持返乡下乡人员和各类市场主体参与一、二、三产业融合发展，积极打造北太湖旅游风景区，形成了具有一定规模的食味南河港农家乐主题街区和乡村民宿集群，

盘活了乡村闲置农房资源，增加了农民收入。食味南河港——"稻香人家"农家乐主题街区具有为北太湖旅游风景区提供休憩餐饮、茶语小坐等重要功能，也是景区对外展示形象的重要渠道。目前食味南河港街区已有14家农家乐，用餐面积约5000平方米。为进一步加强对农家乐的规范管理，提升农家乐服务质量，望亭镇开展了农家乐星级评定工作，主要由各职能部门通过打分对经营服务场所、餐饮设施条件、环境卫生要求、安全防范等进行评定。望亭镇成立了由消防、安全、环保、市场监督等部门组成的农家乐联合督查小组，定期开展联合安全大检查，为农家乐的有序发展提供有力的保障。在乡村民宿发展上，北太湖旅游风景区目前已拥有6家民宿，共计44间房，床位数62个，总建筑面积约3000平方米。景区内所有民宿营业执照、食品经营许可证、公共场所卫生许可证等相关证照齐全，其中墨舍民宿获得相城区首张旅游民宿备案登记证，正式成为相城区的0001号民宿。民宿客房装修严格按照相城区民宿管理要求，带有浓郁的地方特色，整体架构结合空间美学，设计高雅温馨，简约舒适；房间采用明窗设计，可尽览油菜花海。民宿内设施完善，配备书吧、多功能会议厅、娱乐区、花园式庭院等，给游客带来了更好的度假体验。

（4）"靶向"之四：支持农业绿色生态发展

人与自然是生命共同体，人类必须尊重自然、顺应自然、保护自然。遵循自然规律，实现农业绿色发展，必然要求农业农村走生产发展、生活富裕、生态宜居的"三生"协调发展道路。实施乡村振兴战略，迫切需要依靠靶向性支持政策推动形成绿色生产方式，加强绿色农产品供给，支撑特色优势产业做大做强，引领农业多功能发展，推动农村环境整洁优美，提高农民科技文化素质和生活幸福指数，实现"产业兴旺、生态宜居、乡风文明、治理有效、生活富裕"的目标。近年来，苏州围绕农业绿色生态发展，在湿地保护、循环农业、农业投入品绿色化减量化等方面积极探索，制定出台了诸多靶向性政策，为新农民的生产经营注入了新的理念，营造了绿色生态的农业发展环境。

湿地保护：湿地与森林、海洋并称为全球三大生态系统，并因其在调节气候、涵养水源、降解污染、保护生物多样性等方面的特殊功能而被誉为"地球之肾""碳的存储器""物种的资源库"和"鸟类的家园"。重要湿地和一般湿地的保护，是维护生态环境质量必须坚守的红线。苏州高度重视湿地保护工作，在机构、编制、人员、立法、资金、项目等方面给予政策支持，为湿地保护健康可持续发展提供了坚实保障，也为城乡居民、新农民和各类市场主体参与湿地保护营造了良好的社会氛围。2009年4月，苏州市成立了全省首家独立建制的湿地管理机构——苏州市湿地保护管理站。2010年7月，苏州市率先在全国推行大规模的湿地生态补偿，对沿太湖、阳澄湖的湿地村，按照每个行政村每年50万元的标准进行补偿，每年市、区两级财政用于湿地生态补偿的资金达到5000万元。2011年，《苏州市湿地保护条例》经江苏省人大常委会批准于2012年2月2日出台实施，该条例是江苏省首部湿地保护的地方性法规。《苏州市湿地保护条例》进一步明确了湿地保护行政管理主体，重点对湿地的法律定义、湿地保护管理体制、重要湿地认定、湿地征占用管理等方面做了具体的规定，对认定的重要湿地和一般湿地的征收占用设定了前置审批，成为最严格的湿地保护法规，为加强湿地保护提供了法制保障。目前，苏州市湿地保护主要指标均位于全省前列，全市已建成各级湿地公园21个，其中国家级6个、省级8个、市级7个，逐步形成了多类型、多层次、多功能的湿地公园体系，全市自然湿地保护率达到64.5%，居于全省前列。2020年，苏州市太湖、长江等15处湿地被列入省级重要湿地名录，其总面积有347.5万亩，占全市自然湿地总面积的86.2%，数量和面积均居全省第一。苏州市省级、市级重要湿地全部被纳入红线管控范围，占自然湿地总面积的比例为93%。

生态循环农业：2020年5月28日，十三届全国人大三次会议表决批准2020年国民经济和社会发展计划，其中明确提出推进环太湖城乡有机废弃物处理利用示范区建设。2020年8月20日，习近平总书记主持召开扎实推进长三角一体化发展座谈会并发表重要讲话，强调要推进环太湖地区城乡有机废弃物处理利用，制定系列配套保障措施，为长三角地区生态环境共保联治提供借鉴，为全国有机废弃物处理利用做出示范。苏州市政府高度重视，专题研究推进环太湖城乡有机废弃物处理利用工作，并积极创造条件，为相关高校、科研院所和各类市场主体参与此项工作提供政策支持。2017年，中国农业大学与苏州市正式签约，中国农业大学有机循环研究院（苏州）落户吴中高新区，研究院围绕有机资源循环利用领域开展技术研发、平台建设、项目孵化、成果转化及产业化等工作，建设开放式创新孵化和成果转移转化平台，目前已集聚了50多名高层次科研人员，力争打造成我国有机资源循环利用领域重要的创新研发和产业集群高地。由中国农业大学有机循环研究院（苏州）投资建设的有机废弃物处理利用示范中心已落户吴中区临湖镇，这也是国内首个环太湖城乡有机废弃物处理利用示范基地，将为太湖保护探索新的路径。吴中区临湖镇为示范中心提供建设用地和厂房，并在用地、环评、废弃物原料运输、有机肥产品推广应用等方面给予全力支持。目前，吴中区临湖有机废弃物处理利用示范中心设计日处

理能力40吨，可以对餐厨垃圾、淤泥等原本需要通过填埋处理的有机废弃物，进行高效协同生物处理与资源化利用，通过在废弃物中加入耐高温、耐盐微生物菌剂，可在7天内完成好氧发酵，就地转化生产出有机肥、栽培基质和土壤调理剂等产品，实现镇域有机废弃物的"零"废弃，不出镇、不入河，达到资源回收，从而减少环境污染，实现化肥农药减量，推动农业绿色发展。2021年，除了临湖基地外，吴中区已在探索东山、金庭两镇基地建设，力争为环太湖城乡有机废弃物处理利用积累先导经验。苏州城乡有机废弃物处理利用示范区建设，将催生出农业农村绿色生态新产业，为新农民及各类市场主体带来更多的创业创新机会，有力推动长三角乃至全国生态绿色农业发展。

此外，苏州积极扶持生态循环农业试点村建设。2020年，江苏省农业农村厅、江苏省发展和改革委员会、江苏省财政厅、江苏省科学技术厅、江苏省生态环境厅和江苏省水利厅等6部门公布了31个省级生态循环农业试点村，苏州市张家港市杨舍镇善港村、常熟市支塘镇蒋巷村、昆山市锦溪镇长云村成功入选。今后3年，将在试点村推进项目建设，力争形成一批可借鉴、可复制的生态循环农业建设典型模式并在全市推广，打造"生态兴业、生态强村、生态富民"的鲜活样板。为推进生态循环农业试点村建设，苏州建立了一整套工作机制和政策扶持体系。一是健全推进机制，提升服务效能。苏州市建立省级生态循环农业试点村建设工作市、县、乡、村四级联系人服务体系，形成高效便捷的政策传达、疑惑解答、监督指导机制。以县（市）为单位成立政府主要负责人任组长、分管负责人任副组长，县相关部门及乡镇主要负责同志为成员的试点村建设工作领导小组，加强对各项工作的组织领导，建立督导推进机制，协调解决试点过程中存在的困难和问题，切实保障试点村建设各项任务的有序有效开展。二是对接专家团队，编制建设方案。3个省级生态循环农业试点村主动对接技术支撑单位，共同推进试点村建设方案（建设规划）的设计与编制。张家港市杨舍镇善港村建设项目技术支撑为江苏省农业科学院循环农业研究中心叶小梅主任团队；常熟市支塘镇蒋巷村建设项目技术支撑为扬州大学沈新平教授团队；昆山市锦溪镇长云村建设项目技术支撑为江苏省农业科学院循环农业研究中心盛婧研究员团队。三是强化资金统筹，推进项目实施。加大对省以上专项转移支付资金和本级财政资金统筹力度，积极支持试点村开展生态循环农业建设。善港村3年计划总投资550万元，其中财政资金支持330万元；蒋巷村3年计划总投资400万元，其中财政资金支持300万元；长云村3年计划总投资468.3万元，其中财政资金支持370万元。张家港市善港村将通过采用绿肥固氮、生物炭燻燃、土壤调理剂 EM 菌剂等技术，改良土壤 2850 亩。常熟市蒋巷村将通过将区域内养猪场产生的猪粪经发酵后还田种植紫云英，同时养殖鹅，鹅粪还田后种植水稻，构建"稻—紫云英—鹅"循环系统；昆山市长云村将建设稻田尾水生态净化塘，改造 4000 米农田进排水管道，铺设 2700 米水泥道路，为后续循环农业项目实施提供设施条件。

农药零差率配送："零差率"是指农药价格统一按照政府招标价格和议标价格（出厂价格）实行零差价销售，以有效减轻农户防治农作物病虫害成本，中间差价通过财政补贴的形式补贴给经销商、农资公司及其配送点。2010 年，张家港市在苏州率先开展了农药零差率集中配送。2013 年，苏州全市实现了农药零差率配送全覆盖。各地成立农药集中配送领导小组和工作小组，通过公开招标、议标，向农药生产企业集中采购农药，并按照采购价格出售给农民。具体做法是，农资公司负责把通过招标采购的农药配送到各镇配送站点，农户凭身份证或电话号码在配送站点直接购买平价农药，配送站点还提供农药的使用方法。农户购药上限根据种植品种和面积设置，超出限额部分不再提供政府"零差率"补贴的农药。这种农药零差率集中配送模式在推进农业投入品绿色化减量化、推动农业绿色发展方面起到了"四两拨千斤"的作用。一是降低了用药成本，减轻了农民负担。实施农药零差率配送后，大大降低了用药成本，有效减轻了农民负担，激发了农户科学种田的积极性。据统计，实施集中配送前，苏州市农民的亩均水稻用药成本为 120 元左右、蔬菜为 280 元左右，集中配送后分别降至 86 元左右和 208 元左右。二是规范农药经营，实现源头保障。各地在实施农药零差率过程中实行统一标识和信息化管理，农药被贴上条码标签，将条码扫入，便可查询农药的名称、规格等信息。太仓、相城等地建立了配送信息管理平台，将农药配送的各个环节全部纳入电子化管理，从源头上杜绝高毒残留和假冒伪劣农药产品流入农资市场，确保农民用上"放心药"。三是促进农药减量，保障生态安全。每年年初，苏州市植保植检部门发布农作物农药推荐名录，其中高效低毒农药占 99%，各市、区结合当地实际情况确定各自的推荐名录，零差率集中配送的农药均选自此名录，通过技术指导与科学使用，引导农户用好药，少用药。这样既控制了病虫危害，又减少了农药使用，实现了农业生产上保产控害与生态安全的双赢。2017 年，经省政府同意，江苏省农业委员会联合江苏省供销合作总社发文，在全省推广苏州的农药零差率集中统一配送模式。

(5)"靶向"之五：支持农产品品牌建设

品牌化是农业现代化的标志，是转方式、调结构的重要抓手。品牌是重要的无形资产，品牌化是农业市场化与产业化进程中的一种必然。"十二五"以来，苏州将支持农产品品牌建设作为引领新农民素养提升，促进农业提质增效和农民增收致富，推进乡村振兴和率先基本实现农业农村现代化的重要举措。各地在地方特色品种种质资源保护，农产品品牌建设，以及阳澄湖大闸蟹、碧螺春茶叶等知名品牌保护发展方面出台相关扶持政策，着力推动质量兴农、品牌强农。

2020年，吴江区以"吴江大米""吴江太湖大闸蟹""吴江香青菜"等区域公用品牌建设为重点，按照"一年见成效、三年有突破、五年新跨越"的工作目标，积极开展区域公用品牌创建、保护和发展，推动各地结合优势产业，因地制宜开展各具特色的农产品区域公用品牌创建，全面提升农产品品牌影响力和整体竞争力，推进农业农村经济可持续发展。到2022年，吴江区计划建成有一定市场影响力的农产品区域公用品牌3个，形成1万亩稻田生态种养基地，年产值达5000万元的"吴江大米"综合种养产业；形成1万亩标准化池塘太湖大闸蟹养殖基地，产值超1亿元的"吴江太湖大闸蟹"产业；形成2000亩香青菜种植基地，产值近2000万元的"吴江香青菜"产业；绿色优质农产品比重达到60%。

2021年，常熟市针对农产品品牌建设出台了一揽子扶持政策，对获得农产品地理标志、地理标志证明商标、农产品区域公用品牌的，每个最高奖励20万元；新申报或续展绿色食品、有机食品认证的，按照当年度获证产品个数，每个产品最高奖励2万元，绿色食品总额不超过6万元，有机食品总额不超过10万元，每个主体总额不超过10万元；新认定农产品品牌目录单位，省级、苏州市级每个分别最高奖励5万元、3万元；当年度参加行政事业单位组织的各类品牌农产品评比获奖的，国家级金、银、铜奖分别最高奖励5万元、3万元、2万元，省级金、银、铜奖分别最高奖励3万元、2万元、1万元；制定苏州市级（含）以上生产技术标准的，每项奖励1万元；新创建认定为常熟市农产品质量安全可追溯示范单位的，每个最高奖励2万元，对经营状况良好、年度考核优秀的单位，每个最高奖励1万元；新创建认定为常熟市食用农产品合格证示范单位的，每个最高奖励2万元；成功创建并通过验收的"常熟大米"区域公用品牌示范基地，每个最高奖励10万元。

阳澄湖大闸蟹是苏州特色、优质农产品的代表，是苏州的一张靓丽名片，在推动产业发展、促进农民增收方面发挥着重要作用。但是，多年来，假冒伪劣、短斤缺两、商标侵权等不良行为时有发生，给阳澄湖大闸蟹品牌保护、产业发展以及渔民利益造成了很大影响。为此，近年来，苏州市农业农村部门、市场监管部门加大对违法违规行为的打击力度，加强阳澄湖大闸蟹品牌保护和发展。苏州市农业农村局在职责范围内加强阳澄湖大闸蟹养殖生产和品牌建设监管，加快沿湖周边相关乡镇高标准池塘生态改造进度，在湖区和沿湖周边高标准生态池塘推行统一的生产技术规程和质量控制规程，确保湖蟹、塘蟹质量一致。严格按照《关于阳澄湖围网养殖禁止使用冰鲜鱼（海鱼）及畜禽动物内脏投喂的通告》要求，多举措、全方位督促养殖生产单位和养殖渔民进一步规范养殖生产行为，严厉禁止湖区围网养殖投喂冰鲜鱼（海鱼）行为。启动阳澄湖大闸蟹质量安全专项监测行动，分阶段、按季度定期对阳澄湖大闸蟹、环境进行现场检查与检测，在重点地区、重要时间节点开展养殖池塘水质检测工作。苏州市市场监督管理局在职责范围内加强对市场交易的监管，对苏州市辖区内阳澄湖大闸蟹养殖经营者有以假充真、以次充好、短斤缺两、以低规格冒充高规格，违反计量法律法规，违反价格法律法规，侵犯他人注册商标专用权，违反广告法律法规，经营者店招、宣传牌、发行的蟹券标注信息等足以误导消费者等行为的，依据相关法律法规予以查处。苏州市阳澄湖大闸蟹行业协会在职责范围内切实履行阳澄湖大闸蟹农产品地理标志持有人的职责。

　　碧螺春茶是苏州农业的特色优势产业，在吴文化传承和全市农业农村经济发展中发挥着重要作用。多年来，苏州市政府有关部门有针对性地制定碧螺春茶品牌保护和发展政策，在种质资源保护、新品种选育、品牌认证、标准制定、龙头企业培育、市场营销等方面给予支持，促进碧螺春茶产业健康有序发展。一是建立"三大体系"，强化碧螺春茶品质保持。（1）建立品质指标识别体系。碧螺春茶一芽二叶鲜叶成分中的氨基酸等生化指标明显高于其他绿茶，因而制成的绿茶香鲜浓、味鲜醇、色鲜艳；碧螺春茶的香气成分共有 42 种，芳樟醇含量高，使碧螺春茶具有优雅的花果香。自 2016 年起，相关部门对收集的碧螺春茶种质资源进行了 ISSR 分析，摸清了碧螺春茶树种质资源遗传的多样性，建立了聚类分析树状图谱。（2）建立全程质量控制体系。茶区建立了碧螺春茶全程质量控制和标准化生产体系，统一编制了碧螺春茶质量制度规范，成立了碧螺春茶全程质量控制技术体系领导小组，明确了岗位职责，落实了碧螺春茶生产经营企业的主体质量责任，实现了碧螺春茶从生产基地到产品销售全过程的质量安全管控。（3）建立健全种质资源保护体系。2011 年和 2016 年，苏州市分别

出台了《关于印发苏州市级农业种质资源保护项目及专项资金管理办法的通知》《苏州市级农业种质资源保护项目及专项资金管理办法》，明确将碧螺春茶树列入苏州市农业种质资源保护项目，并规定了碧螺春茶叶种质资源保护的内容，每年安排专项资金开展保护工作，碧螺春茶树种质资源走上法制化保护轨道。截至 2020 年年底，全市已收集碧螺春茶树种质资源 152 个，建设了 4 个共计 205 亩的碧螺春种质资源圃、新品种示范基地，成功选育出碧螺春茶树新品种"槎湾 3 号"，并通过了江苏省非主要农作物品种委员会审定，成为茶园规模种植首选。二是落实落细"四项举措"，推进碧螺春茶叶品牌拓展。（1）规范标识标牌设置与使用。苏州市洞庭山碧螺春于 1998 年 3 月获准注册地理标志证明商标，自 2002 年 12 月起，实施原产地域保护。2017 年，洞庭山碧螺春茶叶被中国茶博会授予"中国优秀茶叶区域品牌"称号；2019 年，获"中国茶叶区域公用品牌价值十强"和"最具品牌溢价力品牌"称号。截至目前，洞庭山碧螺春茶叶取得了"绿色食品"认证、"有机茶"认证、"江苏省著名商标""江苏省名牌产品""中国名牌农产品""中国驰名商标"等多项荣誉。（2）推进碧螺春茶叶绿色标准化生产。积极推行省级绿色优质碧螺春茶叶基地创建，集成推广覆盖主推品种、栽培管理、投入品使用、质量追溯等全链条的碧螺春绿色生产技术和管理规范，培育了 14 家碧螺春茶叶绿色食品企业、2 家省级龙头企业、4 家市级龙头企业、4 家碧螺春茶叶市级产业化联合体、19 个绿色食品，碧螺春茶绿色影响力得以彰显。（3）开展质量追溯平台搭建与使用。积极推动物联网技术和互联网手段在碧螺春茶质量监管中的应用，对全市碧螺春茶叶质量追溯平台运行监测情况实行每月核查通报，核查通报内容包括追溯管理、监管巡查、产品抽检、生产经营主体自检情况等。公开碧螺春茶投入品禁用清单和使用名录。（4）品牌宣传开启创新之路。2018 年 12 月，苏州市政府印发《苏州市农产品区域公用品牌建设实施意见》，把碧螺春茶叶区域公用品牌的创建、保护和发展列为重点工作。多家主流媒体包括央视财经频道、农业频道等曾多次宣传报道苏州碧螺春茶产业。相关部门组织企业多次赴北京、杭州、香港、南京等地参加大型茶博会、展览会、世园会进行宣传推广。2017 年至 2019 年，先后 3 次获中国绿色食品博览会金奖。2019 年 1 月，洞庭山碧螺春茶产区被农业农村部等 9 部委认定为中国特色农产品优势区。2020 年 5 月，碧螺春茶叶企业被列入"江苏最美绿色食品茶叶企业"。三是积极探索"五个创新"，传承碧螺春茶文化。（1）创新古法技艺传承。"苏州洞庭山碧螺春绿茶制作技艺"获评国家非物质文化遗产，"江苏吴中碧螺春茶果复合系统"被列入中国重要农业文化遗传名录。

（2）创新人才培育方式。通过实施科技入户工程、产业体系培训项目、科技计划项目等，持续加强茶叶人才队伍技术培训力度，平均年培训各类人员达200人次。（3）创新文化传播方式。整合高校和茶叶行业协会资源，为苏州各界人士包括在苏高校留学生提供茶学类相关培训。编辑出版《碧螺春》《洞庭碧螺春》，讲好苏州"碧螺春"故事。深入挖掘碧螺春历史文化内涵，建造江南茶文化博物馆。（4）创新茶、旅融合方式。以"碧螺春"品牌串联乡村旅游节庆活动，先后举办炒茶能手擂台赛、"碧螺姑娘"评选、碧螺春茶拍卖会和"中国苏州洞庭山碧螺春茶文化旅游节"等活动，推动茶经济与旅游产业联动发展。举办北京推介会、"洞庭山碧螺春茶产业发展论坛""中国名茶发展高层研讨会"和"洞庭山碧螺春茶产销对接会"。（5）创新营销方式。通过开发利用电商等营销、促销平台，提升市场营销能力。近年来，通过直销与微博营销、短信营销、直播带货等现代营销手段相结合的方式开拓营销渠道，拓展新型流通渠道，2020年互联网销售额达1.33亿元，占总销售额的33%以上。

4. 保障性政策

保障性政策是帮助农民规避风险，保护农民生产、经营积极性的必要措施。

（1）农业保险

2006年5月，苏州市出台《关于推进苏州市农业保险的实施意见》（苏办发〔2006〕32号），采取"统一招标、分层委托、自愿参保、政府支持、市场运作、专业监管"的"委托代办"模式。凡在苏州市范围内从事农业生产和农产品加工的农户、农业企业、农业专业合作组织等，均可根据险种的具体条款自愿参保。苏州市及各市（区）设立农业保险补助基金，对水稻、苗木、生猪、内塘水产养殖、家禽等5个市级重点险种的投保给予财政补贴。明确对水稻险种，市级财政补贴20%，各市（区）和乡镇财政补贴40%，投保人（农户、农业企业、农业专业合作组织等）负担40%，其他险种补贴标准另行确定。

苏州作为农村改革试验区，2016年承担"重要农产品收入保险试点"，分别在张家港、常熟开展水稻收入保险和生猪价格指数保险。2018年，承担"特色农产品综合气象指数保险试点"，选择拥有特色桃产业的张家港市凤凰镇作为试点地区；2019年，太仓市承担"探索开展蔬菜气象指数保险、气象灾害违约责任保险和蔬菜收购价格指数保险改革试点"。

2019年，为进一步释放市场活力，稳步推进苏州全市农业保险工作，更好地服务乡村振兴战略，苏州市政府办公室出台了《关于进一步完善苏州市农业

保险市场化经营的实施意见》(苏府办〔2019〕2号),规定从2019年起,农业保险按照全省统一部署,经营模式由政府与保险机构"联办共保"转为政府指导下的保险机构承保,地方政府不再分担保费收入和赔付责任,目标到2020年,建立健全以政府引导、保险机构市场运作模式为主体的保障充分、覆盖广泛、服务精准、持续发展的多层次农业保险体系,实现经营模式由"联办共保"向保险机构自主经营转变,市场资源配置进一步优化,保险服务质效进一步提升,风险保障机制进一步完善,保险机构活力进一步激发,农户的满意度进一步提高。文件除了要求按照省政府规定做好承保转接工作外,还要求各地创新发展,推进农业保险扩面、增品、提标。结合优势产业,加快发展地方特色优势农业保险险种,服务地方经济发展。支持保险机构开发产量保险、价格指数保险、收入保险、气象指数保险等新型农业保险产品,发展壮大渔业保险,加快推进农业机械综合保险,不断扩大保险覆盖面,提高保障程度。

到2020年,全市政策性农业保险已开单险种达39个,涵盖种植业、养殖业、果品、其他高效设施农业、农机等5大类别,共投保农户2.85万户,提供农业风险保障40.89亿元。目前,苏州政策性农业保险第三轮承保期已于2020年12月31日到期,从2021年1月1日起,进入第四轮承保期。

(2) 农业担保

2007年5月,苏州市农业担保有限公司成立,在全国首创"一保两补"(农业贷款担保专项资金和担保费用补贴、贷款利息补贴)农民贷款担保贴息体系,开启了让农民既"贷得到"更"贷得起"的农贷新路径。2018年4月,出台了《关于进一步推进我市农业信贷担保体系建设的实施意见》(苏财农〔2018〕34号),对从事粮食、畜牧、水产、菜茶花果等种养及其初加工、精深加工、经营和销售等项目的家庭农场、种养大户、农民合作社、农业(龙头)企业等新型农业经营主体给予300万元以下的贷款额度,列入市级名录的示范合作社贷款额度可放宽到500万元,市级(含)以上农业龙头企业贷款额度可以放宽到1000万元。

(3) 小额贷款

2014年9月,苏州市财政局、苏州市委农办、苏州市农业委员会联合制定出台《苏州市"惠农贷"小额贷款财政贴息办法(试行)》,创新推出"惠农贷"小额贷款产品,引导金融资本加大对农业种养大户和家庭农场的支持力度。对粮食经营面积达到100亩、蔬菜设施生产面积25亩(露地30亩)以上、生猪年出栏2000头以上、家禽年出栏20000羽以上、水产养殖面积25亩以上的种养大户及取得营业执照的家庭农场给予"惠农贷"小额贷款支持,贷款额度上限50万~80万元不等。贷款利率参照人民银行规定的一年期贷款基准利率执行,财政给予年息5个点的补贴。2018年4月,苏州市财政局、苏州市委农办、苏州市农业委员会联合制定出台《苏州市"惠农贷"小额贷款财政贴息办法(试行)》《关于进一步推进"惠农贷"的实施意见》(苏财农〔2018〕35号),拓宽支持对象的范围,本市户籍或有苏州市居住证的种养大户、新型职业农民、返乡下乡创业创新人员、家庭农场主均可享有优惠利率小额贷款政策,并统一贷款额度上限为80万元。

三、平台篇

平台是政策、信息、资金、市场、人才、技术、中介等科技资源的集聚场所,具有整合集聚科技资源的基础功能和提供科技创新公共服务的示范传播作用。新型职业农民的培育成长离不开各类平台的打造,各类平台的打造为新型职业农民的成长壮大拓宽了空间、创造了条件。多年来,苏州市积极推进现代农业园区建设,着力推动品牌农产品发展,大力培育新业态、新模式,不断丰富各类活动内容,通过多措并举,为新型职业农民的培育造就和创业创新搭建多重载体,拓宽了施展才华的舞台,为新型职业农民成长成才提供了重要支撑。

1. 建设现代农业园区

苏州各地现代农业园区规划布局严谨、产业特色鲜明、经营主体多元、科技装备先进、生态环境良好、管理效益显著。截至2019年年底,全市市级以上农业园区面积达到134万亩,占耕地面积的比例达到56%。园区内基本实现"渠相通、路相连、田成方、林成网、旱能浇、涝能排",基本做到田地平整、土壤肥沃、路渠配套、设施完善、环境优良。与此同时,全市市级以上现代农业园区共建成各类公共服务平台96个,设有农业技术服务中心、农机化服务中心、工厂化育苗中心、农资配送中心、农产品检测中心,建有农机、烘干设备库房、优质农产品营销配送中心等。随着现代农业园区的建设,智慧农业也同步加快发展。太湖、阳澄湖渔业产业园建成了在线监测系统,常熟董浜蔬菜产业园利用移动互联网对111座节水灌溉泵站及圩区排涝站实施远程监控等,使农业园区成为新型职业农民成长的适宜之地、充分展示自身聪明才智的用武之地。

(1) 相继出台政策,推动现代农业园区发展

苏州现代农业园区建设起步较早,西山现代农业示范园区早在1998年就被

财政部和农业综合开发办公室认定为国家现代农业示范区。2007年,苏州市委部署落实"百万亩农业规模化示范区建设"。2011年,苏州市出台《关于进一步加快推进现代农业园区建设发展的意见》,明确将现代农业园区建设作为苏州市第一个基本实现农业现代化的重要举措。同时,苏州市委、市政府在2011年、2012年出台的《关于实施农业现代化工程的意见》和《关于进一步保护和发展农业"四个百万亩"的实施意见》中,均提到了"加快现代农业园区建设"的相关要求。2014年,市政府制定出台《苏州市市级现代农业园区认定管理办法》,推动了全市现代农业园区的大建设、大发展。2020年,为进一步增加现代农业园区的运营活力,推动现代农业园区转型升级,苏州又出台了《关于实施"千企入园"工程推进现代农业园区高质量发展的意见》,指导、鼓励各方有志人才到现代农业园一展雄姿。

(2) 行政加强统筹,促进现代农业园区转型

苏州各级党委、政府认真贯彻落实中央、省、市关于加快现代农业园区建设的一系列决策部署,紧紧围绕"现代农业建设迈上新台阶"的总体要求,明确功能定位、强化基础建设、提升产业发展,不断推进现代农业园区建设提档升级。截至2020年年底,全市已建成国家现代农业示范区6个,省现代农业产业园区9个、市级现代农业园区47个,一批县(区)级现代农业特色园区也相继涌现。苏州太湖现代农业示范园于2019年被列入第二批国家农村产业示范园创建名单,张家港常阴沙、吴江同里、昆山巴城、常熟市现代农业产业示范园均被列入省级农业产业示范园名单,苏州市吴江区现代农业产业园于2020年成功被纳入国家现代农业产业园创建管理体系。

截至2020年年底,苏州全市市级以上农业园区共有入园企业超800家,农民专业合作社662家,家庭农场和专业大户4255户。农业园区内有新型职业农民近4500名,占全市新型职业农民总人数的67%左右。其中初高中学历者占了园区内新型职业农民总数的50%左右,专科生和本科生占了40%左右。

(3) 园区提档升级,增强引才聚才功能

加快发展和提档升级的各级各类现代农业园区,不仅成为苏州现代农业的靓丽名片和美丽风景,更多已成为众多新型职业农民锻炼自我、施展才能、挥洒热血、勇于作为的主战场和拼搏地。

① 严格保护农用耕地,让新型职业农民拥有施展聪明才智和能力的空间

现代农业园区是保护基本农田和"四个百万亩"产业发展空间的重要载体,截至2019年年底,全市市级以上农业园区面积达到134万亩,园区内粮油、水

产、园艺作物面积达到 83 万亩。各地已经划入农业园区范畴内的农业用地在城乡规划时将优先考虑农业生产，以占补平衡减速非农用地，对全市耕地的保护起到了很好的促进作用，为全市"米袋子""菜篮子"的市场供应提供了必要的保障，同时也为新型职业农民有地可用提供了有力的支撑。

② 打造特色产业，让新型职业农民尽展其能

广大新型职业农民在各级各类现代农业园区内，努力地磨炼着自己的品质和意志，尽情地施展着各自的技能和本领，培育生产了一大批有特色、有品牌、市场认可度高的优质农产品。例如，昆山市巴城镇现代渔业园区的"阳澄湖大闸蟹"、苏州高新区通安现代农业园区的"树山翠冠梨"、苏州御亭现代农业园区的"金香溢"大米、苏州西山国家现代农业示范园区的"青种枇杷"、吴中区东太湖现代农业产业示范园区的"白沙枇杷"、江苏省吴中现代农业产业园区的"水八仙"、张家港市凤凰水蜜桃产业园区的"凤凰水蜜桃"、昆山市巴城镇现代农业园区的"巴城葡萄"、江苏省太仓现代农业产业园区的"太仓白蒜"等，这些优质农产品深受城乡居民的喜爱和青睐。

③ 整合各类资源，让新型职业农民实现共赢共享

各地坚持以推动现代农业园区建设为抓手，推动面上现代农业的健康持续发展。各级各类现代农业园区均集中整合了各级财政资金和社会资本，积极推进高标准农田建设、标准化池塘改造和蔬菜园艺标准园区建设等基础设施的改造与提升，同时吸引和引进了一批农业类高层次人才，将苏州市的智慧农业项目依托现代农业园区承建，在园区内建立智慧农业生产经营、管理服务、决策应用体系，实现"生产经营一张网""管理服务一朵云""数据资源一张图"，园区基础设施建设水平全省领先，成为苏州现代农业对外展示的有效窗口。另外，各地以农业园区布局产业，引导优质水稻、特色水产、蔬菜园艺向农业园区集中，便于规模化、现代化发展。例如，苏州太湖现代农业示范园整合园区内的土地、劳动力等资源，统一规划布局，以"一粒米""一只蟹""一朵花"为三大主导产业，走规模化、智能化发展路线，水稻全程机械化耕、种、收，已建成智能控制中心和智慧农业核心区，实现了通过智能化系统对大田作物生产进行远程监测操控，既为农业生产提供了精准化种植、可视化管理，也让新型职业农民从中增长了知识，丰富了技能。

④ 积极招商引资，让新型职业农民壮大实力

苏州的现代农业园区近 90% 的经营主体均由新型职业农民牵头组建或联合组建。各类经营主体的入驻，为农业园区发展带来了内生动力。例如，吴江现

代农业产业园区入驻的 4 家农产品冷链配送企业已形成集聚效应,为苏州市约 60 万名中小学生提供食堂原材料供应,市场份额占全市的 70%,年销售额超 8 亿元。常熟市虞山镇都市生态农业产业园的华冠园创园艺科技有限公司,主要从事园艺植物新品种培育、种苗种子生产和园艺作物栽培技术研发,公司通过淘宝线上销售,以单一品种占据淘宝花卉类目中月季类第一,年销售额超过 4600 万元。

⑤ 推广园区模式,让新型职业农民走到了市外和省外

例如,张家港经济技术开发区(杨舍镇)善港现代农业园区分别在贵州沿河县中界镇高峰村、陕西安塞区沿河湾镇方塔村、湖北恩施州咸丰县高乐山镇杨柳沟村、江西井冈山古城镇沃壤村、陕西安塞区沿河湾镇侯沟门村等 9 个村推广园区内种植的特色果蔬品种,广大农技推广人员和新型职业农民为当地带去了园区先进的农业生产技术和经营管理理念,既让农技推广人员和新型职业农民走出了苏州,对外展示和提升了个人技能和本领,又帮助当地农民实现了脱贫致富。

园区内完善的基础设施条件和平台,培育了一批高精尖新型职业农民。如张家港经济技术开发区(杨舍镇)善港现代农业园区内的神园葡萄负责人徐卫东入选江苏省乡土人才"三带"人物;常熟市虞山镇都市生态农业产业园内的苏州恒洋澳龙农业科技有限公司执行董事陶胜入选全国农村创新创业优秀带头人;苏州御亭现代农业产业园内的苏州市相城区金香溢农机服务专业合作社理事长朱伟琪荣获"全国农业劳动模范"称号;苏州御亭现代农业产业园内的苏州市小林农业科技发展有限公司总经理林亚萍获评团中央"乡村创富好青年"、全国新型职业农民培育百佳典型、江苏省"科技致富明星";2020 年 8 月,由中央广播电视总台推出的大型新农技能挑战节目《超级新农人》系列节目首期聚焦苏州 7 位不同行业的新农人,其中 6 位来自现代农业园区,农机操作高手徐怀忠来自太仓市璜泾镇现代农业园、葡萄种植专家徐卫东来自张家港经济技术开发区(杨舍镇)善港现代农业园区、现代蚕娘金晓春和朱云来自苏州市震泽现代农业示范园、大闸蟹养殖能手常建华来自昆山市巴城镇现代渔业园区。

2. 打造农产品品牌

品牌是市场经济的产物,市场竞争也是品牌竞争。品牌建设是现代农业生产经营的客观要求,是农业市场化、现代化的重要标志。随着时代的发展,人们的消费需求越来越讲究质量、特色,品牌的价值也越来越凸现出来。苏州人

多地少、耕地资源紧缺，农业产业规模小，只有强化农产品品牌建设，提升单位面积耕地产出效益，实现农业高质量发展，才能不断增强农业生产经营的生命力。同时，打品牌的过程既是传统意识、传统方式转变的过程，又是改造农民、提高农民、培育新农民的过程。政府充分发挥战略引导者、产业维护者、资源协调者、市场监督者作用，推动农业品牌建设，为新农民成长撑腰鼓劲。新农民是地方优质特色农产品的守护人、文化的坚守者，在生产经营过程中不断提高传承、保护地方传统优质农产品的责任感、使命感。

（1）在打造品牌过程中政府发挥着积极作用

在农产品区域公用品牌建设推广中，政府部门以战略引导者、产业维护者、资源协调者和市场监管者的身份，承担了战略指引、公共服务供给、公共资源配置和市场秩序监管的对应职能。

① 战略指引

农产品品牌建设作为乡村振兴战略的重要环节，本身具有重大的战略意义。2018年12月，苏州市出台了《苏州市农产品区域公用品牌建设实施意见》（简称《实施意见》），从政府层面明确了农产品品牌建设的必要性、迫切性和重要性，并在总体上提出了建设的目标任务、主要内容、执行口径、操作方法等，为苏州市农产品区域公用品牌建设指明了前进的道路和方向。因此，《实施意见》成为近年来苏州市开展农产品区域公用品牌建设的纲领性文件。此后，无论是在全市范围内的乡村振兴会议上，还是在各级政府部门的农业农村专项工作会议上，都特别提到农产品区域公用品牌建设，并指出其对强农富民、乡村振兴的关键性作用。正是在苏州市委、市政府与农业农村主管部门的引导和激励下，苏州市农产品区域公用品牌的建设事业才得到了蓬勃发展，取得了长足进步。

② 公共服务供给

在农产品区域公用品牌建设的实践过程中，政府部门还承担着提供公共服务的责任，包括维护市场环境、开展品牌评比、宣传推介、农业技术服务等。例如，苏州市农业农村局开展的优质"苏州大米"评比，以及每年的"绿色风"品牌农产品进小区活动；2020年1月13日，举办苏州市共享农庄（乡村民宿）区域公用品牌发布会；等等。政府公共服务的供给，极大地降低了品牌农产品企业的经营成本，促进了产品质量的提升、品牌形象的维护和推广。

③ 公共资源配置

农产品品牌建设是一项系统工程，需要调动和协调各方面的资源；然而，

对于农业企业而言，由于人力、财力所限，很难做到这一点。因此，政府同样需要在农产品品牌建设中担负起调动、协调和配置各类公共资源的责任。近年来，苏州市政府和农业农村主管部门在财政资金、新闻媒介、流通渠道等多种资源的配置上发挥了必要的、积极的作用，从而极大地推动了农产品区域公用品牌的建设和发展。例如在"苏州大米"品牌建设初期，苏州市共投入上千万元进行推广，从而迅速扩大了品牌的知名度；同时政府部门还协调苏州电视台、《苏州日报》、苏州引力播等各类新闻宣传媒介，集中报道和推广农产品品牌；此外，在品牌农产品的销售方面，政府部门通过整合苏州市南环桥农副产品批发市场、食行生鲜、邮乐食堂、市民卡中心等线上线下销售渠道，使优质的品牌农产品能够快速进入千家万户。

④ 市场秩序监管

农产品区域公用品牌的建设，离不开规范有序的市场秩序，品牌形象的维护与升级同样需要一个公平公正的市场环境。近年来，苏州市不断加大农业执法力度。据统计，全市各级农业行政执法机构2020年以来出动执法人员13121人次，检查农资、农产品生产经营主体6648家次，执法抽检农资、农产品样品2272批次，受理投诉举报50个，立案调查83起，办结行政处罚案件72件，罚没款67.04万元，发放宣传资料1.63万份。与此同时，农业农村主管部门还会同市场监督、公检法等部门，开展联合执法行动，全面打击制售假冒伪劣品牌农产品的非法行为，为全市的农产品区域公用品牌建设保驾护航。

（2）苏州地方特色农产品是打造品牌的重点

苏州地方特色农产品资源丰富，到目前为止，已打造了一批具有鲜明苏州特色的农产品区域公用品牌。

① 苏州大米

苏州自然条件得天独厚，除了四季分明、光照充沛、水量丰富外，境内的土壤以水稻土为主，土壤肥沃、矿物质含量高，非常适宜水稻生产。据文字记载，苏州地区稻作栽培历史始于周朝，《吴越春秋》《越绝书》等古籍中都有充分记载。考古证明，苏州草鞋山遗址古稻田所种植的粳型水稻，时间可追溯到6000多年前，这也是目前世界上发现的最古老的水稻田遗迹之一。秦汉后，太湖地区文化经济得到进一步发展，据司马迁《史记·货殖列传》、班固《汉书·食货志》记载，到东汉时期，太湖地区逐渐成为全国新生的农业区；西晋左思《吴都赋》讲到吴地"国税再熟之稻"。由于苏州精耕细作的栽培方式，水稻品种的引进和改良时间早、水平高，苏州的水稻生产耕作水平一直处于领先地位,且产量稳定。自隋唐开始,苏州大米为朝廷贡粮,特别是古代社会经济重心南移后,出现了政治、军事重心与经济重心分离的状况,始于苏南的大运河漕运对于各王朝的政治、军事意义更加突出,漕粮几乎供应京城所有居住人员的日常食粮,并极大地支撑着整个中央政府机关的正常运转,苏州漕粮始终是维系历代中央政权不可或缺的、最重要的物质基础。唐宋以后各种史志、文献大量记载苏州水稻的地方品种,当时苏州已是籼、粳、糯稻分明,早、中、晚稻齐全。生产方式上,北宋后期稻、麦两熟制全面推广,南宋时期出现稻作两熟制。仅明嘉靖《吴江县志》记及的水稻品种就有100多个,清光绪四年《新昆两县续修合志》记载的水稻品种有94个。新中国成立之初,苏州地区的水稻地方品种非常丰富,据统计多达400余种。目前,国家作物种质资源库收集整理的苏州地方水稻品种资源就有近百个。

改革开放后,苏州市委、市政府确定了"四个百万亩"的现代农业发展格局,提出从保障粮食安全和生态文明出发,永久性保护110万亩水稻田,并积极推进水稻产业转型升级、提档增效,各类粮食生产政策性补贴持续强化,地方传统优质水稻种质资源得到保护和传承,集成推广了主推品种高产栽培技术,粮食单产水平稳定提高,水稻耕作水平显著提升。2018年,苏州市农业农村主管部门启动苏州大米区域公用品牌建设,品种以"南粳46""南粳5055""南粳3908""苏香粳100"等优质食味水稻品种为主,这些品种的生育期在160天左右,水稻具有茎秆强壮、抗病性好的特点。水稻收获后,烘干、加工、运输采用低温冷链技术,保持苏州大米特有风味。经过多道环节严格把控加工出来的苏州大米颗粒完整、饱满圆润,颜色纯净、垩白度低,闻起来有天然的米香。大米的胶稠度达85毫米以上,蛋白质含量适宜,矿物质含量丰富,营养高。煮出来的米饭白亮有光泽,有一股特有的清香,口感清爽,入口弹牙,咀嚼时有淡淡的甜味。

② 苏州水八仙

"苏州水八仙"指的是茭白、莲藕、荸荠、慈姑、水芹、芡实、莼菜和菱等8种地方传统水生蔬菜,它们鲜美可口,营养丰富,被称为水中"八鲜"。春天的茭白,夏日的莼菜、莲藕,秋季的红菱、鸡头米,冬季的荸荠、慈姑和水芹,苏州人讲究一时一物,不时不食。

自古以来,苏州就是我国"水八仙"的重要产区和原产地。历史上,"苏州水八仙"不但造福人民,也是文人墨客笔下的赞美对象,有明代《吴邑志》为证,也有"莼鲈之思"这样妇孺皆知的乡思典故。20世纪80年代前,苏州一直

是国内苏芡的唯一产区；两熟茭白、四角水红菱、太湖莼菜、莲藕等也原产于苏州，栽培历史长达两三千年。新中国成立后，苏州在"水八仙"种质资源收集、保存、利用，以及栽培、育种、植保、土肥等方面开展了大量工作，业绩辉煌：制定出台20多项"水八仙"省市地方标准，获得各级各类"水八仙"科研成果30多项，成功选育的"水八仙"优良品种纷纷被各地引种，芡实、水芹杂交育种成为国内首创……

③ 苏州蚕茧

据《尚书·禹贡》记载，禹定九州的贡物中，就有一种名为"织贝"的彩色的丝织锦帛；据《史记》记载，公元前519年，吴、楚两国曾因争夺边界桑地，发生过大规模的战争，可见蚕桑丝绸当时已成为国家的经济命脉。秦汉以来，民间开始普遍养蚕织绸，也是在这个时期，太湖流域蚕桑丝绸的发展形成了自己的特色，苏州逐步确立了自己"锦绣之地""丝绸之乡"的地位。到南宋时，苏州丝绸中的典型产品宋锦盛行一时，除了用于服饰外，还大量地被用于书画的装帧，以满足文人墨客的雅趣。在随后的各个朝代中，苏州丝绸的生产规模、技术水平、产品种类蓬勃发展，到了清朝，苏州织造局的生产规模更是全国之冠，苏州传统丝绸手工业进入顶峰时期。在这几千年的历史长河中，苏州蚕茧积淀了厚重的蚕桑丝绸文化，成为吴文化的重要组成部分。在苏州蚕茧生产中，蚕架、蚕筷、蚕蔟、鹅毛和焦糠等传统工具至今仍被广泛使用，加之温控设备、臭氧杀菌机和自动采茧机等现代养蚕设备的普及，为优质蚕茧的产出提供了有力的保障。这些独特的生产方法、工具，以及传统工艺和现代技术的完美结合，造就了苏州蚕茧茧型匀称、外表光洁、丝量多、解舒率高和毛脚茧率低的优良品质，也为苏州蚕茧打上了独特的烙印。

近年来，苏州按照精品蚕业的发展思路，着力推动苏州蚕茧的转型升级、稳定发展。一方面通过生态补偿政策使全市核心产区的桑园面积稳定在2030公顷，精品蚕茧年产量保持在200吨左右；同时，通过技术输出，在广西、云南和陕西等地建立苏州蚕茧的外围产区，据不完全统计，共建桑园面积1.5万公顷，满足了苏州全市年2万吨鲜茧的生产需求，为全市丝绸产业创造了18亿元的产值。另一方面，大力推进一、二、三产融合发展，围绕蚕茧，打造一条集农业观光、工业旅游、美食体验、生态休闲等于一体的绿色经济产业链。例如震泽通过"苏州丝绸小镇"建设，形成了年观光人数超50万人、收入达千万元的产业链。

④ 阳澄湖大闸蟹

其主要生长在阳澄湖湖区、阳澄湖沿岸的相城区太平街道、相城区阳澄湖镇、相城区阳澄湖生态休闲旅游度假区、常熟市沙家浜镇、昆山市巴城镇、苏州工业园区唯亭街道区域。地理坐标为东经120°41′3.32″至120°57′12.33″,北纬31°20′11.62″至31°35′35.08″。

阳澄湖大闸蟹壳薄,背壳青色油亮、隐有黄色纹路,肚呈象牙白,金爪黄毛特征显著,活动能力强。熟制后,外壳脆、背橘红透黄,肉质细腻,味鲜带甜,所谓"青背、白肚、金爪、黄毛、壮体"。阳澄湖大闸蟹蛋白质含量达到15.0%~16.6%,脂肪含量达到9%~15.3%,钙含量为2.58~5.96×10毫克/千克,镁含量为349~516毫克/千克,铁含量为28.5~36.6毫克/千克,含有多种氨基酸。

作为人类发现最早、历史产量最高、流转影响最广、文化色彩最浓的蟹种,阳澄湖大闸蟹是江南文化的重要组成部分,亦是苏州鱼米之乡的象征之一。"食蟹第一人巴解"的传说,印证了阳澄湖大闸蟹的历史。从唐、宋、元、明、清至现代,大量典籍记载了阳澄湖大闸蟹的生产和捕捞,文人借蟹作诗作词绘画繁多。阳澄湖大闸蟹不仅内销,早在20世纪60年代就是苏州主要外贸产品,在国外华人圈影响巨大。

⑤ 凤凰水蜜桃

张家港市凤凰镇是苏南最早种植水蜜桃的地区之一,凤凰水蜜桃已有一百多年的种植史,由于品质上乘,曾被作为贡品而闻名于世。

凤凰水蜜桃不仅色、香、味俱佳,而且营养价值很高,含有蛋白质、脂肪、糖、钙、磷、铁和维生素B、C等成分。其含铁量较高,在水果中几乎居于首位,故吃凤凰水蜜桃有助于防治贫血。凤凰水蜜桃富含果胶,经常食用有助于预防便秘。中医认为,桃味甘酸,性微温,具有补气养血、养阴生津、止咳杀虫等功效。《神农本草经》说桃核仁味苦、平,主淤血血闭、症瘕邪气,有杀小虫之功效。桃对治疗肺病有独特功效,唐代名医孙思邈称桃为"肺之果",认为肺病患者宜食之。

⑥ 王庄西瓜

"王庄西瓜"种植历史悠久,是常熟市尚湖镇的传统农产品。范成大有诗云:"齐民编月令,瓜瓞重王家。"据常熟历修方志全书《重修常昭合志》记载:西瓜种出西域,故名。钱《志》云:地不宜西瓜,今红、黄、白瓤皆有。梅李、塘桥一带种者最多。王庄介于梅李、塘桥中间。

早在民国十年(1921),王庄地区已有农户开始种西瓜。1939年,王庄人陆阿增在街上开设了"陆公和增纪代客买卖西香瓜行"。为扩大西瓜销售渠道,他

到上海曹家渡、十六铺等地进行西瓜推销,提高了王庄西瓜的知名度。

20世纪五六十年代,当地农户种植西瓜渐成规模,王庄西瓜因其皮薄、汁多、味甜、口感爽酥、瓜子小等特点,在当地就享有名气,在苏州、上海、南京等地也有很高的知名度。

王庄西瓜主要选用品种"早佳",为早熟品种,生长势中等,坐果性好,耐贮运。王庄西瓜果实近圆球形,单果重6～8公斤。果皮绿色,覆盖墨绿色窄条带。瓜皮厚8～10毫米,瓜瓤鲜红色,色泽均匀,肉质细嫩,瓤沙松脆,汁多味甜。瓜子少,为黝黑色,分布均匀。王庄西瓜中心糖度12～14度,且果汁营养丰富,富含瓜氨酸、丙氨酸、谷氨酸、精氨酸等多种氨基酸,以及维生素、矿物质等。

⑦董浜筒管玉丝瓜

常熟历修方志全书《重修常昭合志》记载:常熟瓠之属,丝瓜一名"天罗",如生瓜而嫩。络入药,蒂可治痘。丝瓜是常熟传统的庭院经济作物,在宅前屋后的隙地多有零星种植,自古就是江南夏季高温时节的主要瓜类蔬菜之一。

在民国时期,常熟农家就已经种植董浜筒管玉丝瓜,其成片种植始于20世纪80年代初。随着全市农业结构的调整,董浜区域棉花种植面积不断缩小,蔬菜等经济作物种植面积不断扩大,丝瓜在董浜镇盐铁塘以北、徐市曹家桥区域成片种植。2003年《董浜镇志》记载:董浜是苏南最大的丝瓜种植基地,每年夏季董浜筒管玉丝瓜种植面积达2万多亩,除用作蔬菜外,还是丝瓜蜂蜜的主要蜜源。2019年《常熟年鉴》记载:董浜镇在2016年成立了区域农业品牌"董浜乡情十二品",其中就有筒管玉丝瓜。董浜筒管玉丝瓜因品种优良、种植区域气候适宜、土壤肥沃、水源充沛,丝瓜产量高、瓜形美观、口感佳、品质好,深受苏浙沪地区消费者喜爱。

董浜筒管玉丝瓜果实均匀顺直,形似纺纱筒管,长30～35厘米,直径4～5厘米。果皮薄、皮色翠绿,有浅条纹,果肉白玉色。熟制后果肉淡绿色,不易褐变,肉质细嫩无筋,口感爽滑,清香微甜,深受长三角地区消费者欢迎,享有"筒管玉丝瓜,走遍苏浙沪"的美誉。

董浜筒管玉丝瓜经本地瓜农逐年品种提纯筛选,具有结果早、生长势旺、适应性好、抗逆性强、易坐果、收获期长、产量高、耐运输等特点,栽培管理方便,产品市场需求稳定。

⑧东山白沙枇杷

东山白沙枇杷种植历史悠久,明王世懋《学圃杂疏》有"枇杷出东洞庭者大"的记载,清金友理编纂的《太湖备考》亦有"枇杷出东山白沙"的记载。清康熙年间,吴县东山有"金罐""银罐"等白沙枇杷品种,民国十七年（1928）有"照种""青碧种""鸡蛋白"等,民国二十六年（1937）有"铜皮""荸荠种""青种""照种"等,其中以"青种"和"照种"最有名。白沙枇杷中的"照种"枇杷是清同治十一年（1872）由杨湾村农民贺照山偶然发现的实生树,经培育而得。中华人民共和国成立后,枇杷品种又有发展,在白沙中出现了负有盛名的"白玉"品种,其原为20世纪初东山槎湾村农民汤永顺从早黄白沙的实生后代中选出,60年代初省农科院杨家驷又从中选出优良单株,于1983年育成。东山白沙枇杷现有主栽品种有"白玉""冠玉"等。

东山镇是全国有名的优质白沙枇杷主产地,白沙枇杷也是东山第一大果品。2019年,全镇枇杷种植面积1.92万亩,果农12000余户,全镇枇杷总产量达4119吨,总产值2.3亿元,户均收入2.1万元。东山白沙枇杷不仅是山区农民的主要收入来源之一,还带动了当地旅游产业的发展,每年都有大量的游客到实地来买枇杷,对东山镇农文旅结合、乡村振兴起到了积极推动作用。

⑨ 树山杨梅

树山杨梅生产地域范围为苏州高新区通安镇树山村大石坞、金芝岭、虎窠里、戈家坞、唐家坞、戈巷、沿头巷、孙家浜、南枣浜、树山头、青山嘴、张家坞、白龙坞等所辖区域内,种植面积5000亩,年产量约40万公斤。

树山杨梅果实圆形,果大,平均单果重15克,果面平整,紫红色,缝合线不明显,果梗细短,果蒂细小,肉柱圆钝致密,有光泽,风味浓郁,酸甜适口,可溶性固形物约11.9%,略有香气,核小,可食率高。

树山杨梅原名为"圌山"杨梅,历史悠久,知名度高。据《通安镇志》记载,树山杨梅已有四百多年的种植历史。树山杨梅味甜、尝口鲜、清凉解渴,旧时曾被列为贡品。相传乾隆皇帝下江南时曾封过戈家坞杨梅甲天下,清代诗人凌寿祺曾作《阳山杨梅诗》赞云:"饯春迎夏共传杯,光福青梅入馔来;待得洞庭枇杷熟,阳山五月有杨梅;山前山后火云红,肤粟堆时墨晕融;背出掇头齐上市,阳山各各说西东。"

树山杨梅品质优异,品牌知名度高,被誉为"树山三宝"之一,深受市场欢迎和消费者好评。已先后取得"树山"商标注册保护、无公害农产品产地认证、无公害农产品证书,并已通过"绿色食品"认证,产生了显著的经济、社会和生态效益,促进了乡村振兴、产业富民,以及一、二、三产融合发展。

⑩ 洞庭山碧螺春

洞庭山碧螺春是清朝康熙皇帝御赐钦定的国内著名历史名茶，种植于苏州太湖洞庭东西山果园之中。洞庭东山和西山是太湖中间的两个小岛，这里常年云雾缭绕，四季花果飘香，宜茶环境得天独厚。茶吸果香，花窨茶味，独特的生态环境，孕育了洞庭山碧螺春超凡脱俗的高雅品质，清代著名文人龚自珍赞曰："茶以洞庭山之碧螺春为天下第一。"

洞庭山碧螺春，具有条索纤细、卷曲呈螺、茸毛遍体、银绿隐翠之外形，以及汤色碧绿、清香高雅、入口爽甜、回味无穷之内质，以形美、色艳、香浓、味醇四绝闻名中外。

制作500克特级洞庭山碧螺春茶叶需嫩芽7万个左右，加之制作过程极其烦琐，极其讲究，内涵价值极高，因此洞庭山碧螺春的身价非凡。洞庭山碧螺春茶历来是国家领导人招待和馈赠国外贵宾的"国茶"，远销美国、日本、德国、马来西亚等国及我国的港、澳、台等地区。洞庭山碧螺春茶在1910年南洋劝业会上获优等奖，1915年获巴拿马万国博览会金奖，1959年被评为"全国十大名茶"之一。2009年4月25日，"洞庭山碧螺春"原地理标志证明商标被工商总局认定为中国驰名商标。2011年，洞庭山碧螺春茶叶手工制作技艺被列入国家级非物质文化遗产名录。

截至2019年年底，全市碧螺春茶叶面积为3.474万亩，年产量385吨。

⑪ 董浜黄金小玉米

董浜黄金小玉米种植区域位于常熟市东郊董浜镇，主要分布于董浜镇北港村、东盾村、里睦村、黄石村、旗杆村、陆市村、智林村、杨塘村、新民村等行政村，常年播种面积约1.5万亩，年总产量逾0.75万吨，总产值9000万元，已经成为当地农业优势产业。

据常熟历修方志全书《重修常昭合志》记载，玉麦即玉蜀黍，田间隙地多有种植。玉米是常熟传统的小众作物，主要在田块的隙地零星种植，也是江南人民作为辅食调节口味的重要作物之一。据《常熟市志》（2000）记载，玉米俗称"御麦"，民国期间及新中国成立后，常熟农户种植玉米，多食用嫩籽，以口感糯软微甜者为上，这也是鲜食型董浜黄金小玉米种植历史起源的佐证。

董浜黄金小玉米属于鲜食型糯性玉米，其典型特征是小、黄、糯，即：果型小巧，色泽金黄，口感香糯，颗粒饱满，烹煮时香味四溢，深受消费者欢迎。

⑫ 太仓白蒜

太仓白蒜种植区域处于长江南岸高平原，全境地势平坦，东部为沿江平原，西部为低洼圩区。土壤以夹砂土和黄泥土为主,熟土层厚,土壤有机质含量在24.55～34.4g/kg,土壤有效磷平均含量为24毫克/千克,速效钾平均含量为125毫克/千克,磷钾肥含量丰富。土壤通透性好,保肥、保水又爽水,耕性良好,土壤质量达到一级,土地垦殖率达50%以上,复种指数约为1.70。区域内土地平整、集中连片,道路、排灌设施配套。

"太仓白蒜"种植历史悠久,据明嘉靖《太仓州志》记载,当时太仓所种皆大蒜,小蒜则不多见。《太仓县志》则有"太仓白蒜"的记载。新中国成立前,当地已有种蒜习惯,种植面积较小,到20世纪60年代,太仓白蒜开始以"嘉定白蒜"的名义出口印度尼西亚、马来西亚和泰国等国,70年代才被正式命名为"太仓白蒜"。70年代初,国家和江苏省开展蔬菜地方品种资源普查与征集,"太仓白蒜"被列入江苏省著名特产蔬菜资源,以原新塘和陆渡种植面积较为集中,新塘公社高桥大队朱宅队农户的大蒜"六个留下"选种方法(即:植株粗壮无病虫、叶宽色深长势旺、根系发达耐肥料、蒜薹粗壮采收早、蒜头圆整个头大、色白光洁不散瓣)得到了推广。从1978年起,太仓白蒜经提纯复壮,亩产量也逐步提高,由60年代的亩产450公斤提升到70年代的亩产600公斤、80年代的亩产750公斤,采收期也提前了3～5天,亩产值也成倍增长。1983年《苏州年鉴》记载:有以味辣、色白、瓣大等驰名中外,畅销东南亚,全国四大白蒜之一的太仓白蒜。

"太仓白蒜"以梗蒜品系为主,头、薹、苗三者兼用,株高50厘米左右,叶宽厚,叶色深绿,假茎粗壮,长势强,丰产性好,休眠期长,耐贮运。"太仓白蒜"干蒜头结实饱满、圆整洁白、蒜皮较薄;蒜头直径4.5厘米以上,重40～45克;蒜瓣紧固密实,8～9瓣,大小均匀,肉质紧实脆嫩,味辛香浓烈;熟制呈糯性。"太仓白蒜"选择4克以上大瓣为种蒜;采用稻—蒜轮作,9月中下旬—10月上中旬播种,每亩20000～25000株,分级种植;增施有机肥,中耕保摘、及时采收等。一般5月下旬采收,亩产约700公斤。产品被国家认定为"绿色A级产品",并注册了"太仓白蒜"地理标志证明商标。

⑬ 西山青种枇杷

西山青种枇杷种植范围为苏州市吴中区金庭镇11个行政村:庭山村、蒋东村、元山村、东村村、林屋村、秉常村、石公村、东蔡村、缥缈村、堂里村、衙用里村和东河社区,种植面积共计1000公顷,年产量6000吨。

西山青种枇杷果实呈圆球形,果蒂呈青绿色,果大,平均单果重40克,最大可达60克以上;皮薄有韧性,易剥;果肉厚,软而易溶,呈淡黄色,汁多,

风味浓郁，甜酸爽口，果实可溶性固形物含量在 12% 以上；核小，可食率在 70% 左右，贮藏性好。

金庭镇枇杷栽培历史悠久。相传洞庭西山栽培枇杷始于唐代末期，宋代陶穀《清异录》、明王世懋《学圃杂疏》、清金友理《太湖备考》及新中国成立初期的《太湖洞庭山的果树》等文献对洞庭山栽培枇杷都有明确的记载。青种枇杷为清末（1885 年前后）洞庭西山（金庭镇）秉常村果农谢友方从当地栽培的实生枇杷变异种中选育而来，是一个有 130 余年种植历史的传统品种。西山青种枇杷以其树势强健、丰产性好、品质优异，深受消费者喜爱，种植面积不断扩大，现有栽培面积 1.5 万亩，已成为金庭镇果农的主要收入来源之一。

西山青种枇杷传统的茶果间作模式——"江苏吴中碧螺春茶果复合系统"已被纳入第五批中国重要农业文化遗产名单。

⑭ 张浦黄桃

张浦黄桃种植范围主要在昆山市张浦镇，东到开发区和千灯镇，南到锦溪镇，西到甪直镇，北到玉山镇，覆盖三家村、星金村、新龙村、赵陵村、七桥村、金华村、白米村、姜杭村、尚明甸村、南姚村等 10 个行政村，种植面积 217.3 公顷，年产量 4000 吨。

张浦黄桃单果重 300～350 克，果实呈椭圆形或尖圆形，果面金黄色，果肉黄中透红，软糯、细腻、多汁，风味浓郁，酸甜适口，色味俱佳。

据 400 年前明代诗人王衡在《东门观桃花记》中的记载，苏州地区在当时已有桃树栽培。嘉靖年间《太仓州志》中记载了"金桃""胭脂桃""鹰嘴桃"等品种。20 世纪 80 年代初，引进"锦绣"黄桃，之后出现了具有一定生产规模的商品果园。1987 年，栽植"锦绣"黄桃 680 亩，建立了昆山第一个黄桃生产基地。1988 年，种植面积增至 716 亩。1988 年的《昆山年鉴》记载，张浦黄桃被苏州市授予"锦绣黄桃"荣誉证书，并荣获"早期丰产栽培技术"三等奖。

⑮ 新毛芋艿

新毛芋艿种植历史悠久。据记载，新毛芋艿在明清时期就广为流传，其种植区域在太仓市原毛家市（城厢镇）。新毛芋艿因上市早、个头大、口感软糯适中、入口丝滑、带有芋香，深受市场欢迎，名字也被沿用至今。

新毛芋艿的种植区域属北亚热带季风性湿润气候区，这里气候温暖湿润，四季分明，光照充足，雨量丰沛。地处长江下游冲积平原南岸，地势平坦，土壤以黄泥土和夹砂土为主，熟土层厚，土壤肥沃，有机质高，酸碱度中性。土壤通透性好，保肥、保水又爽水，耕性良好，土壤质量达到一级，适宜芋艿生长。

种植新毛芋艿的农民选用当地新毛芋艿品种,通过坚持轮作、种植前深耕冻垡、高畦深沟、增施有机肥、优选种芋、适期播种、适度稀植、适时灌水保墒、中耕培土、增施钾肥、绿色防控病虫、适时采收、精选芋种等措施,保证了优质丰产。

新毛芋艿品质特性独特,子芋长椭圆形,个大,尾部稍弯,顶芽饱满呈粉红色,球茎长度8~10厘米、8节~10节,直径4~5厘米,单个子芋80~100克。表皮淡褐色、披深褐色鳞片,芋肉米白色、有黏液。蒸煮后,皮色变浅,肉质软糯丝滑,久煮不散,芋香浓郁。

⑯ 吴中鸡头米

吴中鸡头米种植品种为"苏芡",是苏州吴中地区的传统特色产品,具有优良的品质和悠久的文化历史。吴中鸡头米鲜粒珠白莹润,圆整粒大,粒肉饱满,鲜嫩多汁,口感质地黏糯,清香气浓,美味可口。

吴中鸡头米有着独特的历史渊源,早在500年前的苏州就已经有了绿壳粳性的野生芡和黄壳糯性的吴中鸡头米之分。明朝《吴邑志》中还记载:"芡生黄山南荡,谓之鸡头,盖取其状似鸟首,味甘,食之补益,可以疗饥。"从此"南芡"之名一直沿用至今,并闻名遐迩。明《姑苏志》记载:"芡实,叶似荷而大,俗名鸡头,状类鸡首也。出吴江者壳薄、色绿、味腴,出长洲车坊者色黄,有粳、糯之分。"《元和县志》也记载:"芡,叶似荷而大,俗称鸡豆,出江田何家荡车坊及葑门外杨枝荡,大而糯者为上,粳者为下。"清朝康熙十三年(1674)江苏《吴江县志》有载:"芡,俗称鸡头,实大而甘,植荡田中,北过苏州,南逾嘉兴,皆拾于此。"清汪灏等所编《广群芳谱》中对芡实亦有详细记载,有的栽培方法被沿用至今。吴中鸡头米鲜粒珠白莹润,圆整粒大,粒肉饱满,鲜嫩多汁,以表面有仁衣者为上品;干米以白净、干燥无霉点、无异味为佳。南芡口感质地黏糯,清香气浓,美味可口,在市场和老百姓的口碑中,更有品种齐、吃口好、卖相灵,既可入画亦能果腹等赞誉。

鸡头米是一种名贵的滋补品,具有良好的药用保健功效,被誉为"水人参"。芡实性平、味甘涩,据《本经》记载,芡实能治"主湿脾腰脊膝痛,补中除暴疾、益精气强志,令耳目聪明"。据吴仪洛《本草从新》记载,芡实能补脾固肾、助气涩精。李时珍《本草纲目》也肯定了芡实"止渴益肾"的功效。因此,芡实常被用作滋补药,用以补脾泄、固肾涩精,治疗遗精、淋浊带下、小便失禁、大便泄泻等症。此外,久服芡实可身不饥,耐劳。

⑰ 吴江香青菜

香青菜是吴江地方传统特色珍稀蔬菜品种,已有 100 多年的栽培历史,主要分布在沿太湖地区。吴江香青菜具有香味浓郁、口感柔软、清香醇正、营养丰富的品质特点,深受广大消费者的青睐。吴江香青菜品种冬性强,抽薹开花晚,可在 2—4 月份上市,填补市场大菜供应的不足。

吴江香青菜种植范围为吴江区七都镇、震泽镇、桃源镇、横扇街道及平望镇部分、盛泽镇部分、松陵镇部分、八坼街道部分,常年种植面积在 2000 亩左右。

吴江香青菜属十字花科芸薹属,其典型特征为植株半直立,部分品种呈半塌地,松散不束腰,叶片椭圆形,叶面起皱不平呈泡状,叶脉粗密明显,叶柄绿白色、扁平,具有特殊香气。主要品种有"绣花筋""黄叶香青菜""黑叶香青菜",单株重在 400 克左右,其中"绣花筋"品种名气最响。香青菜口感清鲜,芳香可口,气味清香醇厚。经初步鉴定,香青菜香气风味物质的主要化学成分为脂肪族、芳香族和萜类 3 大类化合物以及它们的含氧衍生物,具有抗菌作用。经营养成分测定,香青菜营养含量丰富,富含胡萝卜素、蛋白质、脂肪、糖类、钙、磷、铁等,其中维生素 C 的含量 $\geqslant 20mg/100g$,总糖 $\geqslant 2.0\%$,粗纤维 $\leqslant 1.0\%$。而其粗纤维可以促进肠壁蠕动,帮助消化,能起到润肠、促进排毒的作用。

不结球白菜古名"菘",据文字考证,早在三国时期的《吴录》中就有陆逊催人种豆、菘的记载。南北朝时在长江下游太湖一带,菘已成为人们喜爱的大众化蔬菜。南宋著名诗人范成大曾写道:"桑下春蔬绿满畦,菘心青嫩芥苔肥。"一代一代的吴江人至今仍保留着桑树下种植香青菜的习惯,冬春时节香青菜及其菜心飘出的香味令人垂涎三尺。"拨雪挑来踏地菘,味如蜜藕更肥醲。"诗中所指"塌地菘",现代学者认为就是吴江香青菜,冬季霜打或雪后采收味道软糯香甜,别具一番滋味。

吴江香青菜于 2009 年通过国家地理标志农产品保护认证,是苏州市第一个申报认证的蔬菜品种。吴江香青菜依托太湖之畔独特的气候条件,在香味及口感方面,比其他地方种出的香青菜更胜一筹。

(3) "苏州大米"区域公用品牌打造过程

苏州市农业农村局充分挖掘"苏州大米"区域公用品牌的内在价值,注重应用全新的品牌价值体系、符号体系、包装体系,辅以独创性的符号设计,确保"苏州大米"区域公用品牌有系统完整的视觉形象体系,通过低成本传播全新品牌形象。通过战略发布会、品牌农业与市民互动、网络推广营销等一系列近期措施引起广泛关注，快速叫响市级公用品牌。实施区域公用品牌示范基地创建，推行基地建设绿色发展、标准生产，带动全市稻农投入"苏州大米"品牌基地建设。

在创建"苏州大米"区域公用农产品品牌基础上，推动各市（区）"苏州大米"企业品牌建设，将苏州大市范围内产业化程度相对较高、现代农业基础好、产业规模体量大、品牌有一定知名度的生产、加工、销售企业列入第一批重点培育推广品牌序列范围；将产业规模体量不大的生产、加工、销售企业列入后续培育品牌序列，构建"区域公用农产品品牌+企业品牌"的二级品牌架构。2018年11月，苏州市开展"苏州大米品牌价值评估评价"活动，评选出了"2018苏州大米十大价值品牌"。

强化"苏州大米"区域公用品牌基地建设，深化各水稻产业园区提档升级，加强水稻企业质量溯源体系推广维护，规范企业品牌包装应用管理，完善品牌产业新型职业农民人才培养计划，推动市级农产品质量安全追溯平台完善使用，通过保障消费者对"苏州大米"企业品牌安全的信息知情权，营造出每一个消费者都是"苏州大米"监督者的外部大环境，最终实现以"苏州大米"区域公用品牌反向倒逼水稻生产、加工、销售企业的良好生产规范普及，降低监管成本，提高"苏州大米"生产者的素质，探索通过消费引导生产的品牌保护之路。以"苏州大米"区域公用品牌的溢价释放品牌协同效应，吸引更多水稻生产、加工、销售企业投入区域公用品牌建设。

在"苏州大米"区域公用品牌推进过程中，苏州市积极制定完善农业地方标准，突出优质安全绿色导向，进一步完善具有苏州地方特色的农产品质量安全标准体系，夯实品牌农业发展基础。仅2018年，就废止55项标准，修订27项标准，1项标准确认继续有效。2019年，通过筛选和完善全市水稻主推品种、地方特色种质资源品种的制种、繁种、基质、育秧、机插、栽培、生产、耕作各环节技术标准和综合防治、减氮丰产、氮磷拦截生态模式，编辑出版了《苏州大米良作良方》，确立了苏州大米农产品区域公用品牌绿色生态标准的系统化，实现了苏州水稻产业绿色发展质的提升。苏州农业各产业协会、学会纷纷制定各个产业的生产技术规范或标准，提升了苏州农业各产业的绿色发展水平。2018年，全市新增绿色食品135个，21个涉农乡镇36万亩种植面积创建省绿色优质农产品基地。2019年，全市新申报绿色食品企业253家，申报绿色食品面积20万亩，其中，有92家企业已完成现场检查、产地监测、产品监测和集中会审，面积有6万亩。全市绿色优质农产品高质量发展指标走在全省前列。

"苏州大米"区域公用品牌建设系统将产品包装、销售渠道、传统媒体和新媒体、网络及各类节庆活动作为品牌传播的有力媒介，协同多方力量，整合各类传播媒介，构建上下联动、内外协动、动静结合的立体传播方式。在产品包装上采用世界同步食品级、可降解复合包装材料。在渠道传播上覆盖车体广告、电视广告等形式。在媒体场打造上，运用高炮、灯箱等广告媒体，H5微信微场景、主流App，形成产地和销地的媒体场传播。在活动宣传上，借助国内外大型农业博览会、品牌博览会宣传苏州区域公用农产品品牌。苏州市农业农村局公布了75家在苏州城区销售"苏州大米"的门店（营销专区、专营店或专门的营销场所），方便市民就近购买。2019年，苏州市农业农村局与中国邮政集团公司苏州市分公司签署框架合作协议，双方开展产品合作、帮扶合作、渠道合作等，把邮政纳入苏州农产品区域公用品牌推广营销主要渠道，结合邮政线上线下渠道网络，实现"苏州大米"等公用农产品品牌的联合打造，共同提升服务"三农"的水平和能力。

（4）农产品区域公用品牌打造带来的效益

农产品区域公用品牌的打造，实现了显著的经济、社会和生态效益。

经济效益：农产品区域公用品牌的导入，注重发挥市场需求的导向作用，成为苏州农业产业绿色发展、标准生产、质量追溯、品牌推广的强大市场推力，推进了农产品的供给侧结构性改革。农产品由于附加值的增加，形成高质量发展，带来了高效益。2020年第三方（苏州市农业现代化研究中心）统计调查表明，苏州市农产品区域公用品牌的建设推广为农产品带来了较为明显的品牌溢价，农产品销售价格普遍得到提升，品牌农产品的种（养）植面积也大幅度提升，综合这两方面的因素，经过科学的统计和计算，苏州市区域农产品公用品牌的建设较为明显地提高了苏州农业企业的产值，并直接为苏州农民增加纯收入21.55亿元。苏州市农产品区域公用品牌建设的实践，还探索出了沿海经济发达地区在耕地资源紧缺、农业产业规模小的基础上提升单位面积耕地产出效益的产业兴旺、生活富裕高质量发展的可复制路线。

生态效益：苏州市农产品区域公用品牌的推广与应用，不仅保证了苏州农业种植面积的优化配置，确保了永久农业用地的有效利用，提高了农业生产的效率，并且对苏州地区的水土涵养、生态系统修复、环境保护等都起到了直接或间接的作用。例如"苏州大米"区域公用品牌的建设，直接推进了水稻产业绿色优质农产品基地建设与农产品区域公用品牌培育的紧密结合，《苏州大米良作良方》推动了农产品区域公用品牌标准的宣传和贯彻,水稻生产绿色防控技术、模式的全域推广,既突出了有机肥、生物农药替代,让农药化肥投入减下来,又突出了农业废弃物资源化利用,让生态环境"美"起来,也突出了耕地轮作休耕推广,让农业资源"养"起来,推动苏州加快构建以绿色生态为导向的政策支持体系和绿色低碳循环的农业产业体系。

社会效益:苏州市农产品区域公用品牌的建设与推广,直接推进了高质量发展理念在苏州农业产业中的实践,一批高标准环境优良、按标生产、全程管控、产品优质农产品生产加工基地加速形成,栽培管理、投入品使用、质量追溯等全链条的绿色生产技术和管理规范深入人心;一批生产规模大、带动能力强、有影响力的绿色、有机农产品生产企业的知名度和竞争力上升明显,农产品"区域公用品牌+企业品牌+产品品牌"的品牌运营体系逐步形成。全市农业系统集中力量、科学布局,在品牌建设上,一批具有鲜明地方特色和市场知名度,能带动特色产业发展、传承苏州农业农村文化,覆盖市级、县级不同区域的"苏"字头精品特色农产品区域公用品牌集群雏形初现,品牌引领、融合发展、绿色生态、安全高效的品牌强农、品牌强市战略初见成效。苏州市农产品区域公用品牌建设获得了社会的广泛关注。2020年5月18日,《新华日报》发表《两个一千万,收获大不同》,专门报道了苏州大米区域公用品牌的建设。

农产品品牌建设是社会的宝贵精神文化财富,加快推进品牌建设,还有利于培育生产主体有诚信、有责任、有担当的核心价值观和文化内驱力。苏州市品牌农产品的相关企业和农户纷纷按照"三品一标"的要求改善农业生产管理、提升产品品质、深化专业化分工、明确质量责任,积极主动地融入区域公用品牌的建设范畴。相关的专业合作社、行业协会也不断加强企业和行业自律,自觉维护农产品品牌的品质和形象,越来越多的农户正在逐步形成"用品牌、惜品牌、护品牌"的经营文化与意识,这对于全市农产品区域公用品牌做大做强无疑有着积极的影响。

此外,从市场与消费层面来看,农产品品牌建设战略将会引导、修正、改变消费者在生活方式和消费观念上的自我认同,对环境和社会的健康发展都有积极的作用。苏州自从推进农产品区域公用品牌建设以来,带有"地理标志"的农产品其销售增长非常明显。这充分说明了消费者关注、认知、信任并接受"地标"农产品,因为这符合当前我国农产品绿色、健康和可持续的品牌消费观念,同时也是全社会"消费升级"态势的一种具体体现。

3. 推动新业态发展

随着苏州工业化、城市化、国际化的快速推进，苏州土地资源越来越紧缺，农业发展空间越来越紧缩，如何在有限的土地资源和发展空间提升农业的产出效益？苏州各级政府坚持规划在先、政策引导、主动作为，苏州新农民顺应时代要求，大胆探索、积极求变，农业的各种新业态竞相迸发、蓬勃发展，为苏州乡村振兴战略实施和率先基本实现农业农村现代化注入了强劲动能，提供了有力支撑。

（1）共享农庄——乡村产业发展的新动能

苏州共享农庄以农业龙头企业、农民合作社、农村集体经济组织、家庭农场等为载体，以企业为建设运营主体，依托自然生态、田园风光、乡土文化、民俗风情、乡村遗产、传统村落民居、建筑景观和乡村优势特色产业，融绿色循环农业、创意农业、农耕体验、休闲度假、文化传播、科普教育、养生养老、旅游观光、众筹认养、产品展销等于一体，全面拓展农业的生态、环保、教育、文化、养老、休闲、体验等功能，以满足不同消费群体的个性化、差异化、大众化、特色化项目开发需求，从而形成亲子、科普、养生、托管代种、产品认养等多种新项目。

为挖掘农业的多重功能，推动共享农庄发展，苏州市委、市政府办公室先后印发了《关于加快发展共享农庄（乡村民宿）促进农文旅深度融合的实施意见》，制定了《苏州共享农庄（乡村民宿）建设指南》《苏州共享农庄（乡村民宿）考评评分表》《共享农庄（乡村民宿）投入资金认定标准》等政策文件，对成功创建苏州市共享农庄（乡村民宿）的主体进行一次性奖补，专辟资金创建共享农庄（乡村民宿）区域公用品牌，统一 LOGO 创意设计和广告语征集，统一对外宣传，统一品牌打造，坚持高标准定位、高要求推进。到 2020 年年底，苏州市已成功创建共享农庄（乡村民宿）57 家，规模达到 3.4 万亩，联结各类农业经营主体近 400 个，提供近 1.2 万个就业岗位，带动农户 0.74 万户，年接待 1.57 亿人次，营业收入 7.8 亿元。苏州共享农庄（乡村民宿）的建设，促进了乡村产业发展，保障了农民就业增收，壮大了集体经济，吸引了工商资本投入，产生了十分显著的经济、社会、生态效益。

案例 1

  1987 年担任小学老师、2002 年下海创办太湖雪丝绸股份有限公司的胡毓芳，于 2016 年投资新建了位于中国首批特色丝绸小镇苏州市吴江区震泽镇的太湖雪共享农庄，农庄融入"长漾风光地，丝路田园村"的主题内涵，依托周边村落种桑养蚕历史悠久、技术底蕴深厚的基础，以蚕桑资源的综合开发利用为主题，构建了现代蚕桑示范区、蚕桑绿色生产区、果蔬采摘示范区、游客接待服务区、蚕桑文化科普、途远丝享民宿区等功能区域，建成了一个将蚕桑种植生产、休闲农业旅游、农产品生产加工、主题餐饮民宿等多种产业融为一体，生产、生活、生态一体化的蚕桑生态示范型共享农庄，2020 年接待游客 20 万人次，营业收入 1200 万元，其中农业及农产品加工品等涉农经营收入达 600 万元。

案例 2

  从部队退役的于建军，于 2016 年打造将农业、军事、体育、旅游融为一体、占地 200 余亩的爆发力军事体验主题农庄，先后建成占地 100 亩的农耕农事体验区，设有插秧、收割、种菜、除草等体验活动项目；占地 90 余亩的休闲游乐区，包含莲子采摘、自助烧烤、农家土灶等活动项目；38 亩的拓展训练区，包含高空云梯、体验式滑索、越野沙滩车、真人 CS、固定靶射击、飞碟射击、皮划艇、室内卡丁车等特色时新项目；另有 5 亩的民宿活动区提供休闲度假场所。建成后的爆发力军事主题农庄，成为体验农耕文化、休闲度假和户外素质拓展的好去处，2019—2020 年先后接待游客 4 万余人次，同时与周边 20 余户农家形成互动互助，将农户们自产的农产品通过游客的体验式消费，带入城市的千家万户，实现共同致富。

（2）休闲农业——城乡居民度假的新去处

  吴中区上林村东林渡是苏州最先成立土地合作社并取得营业执照的乡村。2014 年，东林渡集体合作社成立股份制公司，和北京的一家休闲农业开发公司合作，对全村 400 多亩耕地进行流转和经营，建起了农耕体验园，打造出"乡根·东林渡"这个民宿品牌。如今的东林渡，每逢隆冬时节仍会吸引不少游客慕名而来，每到春天油菜花开、秋天稻花飘香的季节，来这里赏花休闲的游客

络绎不绝,民宿更是一房难求。同样,在相城区冯梦龙村冯埂上,村民们通过种植猕猴桃、葡萄、樱桃、黄桃等高附加值水果,不仅富了自己的口袋,还带动了全村特色产业发展。与此同时,冯埂上还充分利用"冯梦龙故居所在地"这一优势,做足农、文、旅融合文章,正常工作日来这里的散客也能达到500人左右,每逢节假日来此休闲采摘的游客更是达到4000人左右。当然,东林渡和冯埂上只是苏州休闲农业的一个缩影。

近年来,苏州以率先基本实现农业农村现代化为目标,以推动建设美丽苏州为契机,始终把发展休闲农业和乡村旅游作为实现农业强、农村美、农民富的重要途径,充分挖掘农业资源优势、生态优势和深厚的农耕文化,注重拓展农业的多重功能,着力延长产业链、提升价值链、重构供应链、完善利益链,切实推动农、文、旅深度融合,依托江南独特的人文资源禀赋,建成了一批业态多元、环境优美、内涵丰富、共享机制日趋完善的休闲农业基地,有8个村先后被农业农村部命名为"中国美丽休闲乡村",27家企业获评为"全国休闲农业与乡村旅游星级企业",3条线路获"全国休闲农业和乡村旅游秋季精品景点线路"推介;13个村荣获省级"休闲观光农业示范村"称号,18个村荣获省级"休闲农业精品村"称号,20个农园荣获"江苏省主题创意农园"称号,9条线路入选"100条全省休闲旅游农业精品线路"名单,8个乡土地标美食入选"全省百道乡土地标菜"名单;全市成功培育打造市级休闲农业精品村18个,每年向社会推荐休闲农业和乡村旅游精品线路10多条,各地每年举办赏花节、采摘节、农耕文化节、推介会等各类农事节庆活动80余个,有力地促进了休闲农业串点成线、连线扩面、点线面结合集聚发展。2020年,苏州市各类休闲农业经营主体达到2177家,接待游客4300.2万人次,营业收入超过57亿元,从业人员达4.07万人,带动农户9.1万户,休闲农业和乡村旅游正成为苏州乡村产业发展的新亮点、新引擎、新产业和城乡居民回归自然、陶冶情操、放飞自我的新去处。

(3)电子商务——产品出村进城的新渠道

近年来,苏州市积极实施"互联网+"农产品出村进城工程,依托大数据赋能经营主体,切实解决农产品供应链和市场需求端信息不对称问题,形成"互联网+"与农村一、二、三产业深度融合发展新格局,助力农产品出村进城更为便捷、顺畅、高效。开展苏州市智慧农业品牌案例评选,以数字技术推动农产品电商发展,支持和鼓励涉农企业打造自有电商平台,以及在淘宝、京东、苏宁等电商平台开设旗舰店,大力培育农产品电商品牌。加强农民手机应用和农产品电商技能培训,推进手机应用与农业经营深度融合,大力发展农产品微商、微店,提升农产品手机直播、短视频营销能力。打造特色农产品电商基地,为涉农企业和涉农商户提供视频直播、流量支持、仓储物流及金融服务一揽子电商解决方案,助推苏州优质农业企业产品电商化、品牌化发展。2020年,苏州市农产品电商销售额达到71.02亿元,以张家港市"永联天天鲜"、昆山市"昆味到"、苏州高新区"食行生鲜"、苏州工业园区"同程生活"为代表的苏州本地电商平台在生鲜农产品上的销售额逐年增长。苏州食行生鲜电子商务有限公司首创的C2B2F模式(客户—企业—农田或工厂),以社区智慧微菜场为服务点,通过基地直采和冷链配送,直接连通农产品生产基地与消费者,同时创建食行生鲜智慧电子商务平台,为社区居民提供生鲜宅配服务,并在配单中心对所有生鲜产品实行分温冷链环境下分拣作业,确保食材全程无缝对接和不脱冷,创建的"全流程闭环追溯智慧微菜场系统"为每个产品赋予二维码,使产品实现从生产、仓储、物流、销售直至售后等全流程可追溯,丰富了传统菜场的采购渠道,带来了交易的便捷化、精准化。目前食行生鲜已在苏州、上海、无锡等3个城市建立了4000多个社区智慧微菜场站点,为300多万户家庭提供生鲜配送服务。

苏州太湖雪丝绸股份有限公司是一家集蚕桑种植、科技研发、文创设计、生产销售以及文旅开发于一体的特色丝绸上市企业,2011年,该公司开展电子商务业务,2016年完成"天猫+京东"电商战略布局,成为蚕丝被细分类目天猫第二、京东第一的农产品电商企业,2020年销售额近1.2亿元,占其全部销售额的45%以上。

4. 开展各项活动

新农民拓宽眼界需要机会、施展才华需要舞台。近年来,苏州市积极想农民之所想、帮农民之所需、解农民之所困,通过举办多项活动,千方百计为新农民的成长壮大营造氛围、创造条件、提供可能。

(1)创业创新大赛培育了一批新农民典型

为大力弘扬创业创新精神,不断激发农村创业创新动力,加快遴选推介一批创新性强、适用面广、科技含量高、示范性好的创业创新典型项目。2018年以来,苏州市每年专项安排60万元用于举办农村创业创新大赛,对获奖项目直接予以奖补,并认定"十佳典型项目",同时推荐优秀项目参加全省、全国大赛,不断引领发展全市农村新产业新业态新模式,增强农业农村发展新动能。大赛参赛选手都是各地评选认定的新型职业农民,参赛项目涵盖特色种养业、

农产品加工业、休闲农业、绿色循环农业、创意农业、农村电商、共享农庄（乡村民宿）等多种新产业、新业态、新模式。苏州银行依照获奖等级给予150万元至1000万元不等贷款授信支持，较大程度地调动了参赛选手的积极性、主动性和创造性。同时，每年利用多媒体对参赛选手和参赛项目进行全方位、多频率的跟踪报道，重点推介新农民创新精神和新产业运行等情况。2017年以来，全市共组织推荐113个项目参加市级以上"双创"大赛，68个项目获得市级奖补，30个项目被认定为"十佳典型项目"，3个项目获得全省大赛一等奖，8个项目获得全省大赛二等奖，3个项目获得全省大赛三等奖，2个项目获得全国"双创"大赛二等奖，2个项目获得全国"双创"大赛三等奖，3人入选"全国农村创业创新优秀带头人"典型案例。

（2）农产品交易会拓展了一批新农民的眼界

2002年以来，由苏州市政府主办、苏州市农业农村部门承办的苏州优质农产品交易会（简称"农交会"）已经成功举办了19届，深受市民喜爱和期盼，成了苏州农业一个深具影响力的宣传品牌。农交会的成功举办，加快了苏州市现代农业的转型升级和高质量发展，有效宣传推介了苏州的优质农产品，促进了农业增收、农民致富和市民健康消费，也让每届参展新农民观看到了新、奇、特的农产品，了解到了先进适用的新技术和新模式。近6年来，苏州优质农产品交易会均于冬至前一周在苏州广电木渎影视城会展中心举办。农交会展会规模9000平方米，设置9个展区，共设有优质农产品标准展位250多个，实际参展企业270~300家，其中各地市级以上龙头企业占比超过三分之二。农交会参展产品涉及粮油、蔬菜、畜禽、水产、水果、菌菇、茶叶等10大类近千个品种，以各市（区）、对口帮扶城市、省内兄弟城市组团参展为主，重点展示苏州市实施乡村振兴战略以来的现代农业发展新成效，农村一、二、三产业融合发展新成果，以及践行质量兴农、绿色兴农、品牌强农取得的新进展。苏州对口帮扶的贵州铜仁、江苏宿迁、新疆伊犁霍尔果斯市等地的名特优企业也应邀参展，农交会期间累计进馆人次年均超过10万人次，现场销售额过千万元。为推动农产品网络销售，2020年第十九届农交会首次和中国联通联合举办小燕直播活动，共有19家企业携33个品种参与，两天的现场带货直播收获了54.8万点击量、15.71万个赞。同时，在历届农交会上，苏州市农业企业先后与贵州省铜仁市农业企业成功签订了十多项农产品供销合作协议，签约金额500多万元，并达成多项供销合作意向，在东西部扶贫协作对口帮扶的大背景下，为"铜货出山"搭建起坚实桥梁、提供了有效平台。

（3）"绿色风"社区行解决了一批新农民困境

"绿色风"社区行活动是以"绿色生产、绿色环境、绿色产品、绿色服务"为主要内容的品牌创建服务活动，同时也是农产品与市场、农民与市民、供给与需求的面对面对接，其时间紧凑，规模适度，操作简便，成本节约，具有品种丰富、质量保障、价格优惠、产品适销等特点，彰显了大众化、多元化、个性化、品质化的消费特征。"绿色风"社区行活动作为全市建设群众满意部门，服务农民、服务企业、服务市民的一项重要抓手，历年来一直被列入部门日常工作，做到年初有工作计划、年中有进度督查、年末有绩效考核。相关部门通过成立工作领导小组，建立活动名录，制定年度方案，落实专项资金等措施，保障活动顺利开展。以服务市民为导向，积极引导市民消费健康、安全、放心的优质农产品，加快建立产销对接长效机制，持续宣传推介现代农业发展新业态、新模式、新成果，不断提升服务水平，加速更新"绿色风"活动社区行模式。据统计，全市每年组织"绿色风"社区行活动 15 次左右，其中社区行展示展销活动 13 次、基地行体验活动 2 次，举办时间以周六为主，每次活动时间为 1 天，仅 2020 年就有 120 多家企业、200 多种优质地产农副产品与加工品、超过 1 万名市民参加了活动，优质农产品销售总额超过 120 万元。"绿色风"活动将苏州地产优质农产品、品牌农产品送到居民家门口，既与市民分享现代农业发展成果、引导市民健康消费，又帮助部分新农民解决了农产品销售难问题，受到了社会各界的一致好评。活动也为对口帮扶的贵州铜仁、陕西榆林等地区提供了特色农产品推介平台，将数十种优质、绿色、无公害的贵州、陕西地产特色农产品带到苏州百姓面前，既是带动脱贫致富的"快速通道"，又是服务广大市民的"定点窗口"，赢得了社会各界的广泛赞誉。

（4）丰富的节庆展示了一批新农民风采

苏州市近年来组织举办各种农事节，如阳澄湖大闸蟹开捕节，从 2002 年起每年 9 月举办 1 次，至今已成功举办 19 届，是目前全国河蟹行业规模最大、影响最广的活动之一。董浜黄金小玉米节自 2017 年开始举办，每年 1 次，至今已举办 4 届，主要包括黄金小玉米新品发布、网红直播带货、玉米产业发展论坛、乡情十二品市集等内容。黄金小玉米节的举办，为"童颜"黄金小玉米的全链条产业创造了难得的发展机遇。苏州的农事节还有凤凰镇桃花节、淀山湖稻香节、江南油菜花节、洞庭山碧螺春茶文化节、金庭镇枇杷节、树山梨花节等。特别是苏州市自 2018 年 10 月举办首届以"又见鱼米之乡、助力乡村振兴"为主题的农民丰收节以来，至今已连续举办了 3 届。2020 年，苏州市中国农民丰

收节在常熟市海虞镇七峰村铜官山开幕,活动旨在展示苏州农村发展的现实成果、农耕文明的当代活力、乡村振兴的美好前景,营造全社会关心支持"三农"工作的良好氛围,与农民群众共话增收、共谋发展,推动乡村振兴工作再上新台阶。活动在水稻开镰仪式中达到高潮,稻田里9台戴着"大红花"的联合收割机同时发动引擎驶入金黄色的稻浪中纵横驰骋,一缕缕金黄的稻穗变成了沉甸甸的稻谷,腰鼓队、舞狮队也在丰收的喜悦中随着音乐声敲打舞动起来。现场表彰了苏州市"十佳新型职业农民""十佳家庭农场"、农村创业创新获奖项目和"十大智慧农业品牌",发布了苏州市"十大乡村旅游精品线路"等;首批常熟市"千村美居"网红打卡地揭晓。丰收节期间,开展"常熟丰收季"组合活动,包括果品(时令)采摘节、第二十一届沙家浜阳澄湖大闸蟹开捕节暨第四届芦荡千蟹宴活动、太湖流域农业产业绿色高质量发展报告会、第四届徐市百年羊汤节等相关专项活动,与农民及市民共话、共庆、共享。在农民丰收节主会场区域,33家常熟本地企业带来的上百种优质农产品及特色小吃集体亮相,市民们或赏或品或购,还有网红主播带货直播,现场一派热火朝天的景象。

四、培育篇

培育是为新农民成长壮大强基加油。加强对农民的培训教育,以及对新型职业农民的培育,是苏州农业农村工作的又一大亮点。苏州市各级党委和政府认识到,乡村振兴、实现农业农村现代化,关键在人、核心在人,主体在农民,培育高素质农民有利于加快农业农村现代化建设进程,必须通过高质、高效的农民教育培训工作"藏技于民",扶持农民、提高农民、富裕农民,促进农民发展、农业升级、农村进步,让更多有志之士从事农业,发展农村。

自2015年苏州市下发《市政府印发关于进一步加强新型职业农民培育的意见的通知》、启动实施新型职业农民培育工程以来,全市各地紧紧围绕"谁来种地""怎样种地""如何种好地"等问题,不断加大组织实施力度,探索高素质农民培育体系建设,一批有文化、懂技术、善经营、会管理的高素质职业农民逐步成为乡村人才振兴的一支重要力量,一支与苏州市现代农业产业需求相适应的"专业层次分明、年龄结构合理、技能领先实用、从业领域明晰"的高素质生产经营和服务队伍基本形成,有效助推了现代农业建设和农业农村高质量发展。

1. 开展常态人才培训,提升专业技能水平

按照"干什么、学什么"和"缺什么、补什么"的原则,围绕现代农业产

前、产中、产后的融合发展，在坚持种植业与养殖业新品种、新技术、新模式、新装备和农民急需的科技信息培育培训基础上，突出重大实用农业新技术，设施农业、生态农业、循环农业、智慧农业、农业机械维修管护、农产品品牌建设及质量安全生产技术，现代农业技术推广方法、农业产业化经营和农业现代化知识、农业政策、相关法律法规和金融知识等方面的培育培训。

苏州全市各地分类别、分层次、分产业，通过直接办、委托办、请进来办、走出去办等4种形式对各类农业经营主体负责人、种养能手、骨干力量和社会化服务人员等农业从业人员开展知识和技能短期培训。2015年以来，全市已累计培训农民63019人次，极大地提升了农业农村从业人员的专业技能水平。

大国小农是中国独特的悠久历史传统，在苏州也将长期存在。小农户作为乡村振兴最广大的主体，是农业农村现代化的最大约束和主攻方向。苏州市将培训小农户作为新型职业农民培训工作的重要内容，助推小农户与现代农业有机衔接。2018年、2019年，苏州市小农户培训分别占比59.9%、61.3%。苏州市将逐步提升小农户培训占比，在2022年达到80%。

近年来，新型职业农民队伍不断壮大，常态化培训数字飞速上涨，但在喜人成绩的背后仍难以避免为了完成每年下达的指标任务，农民屡屡"被培训"的尴尬局面。基层从事职业农民培育工作的人员不足，培训形式单一、内容生硬，师资选择存在盲目性、人情化等，导致很难调动参训农民的积极性。新型职业农民教育质量和效果不理想，与现代农业建设加快推进、新型农业经营主体蓬勃发展的需要不相适应。培训实效成了新型职业农民培育工作中的"灰犀牛"。

为提升培训质量效果，苏州市积极创新培训方式方法，以"农民操作训练有场地、学习观摩有典型、难题疑问有指导、创新创业有帮扶"为导向，不断提高农民参训热情。培训中，加大考察实训比重，增加理念宣传和互动环节，鼓励农民参与，解答农民疑惑。聘请专业农业创业导师，对有意愿创业或升级规模的农民开展模拟经营、案例分析和现场讨论等培训。积极推广农技耘App和利用互联网开展教学，共享优秀教学资源，让农民随时随地对接农业专家。对于新技术新模式教学，开展跟踪式、系统性培训。如为期3年、每年集训1周的青年农场主培训，昆山市与苏州农业职业技术学院探索职业农民赴日农企开展为期1个月或1个生产周期的深度进修。

优秀教学资源和专业师资团队是高质量培训的必要条件。苏州市充分挖掘本地和省内外人才资源，结合产业、市场、农民需求，将乡土人才、创富典型、

种养能手、技术专家等农民认可的"能人干将"充实进入新型职业农民教学师资库。同等条件下，优先选择讲课方式通俗易懂、深入浅出、富有感染力的专业农业人才进入师资库。不仅将实用性强的课堂内容制作成教学视频，还通过政策鼓励农技人员、产业专家等积极开发优质教学资源。2017年，苏州市农业农村局委托苏州市农业技术推广中心编写新型职业农民培训教材《苏州实用农事》。该教材采用图文并茂、以图为主的形式，易于农民理解，实用性更强；以10天一旬为单位指导种植业农事生产，指导性更强。《苏州实用农事》荣获2018年江苏省农民培训教学资源教材类一等奖，并作为13个地方特色推荐教材之一入选《江苏省高素质农民培育推荐使用教材目录（2021年）》。

农民教育基地是新型职业农民培训的重要载体。苏州市以提高新型职业农民教育培训质量和满意率为目标，积极推进市级新型职业农民教育培训基地建设，创新开启"市级培训中心+市级实训基地"的新型职业农民教育培训新模式。目前，全市有市级以上农民教育培训基地28家，其中省级以上高素质农民培育实训基地达9家，实现了涉农市区全覆盖。苏州农业职业技术学院+江苏省苏州市相城区御亭现代农业产业园新型职业农民培育基地、昆山市城区农副产品实业有限公司被评为"全国新型职业农民培育示范基地"。2020年，拥有市级以上新型职业农民（高素质农民）教育实训基地示范面积达20.7万亩，示范新技术147个、新品种93个、新模式28个、新装备73种，可供操作练习的联合收割机、拖拉机、插秧机、植保机等农机装备1850套。培训中心拥有师资5925名，实训基地拥有田间辅导员379名，50%以上的固定师资当年度参加脱产培训。此外，将农业创业孵化功能融入实训重要内容，充分发挥其示范和带动作用，近5年共孵化创业学员499名。制定了培训基地考核管理方案，明确基础设施、专业师资、教学资源、培训实训等方面的建设要求，实行动态监测、考核退出机制。张家港市、太仓市和昆山市开展本级职业农民教育培训基地（田间学校）认定工作。

苏州市紧扣"四个精准"，探索农民培育新模式。为充分发挥新型职业农民教育培训中心在教育培训农民方面的优势和作用，切实提升农民培训实效，全市依托认定的5家培训中心开展专业性强、层次高、有一定系统性的农民培训班，在"精准"上狠下功夫，深受参训农民好评，总体满意度达到99.7%。一是精准培训内容。5个培训中心通过前期座谈、电话了解、实地走访等调研形式，针对参训农民需求，分别围绕智慧农业、产业融合、水产养殖、经营主体培育、生态农业等5大专题开设培训班，精心设计5天课程，确保教育培训需求与供给匹配。二是精准师资力量。根据课程安排，各培训中心精心选择专业理论授课老师与现场实践教学人员，省、市农业技术推广部门技术专家和南京农业大学、扬州大学农学院等涉农院校资深教授以及新型职业农民创业创新典型代表应邀参与理论讲解或实地教学，他们专业知识扎实、教学经验丰富、农民需求知晓，理论与实践结合紧密，参训人员受益匪浅。三是精准参训人员。3月份，印发《关于做好2020年高素质农民培育、认定工作的通知》，在下达培训任务的同时，公布各培训中心各专题的培训时间和课程安排。农民根据自身实际情况和需要，选择是否参加或参加的相应专题培训班。同时市、县两级工作人员做好后勤保障工作，如果有学员因工作等原因无法按计划参训，则及时替换有意向参训农民。四是精准培训形式。针对农民学习的特点，将教学实训作为培训的重要内容，采用理论讲解与实践教学相结合、课堂授课与外出考察相结合、教师讲授与分组讨论相结合，丰富理论教学、现场实训、案例讲解、互动交流等培训方式，着力解决实际生产、经营、管理、服务等方面遇到的困难和问题。苏州乡村振兴学堂和常熟理工学院采用上午理论教学、下午实践考察的安排方式，其他培训中心外出实训考察均不少于2天。

为帮助新型职业农民拓展思维、开拓视野，坚定新型职业农民发展现代生态农业的信心，2017—2019年6月，苏州连续3年举办新型职业农民代表赴台湾地区异地培训班，在培训的6天行程里，学员们认真学习了台湾都市农业、休闲观光农业、精致农业的理念，实地考察了相关案例，与台湾中兴大学、农业推广协会及会员单位进行了深入交流。这次培训为全市都市农业发展注入了新理念。2020年10月27—30日，苏州组织新型职业农民代表赴浙江异地培训班，实地调研学习湖州市、嘉兴市新型职业农民实训基地（田间学校）建设的经验做法和新型职业农民在推动农业主导产业、休闲观光农业、产业融合发展等方面的典型基地或创业创新成功案例。

2. 实施定向委培工程，储备农业农村人才

近年来，苏州市持续实施农业定向委培工程，与农业院校联合办学，开展集学历化、专业化、职业化于一体的"订单式"培养，依托扬州大学、江苏农牧科技职业学院、苏州农业职业技术学院等院校培养本地户籍优秀初高中毕业生，为基层源源不断注入新鲜力量，夯实乡村振兴人才基础。

自2010年启动定向委培工程以来，全市已累计培育1169名农业农村人才。一是分类实施，精准培育。分层次、分专业为基层组织、农技部门、农业企业等培养实用型、复合型人才，本科开设"农村区域发展""农林经济管理"专业，

专科开设"现代农业技术"等涉农专业。目前已招录本科委培生422人、专科委培生747人。二是双向选择，优选优用。根据毕业生就业意向和用人单位岗位需求，实行双向选择和优生优选。在已毕业的585名委培生中，除5.1%的委培生选择继续求学或入伍外，86.3%的委培生通过双向就业选择从事农业农村工作。三是择优招聘，选拔培养。把农业委培生作为镇事业单位、村、社区"两委"班子后备人选培养。张家港市镇事业单位有空缺职位，优先招录选聘到村任满3年、考核优秀的委培生。太仓市2016、2017两届206名毕业委培生中，1名任村副书记、2名任村副主任，69名进入太仓市委组织部定制村干人选名单。

张家港市自2010年起，采取"定点招生、定向培养、协议就业"的方式，委托扬州大学农学院培养农村区域发展方向人才，到2019年已完成10年招生，累计培养253名本科农业委培生，取得了良好成效和广泛认可。2020年，张家港市根据当前农村改革发展需要，实施新一轮定向委培工程，与扬州大学继续合作5年，定向培养"张家港班"学生，专业由原来的"农村区域发展"调整为"农林经济管理"，重点学习农村改革、承包经营权管理、宅基地管理、农村经济发展、集体资产管理等课程，2020年招录了24名本科农业委培生。委培生日常教学实行"双课堂制"、师资队伍实行"双导师制"、毕业考核实行"双论文制"，毕业实习分为"学校科研系统训练""张家港乡土适应性实习"两个阶段，校、地双方共同指导、共同考评。每年寒暑假，全班学生回乡深入农户、田头、种养业大户、农村社区及专业合作组织开展走访调研和顶岗锻炼，将"顶岗实习""在校学习"紧密结合，不断提高自身的实践创新和技术服务能力。

太仓市从2013年起探索以"培育机制科学化、管理运行高效化、激励机制项目化、选人用人优质化"为重点的新型职业农民培育定向委培新模式，依托苏州农业职业技术学院和江苏农林职业技术学院，共培养了341名专科委培生。委培生培养时注重实训和实效，安排水稻工厂化育秧现场教学、农机驾驶员操作培训等内容。委培生拖拉机驾驶证合格率达100%，一出校门即能下地驾驶农机。为促进毕业委培生这一新型职业农民群体迅速成长、发挥作用，太仓市创新实施"师徒式"培育机制，要求各村、社区指定具备较强的事业心、高尚的职业道德和精湛的农业技术，有丰富的实际问题处理能力、热心传教、乐于辅导的农业专家，明确为到岗的农业委培生的指导老师，实行一对一的"师徒式"培育模式，促进毕业委培生的健康成长。太仓市新型职业农民培育模式被农业农村部（原农业部）评为"新型职业农民十大培育模式"之一，获国家级教学成果奖，被江苏省人民政府评为2017年江苏省教学成果（高等教育类）特等奖。

　　常熟市自2014年起启动两轮农业农村人才定向培养工程，共招录本科生129名、专科生246名。在培养委培生方面，常熟市农业农村局一方面加强校、地双方合作，以强化思想教育为主导、以夯实专业能力为主线、以增强社会实践能力为重点，不断提升学生个人道德修养和专业素质；另一方面，和院校共同组织暑期实践和走访调研活动，把"顶岗实习"和"在校学习"紧密结合，让学生开拓视野、以知促行、以行求知，进一步提高学生的专业技能水平。为进一步用好这些涉农大学生，用人单位坚守原则、立好标杆。常熟市农业农村局积极引导用人单位严格遵守协议书相关要求，依法依规制定"劳动合同书"，保障好涉农大学生的合法权益。同时，继续加强对涉农大学生的跟踪指导和管理，进一步激发他们干事创业的热情和动力，让他们有目标感、归属感、使命感。

　　昆山市于2015年开启新型职业农民定向培养，创新委培生招录模式，不限制特定学校、特定专业，即高三应届毕业生自主选择报考全国高等院校涉农专业，学制包含大专和本科。委培生毕业后与用人单位进行双向选择，在新型合作农场、农地股份合作社、农业园区（基地）和农业企业、农业服务中心、涉农村（社区）等单位从事农业生产、技术推广、管理服务等工作。到目前为止，已累计培养了142名委培生，其中专科生130名、本科生12名。

　　2019年，吴江区委农村工作领导小组办公室下发了《吴江区基层农业农村专业人才培养实施意见》，采用送教下乡、"理论+实训"等多种教学形式，配套学费减免等政策扶持，激励新型职业农民参加学历提升班。同时探索采用"定点招生、定向培养、推荐就业"的方式，通过与高校、职业院校合作，重点培养一批具有本科或大专学历，志愿扎根基层的实用型、复合型青年农业农村人才。2020年，依托苏州农业职业技术学院招录30名专科委培生，依托扬州大学招录4名委培生。

　　3. 推进农民培训信息化，探索线上培育模式

　　线上培训逐渐成为新时代、新形势下教育培训的重要手段。农业农村部和江苏省农业农村厅分别推出"云上智农"和农技耘App平台，平台提供了丰富、优质的线上精品课程，包括新品种、新技术、新模式的成果推介，科普知识、政策解读等内容。学员可根据自身产业、实际需求和个人兴趣，随时随地学习提升综合素质，反复学习巩固成效。此外，平台还有问答功能，农民遇到生产问题可随时提问，农技专家在线回答，形成"一对一""一对多"的指导模式。

为创新人才培育模式，确保2020年新冠肺炎疫情期间培训"不停课"，2020年3月，苏州市农业农村局与苏州大学联合推出省内首家高素质农民线上培训平台"苏州市高素质农民培训网"。网站采用多终端、多用户的学习方式，学习成果实时同步，支持农业技术从业人员时时能学、处处可学。网站对相关动态消息和服务信息进行分类汇总和结构化处理，设置了《三农要闻》《政策扶持》《现代农业实用技术》《农业经营管理》《电子杂志》等8个栏目，以更好地实现资源共享。首批上线40多门生产经营类、专业技能类和专业服务类在线课程，并开设"苏州市高素质农民直播课堂"，聘请系统农技推广专家和苏州大学教授开设两期直播课程，有2600余人次在线观看，4300余人次回看，深受广大农民好评。2020年8月，依托"苏州市高素质农民培训网"开展2020年苏州市农民手机应用技能培训周，不断扩大网站知晓度和收看覆盖面，持续发挥网站功能。

4. 启动学历提升行动，培育农业复合人才

为深入实施乡村振兴战略，落实《国家职业教育改革实施方案》和《高职扩招专项工作实施方案》，培养乡村振兴带头人，2019年，农业农村部和教育部联合启动实施"百万高素质农民学历提升行动计划"，计划培养100万名接受学历职业教育、具备市场开拓意识、能推动农业农村发展、带领农民增收致富的高素质农民，形成一支留得住、用得上、干得好、带得动的"永久"牌乡村振兴带头人队伍。

昆山市农民学历教育工作起步较早。2018年，昆山市出台《新型职业农民成人学历教育实施方案》，与南京农业大学、江苏农牧科技职业学院合作办学，面向新型职业农民招录本科生和大专生，鼓励新型职业农民通过弹性学制参加中高等农业职业教育，并进行学费补助，2019—2020年度共招录98名专科生、78名本科生。此做法入选全国农民教育培训发展典型案例。

2020年3月，苏州市农业村局出台《关于印发〈苏州市新型职业农民学历提升工作实施方案〉的通知》，开启新型职业农民学历提升工作。依托苏州农业职业技术学院，通过财政补助学费方式，鼓励全市45岁以下、大专学历以下经认定的新型职业农民参与学历提升，计划通过3～5年的努力，培养具有高度社会责任感和良好职业道德、较高科学文化素养和自我发展能力，掌握现代农业生产、经营、管理、服务等方面先进知识、先进技术，能从事专业化、标准化、规模化农业生产经营管理的新型职业农民，确保到2022年年底45岁及以下已认定新型职业农民中大专（含）以上学历人数占比达到80%左右。学历提升工作按照"标准不降、模式多元、学制灵活"的原则，实行弹性学制和灵活多元教学模式，以提高人才培养的针对性、适应性和实效性。

学历提升的专业设置以苏州主导产业为基础，开设"现代农业技术""园艺和水产养殖技术"等专业，包含"植保技术""品牌建设""电子商务""智慧农业""市场营销""创业指导"等综合性课程。学历提升工作启动以来，苏州各地迅速落实，健全相应工作机制，分析预测差距缺口，细化每年培养计划，制定相关配套政策，做好宣传引导和政策解读，鼓励符合条件的新型职业农民积极报考。培养院校不断创新培养方式，采用理论授课和实践教学相结合、集中授课和送教下乡相结合、线上和线下授课相结合等形式，切实保障新型职业农民培养质量。在前期新型职业农民学历提升问卷调查的基础上，与培养院校联合制定人才培养方案，定期与参与学历提升的新型职业农民和培育院校沟通交流，一旦发现不足及时调整培养方案。

5. 注重农民典型培育，发挥引领带动作用

典型是一面旗帜，鼓舞人心、引领方向，点亮一盏灯，照亮一大片。据统计，苏州全市已有970多位返乡下乡人员成为新农民，投身农村创业创新实践，带领近1500名农民加入创业创新团队，创办各类经营主体1000多个，催生出一批创新性强、适用面广、科技含量高、发展前景好、示范带动强的项目，2019年收入达到73亿元，直接带动5万人就业和20多万户农户不同程度增收，充分展现了新时代新农民的精神风采，增添了农村经济发展新动能。

苏州市涌现了众多新型职业农民典型，2016—2019年认定的5235名新型职业农民中：48名入选江苏省乡土人才"三带"人物，王忠华、徐卫东、朱金龙入选"三带"名人；吴健、颜大华、殷勤、朱建芳、林亚萍入选"三带"能手；吴健等40名新型职业农民入选"三带"新秀。这些新型职业农民学历从初中、高中、大专、本科到硕士、博士，还有留学回国创业人才。有初出茅庐便在农业领域大展拳脚，经历艰辛，不断成长的90后；有从小耳濡目染，传承农耕文化，不断创新发展的"农二代"；有为了自己的田园乡村梦想，放弃在城市安稳舒适工作的高知青年；还有在工业领域小有成就，反哺农业、奉献农业的农艺匠人……

新型职业农民的努力和成绩也获得了社会的广泛认可。苏州市相城区金香溢农机服务专业合作社理事长朱伟琪荣获"全国农业劳动模范"称号；昆山市巴城镇农业发展有限公司负责人徐雪峰、吴江区横扇小龙果品专业合作社负责人周小龙获评"江苏省劳动模范"称号。张家港市蔬之园农产品有限公司总经

理谢高峰获评为"全国'双带'致富农村青年农民先进个人";苏州恒洋澳龙农业科技有限公司执行董事陶胜入选"全国农村创新创业优秀带头人"、2019年度农民教育培训"百名优秀学员";吴中区东山吴侬碧螺春茶叶专业合作社宋甫林被表彰为全省首批"青年农民创业之星";吴中区东湖农场徐斌被评为"江苏省十佳新型职业农民",并获得农业部"风鹏行动·新型职业农民"资助;苏州优居生态农业发展有限公司总经理许爱国被评为"全国农村青年创业致富带头人"、全国农牧渔业丰收奖获得者;苏州市阳澄湖苏渔水产有限公司负责人顾敏杰获评为"全国农村青年致富带头人";苏州市小林农业科技发展有限公司总经理林亚萍获评为团中央"乡村创富好青年""全国新型职业农民培育百佳典型"、江苏省"科技致富明星"等。

6. 注重培训宣传工作,营造良好舆论导向

苏州市始终把营造"农业经营有效益、农业产业有奔头、职业农民有体面"良好氛围作为一项基础工作来抓,多层面、多角度、多渠道宣传新型职业农民典型事迹,推动全社会关心、重视和支持新型职业农民培育成长,让更多高素质人才认识、了解、走近并且成为新型职业农民。

2016年12月,中央电视台四套《走遍中国》栏目播放了介绍苏州新型职业农民工作成果的《农业园里的新农人》。2018年,《苏州日报》开设"乡村振兴 庆丰收 农民故事讲起来"专栏,报道新型职业农民致富事迹。2020年8月,中央广播电视总台推出的大型新农技能挑战节目《超级新农人》系列节目,首期聚焦苏州7位不同行业的农机操作高手徐怀忠、无人机操作手周进超、大闸蟹养殖能手常建华、葡萄种植专家徐卫东、现代"蚕娘"金晓春和朱云、稻田边的"鸭司令"胥爱礼。2020年10—11月,苏州市农业农村局印发《苏州市新型职业农民群芳录》,并通过官微宣传20位新型职业农民典型不畏艰难、敢于担当、主动作为、奉献农业的事迹。

张家港市在线App上开设《张家港新农业——新型职业农民创业故事》专栏,累计报道新型职业农民17期,在张家港农业微信端同步宣传,起到了很好的示范带动作用。2018年,《新农参考》(作为新农业垂直媒体,已经访谈了许多在各个领域非常出色的新农人创业者)发表了题为"专访最牛葡萄狂人徐卫东:把种子送上太空,有生之年将育种进行到底"的报道。此外,央视七套《科技苑·推广综合养殖技术》栏目、《苏州日报》《张家港发布》分别报道了花小荣、颜大华、张晟睿的典型事迹。

常熟市与市融媒体中心合作,先后开设《常熟新农人》《我爱农业农村》栏目,以新闻报道的形式宣传创业创新的农业领军人物和新型职业农民典型,每期在4个不同时间段播放,累计报道20多期,充分展现了农业农村人才在农业产业结构调整、率先基本实现农业农村现代化中的引领带动作用。

　　昆山市在《昆山日报》开设《新型职业农民风采》专栏,宣传新型职业农民成长历程;编印《我要飞得更高——新型职业农民创新创业故事》一书,宣传新型职业农民创业故事;拍摄新型职业农民标兵、致富能手、创业之星、乡土专家等农业名人的创新创业事迹视频,展示昆山新农民的良好风貌。

　　吴江区在《吴江日报》的《新农村》和吴江电台的《金土地》《走进乡村》等栏目,对已被认定的新型职业农民中的先进典型进行宣传报道。在《吴江日报》上刊登20余篇新型职业农民的典型报道,在吴江电视台《田园新天地》栏目播放新型职业农民致富经视频,宣传农业致富经验。2018年,中央电视台七频道报道周伟民、朱夏峰的事迹。腾讯微信公众号的《吴江人才》和《吴江农业》栏目共报道了5篇关于吴江区新型职业农民的典型事例。

　　吴中区新型职业农民许函芳古法酿酒走进央视《传承》栏目,让更多的人走进吴中,了解吴中;岚庭碧螺春茶叶专业合作社社长邱晓庭选送的明前碧螺春在日本获得金奖,将洞庭碧螺春茶推向世界;东湖农场主徐斌作为"新农人"引领苏南乡村振兴登上《中国青年报》;"农二代"叶玉泉的故事登上广电总局纪录片《太湖之恋》,展现今天太湖儿女们的思考和责任担当。

　　相城区积极在中央、省、市媒体宣传新型职业农民典型案例,"蓝莓哥"李志峰登上《人民日报》,"农二代"朱赟德的故事在《中国青年报》让更多的青年人看见,葛吴明作为当代新青年的代表登上央视《走遍中国》栏目。2018年以来,相城区新型职业农民被各级媒体报道30余次,为扩大该区新型职业农民培育工作影响力起到了典型示范作用。

　　苏州高新区通过城乡发展局微信公众号,对每年的新型职业农民培训工作进行宣传报道,通过图文形式,生动展现室内教学、基地参观等课程内容,并邀请学员对培训收获进行发言总结,以展示农民风采,提升培训效果。聚焦新型职业农民典型,通过局公众号对苏州高新区新型职业农民父子朱小男、朱小东及其水稻种植家庭农场,开展题为"聚焦经营主体培育,促进农民增收致富"的宣传报道,以挖掘典型力量,树立标杆风尚。

　　成熟的麦穗总低垂着脑袋,浩瀚的大海总敞开着胸怀。展望未来,苏州立足率先基本实现农业农村现代化这一宏伟目标,汇聚更多资源,营造更优环境,采取更强举措,进一步推进农业现代化、农村现代化、农民现代化和城乡融合,

吸引和培育更多学历高、能力强、勇担当、乐奉献的高素质新农民。完善新型职业农民培育投入增长机制，做好新型职业农民培训教育、学历提升等经费保障工作；自主创业达到一定规模，且建立家庭农场、专业合作组织等生产经营主体的大学毕业的新型职业农民，享受政府现有的创业扶持政策；按规定落实好新型职业农民社保补贴，以及在人才引进、项目申报、信息服务、金融保险等方面享有的优惠政策；加大对新型职业农民创业创新信贷支持力度，帮助职业农民解决资金不足难题。通过举办新型职业农民业务技能大赛、创业创新项目大赛和年度先进评选等活动，对表现优秀的职业农民予以表彰奖励；利用更多各类媒体，加大新型职业农民致富典型宣传力度，推出一系列接地气、振奋人心的新闻报道，继续大力营造"农业经营有效益、农业产业有奔头、职业农民很体面"的舆论导向；加大监督考核力度，定期评估各地各部门政策落实、经费投入、培育认定成效等情况，在全市营造比学赶超的浓厚氛围。

附录一
苏州各地培育新型职业农民工作总结

张家港市篇

为贯彻落实科教兴农、人才强农战略，张家港市政府办公室于 2016 年 10 月出台《关于做好新型职业农民认定管理工作的通知》（张政办〔2016〕51 号），全面推进新型职业农民培育和认定管理工作。2016 年 11 月，成立张家港市新型职业农民认定评审委员会，聘请各条线专家，负责新型职业农民认定和评审工作。

一、基本情况

2016 年以来，张家港全市共举办各类培训 80 余期，培育新型职业农民 7480 余人次，涵盖稻麦、果品、水产、畜禽、现代农业发展、电子商务等多个产业和领域。截至 2020 年，全市新型职业农民保有量 988 人，其中：男性 747 人，占比 75.6%，女性 241 人，占比 24.4%；生产经营型新型职业农民 519 人（占比 52.5%），专业技术型新型职业农民 171 人（占比 17.3%），社会服务型新型职业农民 298 人（占比 30.2%）；初中学历者 391 人（占比 39.6%），高中（含中专）学历者 172 人（占比 17.4%），大专学历者 260 人（占比 26.3%），本科及以上学历者 165 人（占比 16.7%）。

2016 年度符合社会保险补贴条件的新型职业农民有 9 人，按照每人 7411.5 元/年的标准补贴用人单位，共计发放社保补贴 66703.5 元。2017 年度符合社会保险补贴条件的有 9 人，全部是以单位就业方式参保，按照补贴标准 8593.2 元/年计算，共计补贴资金 77338.8 元。2018 年度符合社会保险补贴条件的有 11 人，发放社保补贴资金 95106.0 元。

2019年度符合社会保险补贴条件的有13人，发放社保补贴资金124741.0元。

二、主要做法

1. 加强组织领导，明确培训目标

张家港市农业农村局成立了新型职业农民培育工作小组，由分管领导任组长，其他科（站）负责同志为主要成员，全面负责培训工作的开展、宣传和日常监管工作。每年出台新型职业农民认定和社保补贴文件，分别召开1~2次新型职业农民培育工作座谈会和2次新型职业农民认定工作会议，围绕稻麦、蔬菜、果品等主导及优势产业，制定全年培训总体目标并量化分解到各镇（区），为全面做好新型职业农民培育和认定工作提供了坚强有力的组织保证。

2. 依托优质资源，完善教学模式

大力开展镇、村两级农民培训班，形成以市级农民教育培训中心为抓手，镇、村为辐射点的两级办学网络。强化与涉农院校的沟通与合作，与南京农业大学联合举办蔬菜种植培训班，与苏州农业职业技术学院联合举办农产品电商、农业经营主体带头人培训班，与上海交通大学联合举办新型职业农民能力提高班，与江苏农牧科技职业学院联合开展新型职业农民兽医培训班等。加强实训基地培育与建设，神园葡萄科技有限公司被评为江苏省、苏州市"新型职业农民培育实训基地"，善港农业科技有限公司、港城生态农业有限公司、华田家庭农场被评为"苏州市新型职业农民教育实训基地"，实训基地每年承担部分新型职业农民培育现场教学任务。

3. 强化电商培训，提升创业能力

为适应新时代现代农业发展要求，张家港市每年制定农产品电子商务培训实施方案，前期仔细调研，开展情况摸查，进行宣传发动，汇总各镇（区）的农产品电子商务开展情况和学员听课意向，针对性设置培训课程，同时安排组织赴宿迁、扬州、安吉等地的电商产业园或电商村实地参观学习，不断提升农民电商营销能力和水平，切实增强培育质量和效果。

4. 加大宣传力度，营造积极氛围

每年筛选一批优秀学员进行重点培植，采取"一对一""多对一"方式做好全程跟踪服务与指导。开辟典型新型职业农民创业专栏，多层面、多角度宣传创业典型事迹，营造新型职业农民创新创业的浓厚氛围。2018年，在张家港市在线App上开设《张家港新农业——新型职业农民创业故事专栏》，累计报道新型职业农民代表17期，并在张家港农业微信端同步宣传，起到了很好的示范和带动作用。

三、创新举措

1. 强化"双创"能力培育

结合"农业创新创业大赛",开设个性化指导课程,培育高素质农民,既跟上时代的要求,又跟上创新创业的要求,跟上人民的需求。持续开展农产品电商培训,讲解直播带货、网络销售知识,培育大量懂网络、会经营、善管理的电商人才。秉承"小班授课,精细化教学"理念,带领学员上机操作、参观学习、沙龙讨论,创新传统门店和电商销售结合的销售方式,扩大农产品销售渠道,有效带动当地农业增效、农民创业增收,推动农产品电商人才队伍建设和农产品电商事业蓬勃发展。

2. 加强高学历人才培养

大力发展涉农职业教育,确保到2022年年底45岁及以下已认定新型职业农民中大专(含)以上学历人数占比达到80%。采取半农半读、农学结合、送教下乡等培养模式,在农民培训学员中遴选一批有产业规模且年富力强的种养大户、家庭农场主、农民合作社与合作农场负责人、农业企业与社会化服务组织骨干、村组干部和农村青年等,就地就近培养具有中高等学历的高素质农民,优化农业就业人员学历结构。充分利用苏州农业职业技术学院等涉农高校开展联合办学,针对高中毕业的新型职业农民进行学历提升,给予学费减免和适当奖学金。

3. 采取多模式培育方式

将农业经理人、新型农业经营主体带头人、农村创业创新青年等作为培训重点群体,坚持因材施教,分层、分类、分模块按周期培训,提高培育的针对性、精准性和有效性。根据摸底情况、资环条件、产业特色、生产规模、区域布置等分类设置培训课程,形成培训菜单,让农民自主选择,开展个性化培训。坚持课堂授课和田间学校相结合,采取互动式培训、点评式培训、趣味性培训和田间实践培训等方式,不断提升培育质量。充分依托"云上智农"和"农技耘"App等平台,推动线上培训和线下培训相结合,让新型职业农民随时随地及时掌握农业生产动态、市场行情、政策资讯等信息和实用的农业科技技术。

4. 做好后续全方位服务

对符合条件的新型职业农民实施社保补贴、教育培训、科技推广、经营土地等强农惠农政策,累计发放社保补贴资金239147元,极大地保障了农民的权益,增强了他们的获得感、幸福感和荣誉感。2010—2020年,每年和扬州大学联合组织扬大涉农大学生定向培养"张家港班",扩充扬大委培生队伍,提高为农服务的综合能力和实践技能。2020年,又签订了农林经济管理专业委培5年

计划,继续培养高素质农民人才队伍。与扬州大学、江苏农牧科技职业学院、苏州农业职业技术学院联合举办农技推广培训班,组织县级和区、镇农技人员参加知识更新培训,通过网络、报纸、手机短信及时发布农情、农业创业资讯、农业投入品和农业技术等信息,为新型职业农民提供各种科技服务、信息服务。

常熟市篇

自2016年以来,常熟市认真贯彻落实部、省、市有关新型职业农民培育的决策部署,紧紧围绕率先基本实现农业农村现代化要求,明确目标任务,完善政策措施,健全机制体制,高质高效推进适应现代农业产业发展需求的新型职业农民培育工作。2016年以来,全市已认定新型职业农民1055名,培育新型职业农民6384人次、涉农大学生372人。

一、健全政策措施,明确任务落实

1. 明确认定标准

2016年发布《常熟市新型职业农民认定管理办法(试行)》(常政办发〔2016〕206号),在此基础上,2020年修订出台《常熟市新型职业农民认定管理办法》(常政办发〔2020〕111号),放宽户籍限制、允许非本市户籍人员申报新型职业农民,优化申请流程、简化申请材料。以《常熟市新型职业农民认定管理办法》为依托,明确年度目标任务,精准统筹各镇认定人数,分类培育认定群体。

2. 强化政策扶持

《常熟市新型职业农民认定管理办法》明确规定,经认定的新型职业农民免费享有政府提供的职业教育、实用技术等知识更新培训。同时,在各级现代农业(渔业)园区设立创业园、科技孵化基地,在承包经营等方面给予新型职业农民扶持,并对本市户籍全日制普通高等学校大专(含高职)及以上学历的新型职业农民,以单位就业方式或以灵活就业方式参保,给予单位或个人社会保险补贴。补贴实行"先缴后补"、按年发放,按照实际从事职业农民岗位工作月数计算,不满1个月的工作时间按照1个月计算。补贴期限为5年(即60个月),同一人的补贴期限合并计算。

3. 完善人才储备

在《市委办公室 市政府办公室关于定向培养基层农业农村人才的实施意见》(常办发〔2014〕37号)文件基础上,2018年发布《市政府办公室印发〈常熟市涉农大学生培养实施方案〉的通知》(常政办发〔2018〕61号),启动第二轮涉农大学生培养项目,与扬州大学和苏州农业职业技术学院合作,计划用5年时间,培养350名左右熟悉农业、热爱农村的涉农大学生,使之成为具备农业技术推广、农村生产经营等方面基本理论和技能,适合在镇村基层农业农经条线、现代农业园区、专业合作组织、农业企业以及各类农场,从事农业生产经营管理、技术服务以及自主创业创新等工作的实用型、复合型、技能型人才。

二、强化培育管理,确保质量效果

1. 加强新型职业农民培育,保障农业生产能力

(1) 推动农民身份升级

通过认定管理、系统培训、资格复核等开展新型职业农民认定。2016—2020年,共认定新型职业农民1055名,复核退出86名(包含超龄、不再务农人员),其中包含生产经营型539名、专业技能型227名、专业服务型203名。通过新型职业农民认定工作,稳步推动农民从"身份农民"向"职业农民"转变,进一步巩固新型职业农民群体,提升新型职业农民的生产经营能力。

(2) 提升专业技能水平

为提高新型职业农民技能水平,常熟市充分利用院校的师资优势,围绕提升生产经营能力、职业道德素养、绿色发展理念、信息化应用水平等综合素质,与院校精准对接,按照不同类型、不同产业、不同等级分别制定培训标准、设置培训课程、调配师资力量,并每年根据农民实际需求完善课程内容,科学规划培训时间,逐步形成课堂讲、观摩学、基地练的多样化培训方式,为新型职业农民传授新思想、新理念、新技术,做到"教育常在、培训常在",2016—2020年累计培训新型职业农民6384人次。

(3) 推动扶持政策落实

2017—2020年,常熟共为66名符合条件的新型职业农民申办上年度社保补贴,累计发放社保补贴80.57万元,并对新型职业农民队伍中的科研杰出人才给予专项经费支持,扶持农业农村现代化产业创新发展。部分镇(街道)结合区域农业产业发展现状给予新型职业农民一定的政策扶持。

2. 重视农业后备人才建设,增强农业发展动力

常熟市从2014年开始启动基层农业农村人才培养计划,与扬州大学合作开展涉农本科生定向培养,目前基层农业农村人才培养计划已圆满收官,2014级、2015级、2016级扬州大学"常熟班"毕业生共87人,68人全部充实到相关村(社区)工作,10名考取研究生继续在校学习,5人被提拔为村副书记,8名考入常熟市机关事业单位。2018年启动新一轮涉农大学生培养计划,扬州大学已

累计录取 42 名"常熟班"涉农大学生在校就读，委托苏州农业职业技术学院定向培养"现代农业技术"专业涉农大专生 243 名（高中起点大专生 86 名，初中起点大专生 132 名，转读大专生 25 人）。

三、创新培育方式，推进示范引领

1. 表彰农业农村创新创业典型

2017 年，常熟首次对 20 位新农民创业创新典型人物进行表彰。2020 年，推荐苏州恒洋澳龙农业科技有限公司负责人陶胜同志申报年度"全国十佳农民"。常熟市辛庄镇绿玲珑家庭农场负责人苏洁、常熟市碧溪新区吉礼葡萄家庭农场负责人陈波获得"2020 年度苏州市十佳新型职业农民"称号。

2. 开展新型职业农民典型宣传

为了营造良好的"重农、爱农、兴农"氛围，从 2018 年起，常熟市农业农村局与常熟广播电视台《春来茶馆》栏目合作，开设《我爱农业农村》《"三农"释法》子栏目，以新闻报道形式对农业创新创业领军人物、新型职业农民典型、现代农业农村发展现状进行报道。同时积极参与由苏州市农业农村局组织编撰的《苏州市新型职业农民群芳录》，上报陶胜、苏洁、陈波等 10 位新型职业农民为典型案例进行宣传。

太仓市篇

2012 年以来，太仓市坚持以习近平新时代中国特色社会主义思想为指导，紧紧围绕全省乡村振兴总要求、苏州率先基本实现农业农村现代化目标任务，以农业农村部"探索新型职业农民制度改革试验"为抓手，大力培育新型职业农民。搭建体系，强化队伍，落实制度，创新机制，取得了明显的实效。至今全市已认定新型职业农民 992 人，遍布市域范围所有镇村的新型职业农民队伍已经建立。

一、加强组织领导

2013 年，太仓市政府成立全市新型职业农民培育工程领导小组，分管市长挂帅，各部门配合，切实加强对培育工作的领导。各镇成立了以分管镇长为组长的镇农民培训工作领导小组，分解任务，明确职责，细化措施，狠抓落实，确保新型农民培育工程顺利实施。

二、明确目标任务

2019 年，太仓市政府印发文件，明确继续招录农业委培生，鼓励返乡创业，培养乡土人才，构建农业人才支撑体系，计划到 2025 年，在现有基数上再培养 300 名农业委培生，进一步加强新型职业农民队伍，鼓励新型职业农民创新创业。

三、出台政策保障

2019 年修订出台《太仓市新型职业农民认定管理办法》，新型职业农民享受继续教育、受表彰和奖励，优先推荐参加苏州市级以上评先评优，优先推荐为各级党代表、人大代表、政协委员和基层干部候选人。

四、勇于改革探索

推进国家改革试点。2019 年 11 月，太仓市获批苏州农村改革试验区扩展探索建立新型职业农民制度试点，目标任务是通过继续完善职业农民制度体系，规范新型职业农民的培育工作，切实做到职业农民认定有标准、扶持有政策、考核有办法、发展有保障，确保全市圆满完成新型职业农民培育工程，为乡村振兴战略中实现人才振兴提供坚实保障。

五、创新工作做法

1. 继续实施农业委培生定向培养模式，培育新型职业农民

培养农业定向委培生，毕业后认定为新型职业农民。目前已招生 6 届，共招录农业委培生 415 名（其中 74 名 2021 年拟录取）。其中 206 人已到岗就业，203 名被认定为新型职业农民。

2. 优化新型职业农民认定管理工作

（1）新型职业农民认定

逐年认定一批符合条件的新型职业农民，截至目前已认定新型职业农民 992 名。

（2）新型职业农民学历提升

针对已认定的新型职业农民，开展学历提升工作。特别是将 45 岁及以下大专以下学历新型职业农民纳入学历提升范畴。对参加学历提升的新型职业农民提供奖补资金。

（3）举办双创比赛挖掘和培育优秀新型职业农民

截至目前，太仓市已累计选树创新创业典型 100 例。

3. 探索职业农民劳动和社会保障制度

新型职业农民享有政府提供的免费职业教育、实用技术技能培训。与新型农业经营主体签订 1 年以上劳动合同并按规定缴纳社会保险费的，由市财政给予单位缴纳部分（以最低缴费基数核定）全额的社会保险补贴；以灵活就业形式缴纳社会保险费并进行就业登记的，补贴标准以灵活就业参保最低缴费数额的 50% 确定（含养老和医疗保险）。到目前为止，太仓市累计发放已认定的新型

职业农民社保补贴1500余万元。

4. 探索形成新型职业农民职业成长体系

按照重点培养、全面发展的原则，通过理论学习、基层实践、结对帮带等方式，培养政治文化素养好、农业发展能力强、基层管理水平高、留得住扎下根的农业委培生，遴选进入村两委会，目前共有53名农业委培生进入村两委。

5. 创新新型职业农民创业创新金融扶持

加大对已认定职业农民金融支持力度，加强对职业农民金融贷款的倾斜，降低抵押担保门槛，优惠费率，有效降低职业农民创业融资成本。2020年共向18家相关经营主体发放金融贷款。

昆山市篇

近年来，昆山市坚持以习近平新时代中国特色社会主义思想为指导，认真贯彻中央、省、苏州和昆山市关于实施乡村振兴战略的决策部署，以"探索建立高素质农民制度试点"国家级农村改革试验任务为抓手，强化体系建设，完善培育制度，扎实推进高素质农民培育工作，累计培育高素质农民7256余人次、认定新型职业农民1377名。

一、周密部署加压推进

1. 加强组织领导

成立以市政府分管领导为组长的高素质农民培育工作领导小组，高位推动高素质农民培育工作有效开展。创新实施乡村振兴战略三年提升工程和"十个一批"重点项目，把高素质农民培育作为重要内容强力推进。

2. 明确目标任务

明确至2022年年底，重点培育以本地中青年为主的高素质农民，新增培育高素质农民1800名、累计认定高素质农民1500名，基本建成一支与现代农业产业需求相适应的"专业层次分明、年龄结构合理、技能领先实用、从业领域明晰"的高素质农民队伍。

3. 强化制度保障

制定出台《昆山市高素质农民培育工程实施方案》《昆山市高素质农民认定管理办法（试行）》《昆山市高素质农民考核管理办法（试行）》等系列文件。

二、勇于改革大胆探索

1. 深入推进国家改革试点

2012年，昆山被确定为首批高素质农民培育试点县。2018年，昆山承担全国农村改革试验任务"探索建立高素质农民制度试点",成为全国 4 个试点地区之一,着力构建高素质农民培育工作整体框架体系,培育工作格局基本形成。

2. 创新开展成人学历教育

创新出台《昆山市高素质农民成人学历教育实施方案》,与南京农业大学等高校联合培养大专、本科学历农民大学生,已有 272 名高素质农民参加免费学历教育,该做法入选全国农民教育培训发展典型案例。

3. 率先实施社保补贴政策

2017 年,昆山首批认定的 170 名高素质农民全部领到"高素质农民证书",并享受社保补贴,是全国首批被认定并享受社保补贴的高素质农民。昆山市 3 年累计发放社保补贴 530 万元。

三、积极培育创新机制

1. 实施"订单式"培养

培养农业定向"委培生",毕业后从事高素质农民岗位,已招生 5 届、144 名学生。组织 27 名农业青年参加农业院校的中期、短期脱产培训,打造现代青年"农场主"。

2. 开展"实战式"培育

大力开展田间学校(实训基地)建设,拥有国家级示范性田间学校 1 家、苏州市级田间学校(实训基地)3 家、昆山市级田间学校(实训基地)6 家。

3. 营造"典范型"氛围

评选"十佳高素质农民""高素质农民标兵",分别奖励 10 万元、8 万元,并建立农业领军人才培养库予以重点培养。

4. 推行"差异化"管理

坚持分类施策和因材施教,制定《昆山市中高级农民(生产经营型)评审细则》,2020 年率先认定了 70 名中高级农民(中级 54 人、高级 16 人),分类分层开展教育培训。

四、出台政策强力扶持

1. 完善融资政策

推出《城乡居民创业小额贷款和种养业贷款发放工作操作办法》,积极鼓励高素质农民创新创业。创新设立"昆农贷"资金池 5000 万元,为新型合作农场、家庭农场、专业大户等新型经营主体提供低成本、较便利的贷款服务。

2. 强化财政支持

近 3 年,市级财政累计投入高素质农民培育经费超 1000 万元,其中教育培

训经费 304.8 万元、人才奖励经费 295.0 万元。

3. 搭建平台载体

成功推出"昆味到"农产品区域公用品牌，授权 100 余名高素质农民特许使用"昆味到"商标文字、商标图形及包装设计，创建运营"昆意农"网销平台，助农增收。

4. 推动行业自治

成立昆山市高素质农民协会，现有会员超 500 名。遴选 30 名优秀青年农民成立新联会高素质农民专委会，团结和引领农民主动适应新形势。选聘 25 名具有中高级职称的"农民"农艺师（水产工程师）组建高素质农民乡土专家服务团。制定《昆山市高素质农民守则》，将之作为昆山市农业从业人员职业操守准则。

吴江区篇

近年来，吴江区紧紧围绕农业结构、体制调整和农业产业化经营，充分利用现有的人力、物力及技术优势，开展多层次、多渠道、多形式的新型职业农民培育工作。"十三五"期间，吴江区累计培育新型职业农民 8000 余人，认定生产经营型、专业技能型和专业服务型等 3 类新型职业农民 1013 人。

1. 不断强化新型职业农民认定管理

2016 年，吴江区参照昆山和周边地区新型职业农民认定管理办法，结合吴江农业生产实际情况，印发了《苏州市吴江区新型职业农民认定管理办法（试行）》和《〈苏州市吴江区新型职业农民认定管理办法（试行）〉实施办法》。2017 年、2018 年结合在新型职业农民认定工作实施过程中所遇到的问题，重新修订了《〈苏州市吴江区新型职业农民认定管理办法（试行）〉实施办法》，重点在学历、种养（服务）规模等方面做了适当放宽调整，增加了专业服务型人员的申报类型，对水产养殖户提出了要求符合生态养殖的规定，同时提高了受理认定评分的基本分，调高了种养（服务）规模方面的分值。2020 年，吴江区根据苏州市相关要求，结合实际情况，再次调整认定条件，放宽户籍限制，并将农资经营服务人员、农业电商从业人员纳入认定范畴，出台了《关于印发2020 年度苏州市吴江区新型职业农民认定管理办法的通知》，加快推进 2020 年新型职业农民的认定工作。

2. 积极创新基层农业农村人才培养

2019 年年底，吴江区发布《吴江区基层农业农村专业人才培养实施意见》，采用送教下乡、"理论+实训"等多种教学形式，配套学费减免等政策扶持，激励新型职业农民参加学历提升班。同时探索采用"定点招生、定向培养、推荐就业"的方式，通过与高校、职业院校合作，重点培养一批具有本科或大专学历，志愿扎根基层的实用型、复合型青年农业农村人才，为吴江区农业农村人才队伍注入新鲜活力。与扬州大学农学院、苏州农业职业技术学院合作，开设"农村区域发展""现代农业技术"等涉农专业，通过全日制四年本科或三年大专学历教育，对吴江籍高中阶段毕业生实施定向培养，并对具有高中阶段学历或同等学历及以上，男45周岁、女40周岁以下的农民开展学历提升。设立人均1000元的定向培养生专项奖学金，学历提升班学员在取得毕业证书后可全额享受一次性学费补助。

3. 多措并举开展新型职业农民培育

充分利用各种农民教育培育资源，通过与农业院校、涉农企业的合作，依托农民培育和农业项目工程，以规模化、集约化、专业化、标准化生产技术，以及农业生产经营管理、市场营销等知识和技能为主要内容，开展系统化职业技能培育。加强与苏州大学、常熟理工学院、苏州农业职业技术学院等农业院校的合作，从农机、水产、蔬果、畜牧、粮油、电子商务等多项农业领域，有针对性地对吴江区新型职业农民进行培育，全面提升吴江区新型职业农民的专业素养和技术水平，为吴江农业农村现代化和农业产业高质量发展提供强有力的人才保障和技术支撑。

吴江区的新型职业农民培育，取得了明显成效。一是新型职业农民典型不断涌现。现复核通过的843名新型职业农民中，45周岁以下（含）467人，大专以上（包括在读）317人，二者的占比为67.88%。累计发放社保补助达660余万元。涌现出了金农水产养殖专业合作社的金香和齐心村粮食生产合作社的朱建芳等"苏州市十佳新型职业农民"典型。二是分层、分级、分专业培训顺利实施。组织农民合作组织、家庭农场（专业大户）等，负责人培训达900人次以上。省级高素质农民培育委托常熟理工学院组织蔬菜、种子、作栽、水产、蚕桑果树、农机推广、电子商务等各类专项培训，培育人次达5000人次以上；市级新型职业农民培训委托常熟理工学院、苏州大学组织蔬果、水产、农机、粮油等各类专项培训，培育人次达2000人次以上。全区各类培训学员总体满意度在95%以上。三是基层农业农村专业人才队伍不断扩大。通过广泛动员宣传，精心统筹安排，顺利完成吴江区首届基层农业农村专业人才定向培养生的招生签约工作，成功签约34人，其中与录取苏州农业职业技术学校"现代农业技

术"专业的大专生签约 30 人、签约扬州大学涉农专业的本科生 4 人。累计有 26 人参加市级和区级新型职业农民学历提升班。入选江苏省乡土人才"三带"名人 4 名,"三带"能手 1 名,"三带"新秀 1 名。一系列举措让每一名新型职业农民看到了农村的发展潜力、感受到了农村的发展动力、感知了农村的发展引力,留住乡愁,振兴乡村。

吴中区篇

乡村振兴,关键在人。培育高素质新型职业农民是新时期"三农"工作的重中之重,是解决"谁来种地、如何种好地"问题的根本途径。习近平总书记用"爱农业、懂技术、善经营"定义了新型职业农民,深刻回答了新时代培养什么样的职业农民、怎样培养职业农民这一问题。近年来,吴中区坚持政府主导、农民自愿、动态管理、政策配套,围绕乡村振兴和农业农村现代化发展目标,扎实推进全区新型职业农民培育工作,为现代农业持续发展提供坚实保障。截至 2020 年年底,全区 11 个涉农镇(街道),4.3 万名农业从业人员,累计获认定新型职业农民 646 人,举办各类农民培训 70 期,培训职业农民 6500 人次,为全面推进实施乡村振兴战略打下坚实基础。

一、立足产业特色,举办职业技能培训

根据吴中区农业产业特色及高质量发展要求,结合农民实际需求,整合各类教育培训资源,多层次、多渠道、多形式实施农业职业技能培训工程。结合部、省、市三级高素质农民培育项目,依托省内外各涉农高校优势,坚持走出去和引进来相结合,利用农闲时间开展培训,选准培育对象,创新教学形式,开展包括新型经营主体、果茶园艺、水产养殖、农机农艺、蔬菜园艺、农产品质量安全及农产品电商等相关专题培训,5 年来组织培训 6500 人次。

二、把握认定标准,强化职业农民选育

2016 年起,吴中区制定《新型职业农民认定管理办法(试行)》,成立吴中区新型职业农民资格认定评审委员会,每年召开新型职业农民认定管理工作会议并布置相关工作。2019 年,根据 3 年来的认定情况,经过多次调研、座谈形成初稿,并向区财政、人社局征求意见,根据反馈意见修改,并上报区政府常务会议讨论通过后下发执行,根据新的办法开展新型职业农民认定管理工作。各镇、街道积极做好宣传、推荐工作,经过个人申请、镇村核实、乡镇推荐、区级评审、区镇村公示等程序,截至目前,全区已认定新型职业农民 646 人,其中 45 周岁以下大专以上比例达 79.4%;已认定新型职业农民占农业总人口比重达 1.5%。

三、强化队伍建设，壮大农村人才力量

构建能力提升通道，围绕全面提升新型职业农民综合素质，引导他们参加农业职称申报、学历提升教育等，构建全方位的职业成长通道。2018 年，在全省首次开展农民职称评审，对照任职资格条件，结合实际，组织落实农业技术系列初级职称申报和评审工作，区人社局全程参与监督指导，当年共有 19 名新型职业农民通过初级职称评审。组织申报省乡土人才"三带"行动计划，获评"三带"名人 3 名、"三带"能手 2 名、"三带"新秀 7 名。组织开展乡村技艺师申报，截至目前，共评审通过高级职称 12 名，中级职称 28 名，初级职称 38 名。开展学历提升，发动已认定的新型职业农民（16 人）参加全日制大专学历提升，并对取得毕业证书的学员进行补贴（其中：大专一次性补贴 5000 元，本科一次性补贴 8000 元）。

四、强化扶持激励，加大人才支持力度

为鼓励更多年轻、优秀的青年加入新型职业农民队伍，吴中区积极落实新型职业农民激励扶持政策，多举措引进懂农业、懂技术、懂市场的专门实用人才。为激励新型职业农民创业创新，吴中区逐年增加对已认定新型职业农民的扶持。近年来，共计评选区级各类现代农业人才 127 人，奖励资金 505 万元。在开展"东吴现代农业人才"评选的过程中，向已认定的新型职业农民倾斜，在近 3 年评选的 55 名现代农业人才中，新型职业农民有 28 名、占比超 50%，累计有 13 位新型职业农民获得区财政相关项目资金补助。同时，免费向新型职业农民赠阅《农家致富》杂志、手机报等，引导安装注册使用"农技耘"App，及时提供生产、市场信息资讯，帮助他们搞好生产、做好营销。

五、搭建学习平台，拓宽合作交流视野

选送优秀新型职业农民赴扬州大学、南京农业大学、苏州农业职业技术学院等高校参加培训，通过一系列的培训指导、创业孵化、跟踪服务等系统工程，培育一支创业能力强、技能水平高、带动作用大的新型职业农民队伍。组织新型职业农民代表赴我国台湾地区、上海、浙江等地学习，拓宽视野，拓展生产经营思路。组织新型职业农民赴上海、贵州、浙江及省内其他地方考察交流，搭建合作交流平台，拓展创新创业空间，寻求合作新机遇。

六、树立先进典型，强化骨干示范引领

5 年内，经过不断培训、帮扶、指导，全区涌现了一批优秀新型职业农民代表。东山茶厂柳倩楠被选为苏州市人大代表，在部、省、市农业创新创业大赛

中屡获佳绩，并获评为苏州市首届"十佳"新型职业农民；东山吴侬碧螺春茶叶专业合作社宋甫林被表彰为全省首批"青年农民创业之星"；东湖农场徐斌被评为江苏省"十佳"新型职业农民，并获得农业部"风鹏行动·新型职业农民"资助。馨海花卉徐峻育先后获得第二届苏州市农村创业创新大赛一等奖、第三届江苏省农村创业创新大赛二等奖、第三届全国农村创业创新大赛三等奖，并获评为第二届苏州市"十佳"新型职业农民。

相城区篇

根据江苏省政府办公厅《关于加快培育新型职业农民的意见》（苏政办发〔2015〕83号）、苏州市政府《关于进一步加强新型职业农民培育的意见》（苏府〔2015〕1号）、苏州市政府办公室《关于加快推进新型职业农民认定管理工作的通知》（苏府办〔2016〕92号）等文件精神，相城区紧紧围绕"乡村振兴"三年行动计划和率先基本实现农业农村现代化要求，认真落实市级新型职业农民目标任务，加快建立高素质新型职业农民队伍。

一、政策支撑

相城区制定了《相城区新型职业农民认定管理办法（试行）》（相政办〔2016〕135号）和《相城区新型职业农民社会保险补贴实施细则》（相人社就〔2018〕3号），对在职业农民岗位工作的，在认定为新型职业农民后，给予单位或个人社会保险补贴，其中：以单位就业方式参保的定额补贴标准，以最低社会保险缴费计算的单位缴费数额确定；以灵活就业方式参保的定额补贴标准，以灵活就业参保最低缴费数额的50%确定。2020年和2021年，又重新完善制定了《相城区新型职业农民认定管理办法》（相政规字〔2020〕2号）、《相城区新型职业农民社会保险补贴实施细则》（相人社就〔2021〕2号）。截至2020年年底，全区对已认定的新型职业农民给予社保补贴共计232人次，累计发放社保补贴283.13万元。

二、工作举措

1. 加强组织领导

成立了以区政府分管副区长为组长的新型职业农民培育工作领导小组，区农业农村局成立了以局主要领导为组长、分管领导为副组长的新型职业农民资格认定评审委员会。为确保新型职业农民培育工作的顺利进行，区农业农村局依据上级文件精神，统筹安排制定培训计划，根据上级目标任务将之分解到各乡镇，确保培训项目有序开展。同时，积极与培训承担单位、乡镇沟通，组织乡镇报送培训学员名单，确定培训课程安排，保证培训质量与效果。

2. 强化教学质量

坚持从提升学员农业发展理念、专业生产技能、经营管理能力出发，精心组织、科学合理制定教学计划和编排课程。培训坚持理论学习与现场观摩相结合原则，将专家"请进来"、带学员"走出去"，先完成集中培训，再进行实地考察，通过多途径、多形式的课程内容安排开展新型职业农民培育培训工作。

3. 规范项目管理

严格按照项目管理办法操作，保证项目资金使用规范。培训项目财政资金达到政府采购目录中教育服务类项目要求的，采用政府采购方式，遴选第三方培训机构。培训项目财政资金未达到政府采购要求的，按照《相城区农业农村局涉农项目管理办法》等相关规定操作，开展第三方培训机构询价招标工作，通过综合评审，择优遴选第三方培训机构。第三方培训机构经局党组会议讨论确定后签订培训协议。区、镇两级认真组织学员参加培训，培训完成后及时进行总结，并对培训台账进行收集、整理、分类与归档。培训经费使用提交局党组会议讨论，通过后采用区级财政报账。

4. 搭建孵化平台

高度注重新型职业农民创业创新平台建设，加快筑巢引凤，取得了明显成效。2018年，相城区获评为"全国农村创业创新典型县"，黄埭高新区入围"全国农村一、二、三产业融合发展先导区创建"名单。同中国水产科学研究院淡水渔业研究中心、江苏省农科院、苏州农职院等广泛建立产、学、研合作。建有全国农村创业创新园区2个，全国农村创业创新孵化实训基地1个，省现代农业科技园1个，省企业院士工作站和国家博士后科研工作站各3个，省博士后创新实践基地1个，省高新技术企业和省民营科技企业各2家，国家级星创天地1个，全国首批新型职业农民培育示范基地和省级新型职业农民培育示范实训基地1个，苏州市新型职业农民教育实训基地2个。这些平台为职业农民提供了创业创新的广阔舞台，成为他们施展才华的阵地。

三、创新做法

相城区外来人口较多，其中不乏积极投身相城农业农村建设的高素质农民。2016年，相城区在全市率先将外地户籍农民纳入新型职业农民认定范围，对在本区稳定从事农业生产经营服务且连续缴纳社会保险1年（含）以上，男50周岁（含）以下、女45周岁（含）以下，高中及以上学历，具有示范带动效应的非相城户籍人员同样给予新型职业农民认定，此项举措扩大了职业农民的覆盖

面，有效提升了农业从业者的获得感。

四、取得成效

1. 建立了一支职业农民队伍

为切实加大对新型职业农民的培育培训力度，通过以老带新，送技术送服务到田间地头，培育了一批有知识、懂技术、会经营的职业农民，学历涵盖了初中、本科到硕士、博士，还有留学回国创业人才。涌现出"全国农村青年创业致富带头人"、全国农牧渔业丰收奖获得者许爱国，全国新型职业农民培育"百佳"典型林亚萍，"全国农村青年致富带头人"顾敏杰，"农二代"、首届苏州市"十佳新型职业农民"朱赟德等一批农业农村创业创新青年职业农民典型代表。2016年以来，全区累计认定新型职业农民374人，培育新型职业农民1040人次，为推动农业农村高质量发展和率先基本实现农业农村现代化提供了有力的人才支撑。

2. 带动了一批农民增收致富

相城区通过树立新型职业农民典型，以点带面，引领推动青年农民创业创新，带动其他青年和周边农户创业，起到了良好的示范带动作用，有力地促进了农业增效、农民增收致富。顾敏杰，原是一名普通军人，2005年复员回到家乡阳澄湖镇消泾村，2008年创办苏州市阳澄湖苏渔水产有限公司，开网店卖大闸蟹，直接带动消泾村90余个农户开办网店，大学生自主创业20余户，带动就业2000人以上，从事电商销售人均季节性收入达3万余元，较普通村民增收20%以上。"蓝莓大叔"李志峰，作为相城区选派的农业技术人员，走进贵州省铜仁市石阡大山深处，秉承着共建、共享、共赢的理念，全力参与1000亩相城、石阡共建现代农业示范产业园建设，助力当地脱贫摘帽。

苏州高新区篇

近年来，苏州高新区积极开展职业农民培育工作，始终坚持政府主导、农民自愿的原则，以形成一支专业层次分明、年龄结构合理、技能领先实用、从业领域明晰的高素质新型职业农民队伍为目标，通过认真分析农户培训需求，精心组织培训实施、严格执行认定程序，新型职业农民培育和认定工作取得了一定成效。

2016—2020年，苏州高新区每年开展两期职业农民培训班，累计培训农民400余人次，认定新型职业农民115人，初步建立起一个新型职业农民信息库。从年龄结构来看，45周岁及以下新型职业农民73人，占比63%；46～55周岁新型职业农民 30 人，占比 28%；55 周岁以上新型职业农民 10 人，占比 9%。从受教育程度来看，大专及以上学历新型职业农民 60 人，占比 52%，其中 45 岁及以下已认定新型职业农民中大专（含）以上学历人数占比 77%。

一、强化制度建设

成立苏州高新区新型职业农民培育工作领导小组，领导小组办公室设在虎丘区城乡发展局，具体负责受理苏州高新区新型职业农民的培育和认定管理工作。2016 年发布《苏州高新区新型职业农民认定管理办法》，规定了新型职业农民的认定条件、认定方式、认定主体以及认定程序等内容。2020 年 9 月，苏州高新区发布新的认定管理办法，放宽户籍限制，在苏州高新区内稳定从事农业生产经营服务且连续缴纳社会保险 1 年（含）以上的非本地户籍农民也可自愿申请并认定为新型职业农民。为继续扩大苏州高新区新型职业农民队伍，结合《苏州高新区（虎丘区）惠农 18 条政策意见》，对于新认定的新型职业农民，每人奖补 1000 元。通过政策引领，加强政府指导，培育壮大一批除具备"有文化、懂技术、善经营、会管理"四个核心要素外，还具备"爱农业、爱农村、善创新、能坚守"四个基本要素，同时还具有"科技意识、质量意识、市场意识、法治意识"四个关键意识的高素质农民队伍。

二、做好供需分析

苏州高新区作为高度城市化的非涉农区，在新型职业农民培育和认定工作中，突出的问题就是年龄结构逐步老龄化、培育对象后继乏人，各类农业院校、非政府组织等社会资源参与程度低，在培育工作开展中易出现以各类培训机构、企业培训与示范基地等为代表的供给主体和以小农户、种养大户、家庭农场主、农业企业为代表的需求主体之间的供需错配问题。基于此，苏州高新区新型职业农民培育工作坚持农民需求导向，在课程设置、时间安排、培训形式等方面向农户进行意见征询，汇总意见后与培训院校进行沟通，尽可能减弱供需错配问题，逐步向小班定制化教学模式靠拢，重视理论与实践教学相结合，提升培训效果。

三、重视意见反馈

在每年培训工作结束后，邀请受训学员进行满意度调查，对于课程设置、培训安排等方面进行意见反馈，通过分析学员的反馈意见，对培训不足之处加以改正。同时每期培训班会组建学员交流群，培训学员可以在群里进行沟通交流、问题反馈，对于一些政策或者技术方面的问题与建议，后续及时进行解答与指导，学员之间也可以就生产需求进行相互调剂，营造良好的相互帮助、共同提升的学习氛围，提升学员参与培训的积极性。

附录二
苏州 20 名"十佳新型职业农民"简介

> 2012 年以来,苏州市坚持以培育有文化、懂技术、善经营、会管理的新型职业农民为目标,不断加大培育力度,积极创新培育模式,新型职业农民培育工作取得了显著成效。到 2020 年年底,全市共认定生产经营型、专业技能型、专业服务型新型职业农民 6714 人,这些新型职业农民正逐渐成为建设现代农业、带动农民增收致富、助力乡村振兴的新兴力量。苏州市在 2018 年和 2020 年分别开展了两年一度的苏州市"十佳新型职业农民"评选活动,通过各市(区)申报推荐、市级审核评选、社会公示等程序,共评选出了 20 名"十佳新型职业农民"。现将这 20 名新型职业农民的代表作一介绍。

2018 年度苏州市"十佳新型职业农民"

一、领跑在希望的田野上
——记张家港市华田家庭农场负责人吴健

吴健,2016 年被认定为张家港市首批新型职业农民。

1990 年,吴健高中毕业。深知农门苦、一心想跳出"农门"的他却因为和农机具那种心灵感应似的"来电",又毅然选择跳回"农门"。

"当时我们村里有一台手扶式拖拉机,听到机器响,我就要去看一看、转一转、摸一摸。"源于对农机的情有独钟,吴健逐渐成长为一名出色的农机手。

转眼到了 2000 年,几台从安徽过来跨区作业的收割机让吴健傻了眼。"当时真的震惊了,就看着收割机'哗啦啦'几分钟一块水稻田就收完了,人不用弯腰了,稻子不用挑回场地上脱粒了。当时就感觉农机肯定有发展前途。"观望了一年之后，吴健咬牙背上3万元债务，买下一台二手收割机。那几年，肯吃苦的他四处帮人家收粮食，不仅债务还清了，还赚了不少。

随后几年，他又陆续承包了1000多亩地，当起了"职业农民"。2010年6月，麦收期间碰上黄梅天连下大雨，眼睁睁看着麦子发黑烂掉。第二年，吴健再次咬牙贷款100多万元，一口气投了260万元买下8台烘干机，建起了600平方米的粮食低温烘干中心。自此，从耕田到插秧、植保、收割、烘干，加上最后的碾米，吴健的种田全产业链被打通。

吴健深知科学技术的重要性，一方面通过购买相关的技术资料自学，遇到不懂的问题就虚心向专业农技人员和有经验的农民请教；另一方面，紧紧抓住市、镇开展农业专项技术培训的机遇，认真听取专家教授的各种技术讲座，拓展知识，终于全面掌握了稻麦种植关键技术，练就了收割机、拖拉机的熟练驾驶技术和维修技能。

2013年，吴健注册"华田家庭农场"，后注册"金村"大米商标，现在每年仅大米销售就超过100万公斤，产值在600万元左右。这几年，他给周边的种田大户们提供良种和技术支持，通过统一订单收购、统一品牌销售，让村民们跟着他一起走上致富路。

2019年，他帮助周边大户代育机插秧苗1500亩，农机服务专业合作社为4000余亩水稻实行病虫害统防统治，防治效果提高了10～15个百分点，农药节约10%以上，实现了上级部门、服务组织、种粮农户三方满意的目的，也为自己增加了收益。

二、新型职业农民成就青春创业梦
——记张家港市凤凰农业科技有限公司总经理颜大华

1996年春节后，19岁的颜大华怀揣300元钱投奔在张家港从事花木产业的舅舅。起初，高中毕业的颜大华一心只想去一个有规模的工厂上班。然而，没有技术，没有人脉，要想找个稍微体面的工作，对于当年的他来说，是一种奢望。

由于一时没有找到合适的工作，颜大华闲来无事，便开始帮舅舅做些锄草、施肥之类的杂活。随着时间的推移，在舅舅的潜移默化下，颜大华渐渐对花木行业产生了兴趣，白天干活的时候他留心学习观察，晚上在地头搭建的临时棚里看书自学。

1997年5月，颜大华东拼西凑，在张家港以700元1亩的价格租用了5亩地。"付完田租金，我的'融资'也已经所剩无几了，手头连购买种子的资金也拿不出来。刚开始创业那几年，资金短缺一直是我最大的困难，但我经常告诉自己，一切挺过去就好！"颜大华说。

因为缺乏经验，颜大华的创业之路颇为坎坷。先是花根受金龟子幼虫危害，种下去的4万个种球只采了1万枝花。后来，第一次大批量种植的百合花，由于疏忽，在关大棚门的时候留了缝隙，冷风从缝隙钻进大棚，当时还剩下的一半花苞遭受到了严重的冻害，损失达3万多元。直到2000年，颜大华才终于淘到人生中的第一桶金，有了20万元的净收入。

口袋里有了钱，颜大华的"野心"更大了——他要把园艺场建设成为一个现代化的基地。由于颜大华种植的鲜切花质量好，并且重信守诺，鲜花的销路一直很好，每年利润有几十万元，种植规模也逐步扩大。2005年，他成立了张家港市三利农业科技有限公司，仅用了3年时间，三利农业科技有限公司就成为全省最大的鲜切花出口基地。

2008年，颜大华看好张家港凤凰水蜜桃发展的巨大潜力，决定转行投资水蜜桃产业，于当年10月在张家港市凤凰镇租地280亩，组建了张家港市凤凰农业科技有限公司。凭借骨子里那股永不服输、从不气馁的韧劲，颜大华克服了重重困难，凤凰农业科技有限公司开始慢慢崭露头角，并受到省、市各级领导的一致肯定和高度评价，这使他对凤凰水蜜桃的发展前景更加信心百倍。

颜大华种植的"凤凰佳园"牌水蜜桃在全国首届桃果品评比中荣获江苏省唯一金奖，并在国家及省（市）桃、葡萄评比中获得多项奖项，他的凤凰农业科技有限公司也被评为"张家港市农业龙头企业""江苏省民营科技企业"，同时基地还被认定为农业部首批"国家级标准化果园"。

凤凰农业科技有限公司与南京大学、江苏省农科院等科研院所建立长期合作关系，目前已被列为南京农业大学教学与科研实践基地、江苏省农科院园艺研究所试验示范基地和国家桃产业技术体系推广示范基地。

三、常熟80后小伙和他的"澳龙王国"
——记苏州恒洋澳龙农业科技有限公司总经理陶胜

陶胜，1986年出生于江苏常熟，本科学历，目前担任苏州恒洋澳龙农业科技有限公司总经理。

陶胜的父母长期从事大闸蟹养殖，随着时代的发展和经营理念的改变，还承包了土地种植葡萄，留下了约30亩的养殖水域。看着荒废的30亩水域，陶胜感到十分遗憾，想到国家对现代农业越来越重视，在对华东地区水产产业和水产市场进行充分调研后，陶胜发现澳洲淡水龙虾是当下特种养殖的新贵。

2012年，经过多方寻找，他购买了2万尾虾苗，在5亩水域开始试养。因经验不足，虾苗存活率很低，收获时只有两百多只龙虾，陶胜最终也没有搞明白是虾苗的问题还是水质的问题。第一年，陶胜养殖澳洲淡水龙虾以失败告终。但是不服输的他决定继续走下去。2013年初，他将30亩水域全部重新改造，加装进水和水处理系统，并将15万虾苗分4个池塘进行养殖。通过学习水产养殖技术和父亲养殖大闸蟹的经验，陶胜加强了水体有益藻类培养、种植水草、水质调控等日常管理。收获时，其中有2个池塘与前一年如出一辙，几乎全军覆没，另外2个池塘却传来好消息——一共捕到5700斤龙虾，这让陶胜兴奋了好久。欣喜之余他冷静分析，之前养殖失败的原因一方面是土池近亲交配虾苗品质低，另一方面是几十小时的长时间运输导致虾苗的成活率降低，这让陶胜诞生了自己培育虾苗的想法。

虾苗培育技术含量高、专业性强。陶胜的目标不是眼前的利益，而是将来的澳龙产业，于是买书、看资料成了陶胜日常生活中最重要的事情，父母还曾开玩笑说："上学的时候，陶胜看书都没这么用心过。"他在自己家前面的一块空地上搭建了一个100多平方米的简易大棚，边学习边研究育苗技术，经验不足让他走了很多弯路，有段时间，池塘里每天都会出现龙虾死亡的现象。除了辛苦，虾苗培育投入多、损失大，家里人都反对，但是陶胜整天钻在育苗大棚里，一心只想培育出虾苗。因为之前接触过智能化设备，他比较了解电子类仪器，仪器记录下的数据使陶胜有了研究依据，从而提高了成虾的成活率。为了通过高清摄像机观察龙虾的交配、繁殖情况，他常常几天几夜不休息。

虾苗培育试验的3年里，陶胜投入了大量资金，对池塘增氧、设备远程控制及暖棚搭建等一系列传统设施设备进行了升级改造，实现了全天候的自动化控制，这期间没有产出和效益，但是他告诉自己：只有不断积累经验，才能培育出好产品。最终，花费100多万元的投资和3年的努力，虾苗培育成功了。

接着，陶胜希望找一个更大的舞台施展澳龙养殖技术。他向常熟国家级农业科技园书记推荐自己并讲述一路走来的养殖历程，得到了书记的高度认可。成熟的养殖育苗经验，加上成熟的农业科技园区，陶胜的公司很快生产出一批高质量的虾苗产品，销量非常好。入驻科技园第一年，陶胜挖到了澳龙养殖的第一桶金。

陶胜创立了以澳龙公司为载体的"公司+基地+农户+售后指导+营销"的创新合作模式。2016年以来，公司和当地以及全国各地农户共同建立了12000亩澳洲淡水龙虾养殖面积，建立了多个澳洲淡水龙虾养殖合作社。目前，年产虾苗8000万尾，签约养殖户630家，已成为华东地区乃至全国最大的澳洲淡水龙虾苗种和成品虾供应商。在华东地区，公司提供的澳洲淡水龙虾苗种市场占有率超过90%，年产成品澳洲淡水龙虾（含回购签约农户）1800吨，销售额超6000万元。公司已累计拥有近万个客户，在江苏、河北、四川、江西、湖北等地建立了澳洲淡水龙虾育苗基地，就近满足市场对澳洲淡水龙虾苗种的需求。

"我要把澳龙繁育养殖推广到更多地区，带动更多农民致富！"陶胜的澳洲淡水龙虾本土化繁育养殖获得成功后，央视农业频道《致富经》《科技苑》栏目闻讯而来，让陶胜通过央视这个大平台与全国人民一起分享他的"致富经"。

在对接帮扶方面，陶胜把目光放在西南的四川等地，对当地贫困县进行精准帮扶，培养当地农业带头人。如对四川群力乡平兴桥村主任陈尧进行养殖产业培训，通过示范带动、典型引路、以点带面，全面带动当地水产养殖业发展。自2016年帮扶以来，群力乡平兴桥村的澳龙养殖规模不断增加，从初期的20余亩发展到2017年的40亩。截至目前，平兴桥村共建澳龙养殖基地2000余亩，带动了200余名农户从中受益。

从"自己摸着做"到"干给农户看"再到"全链条帮助农户种""带着农户富"，陶胜践行了新时期新型职业农民的榜样带动作用。目前，陶胜的公司已经与中国水产科学研究院淡水渔业研究中心、上海海洋大学、江苏省淡水水产研究所等科研院所建立了产学研基地。

四、以生态循环农业引领乡村振兴之路
——记太仓市东林农场专业合作社负责人徐坚

徐坚，1981年出生，江苏太仓人，中共党员，2013年进入太仓市东林农场专业合作社工作，2016年开始担任合作社负责人，2017年被认定为太仓市新型职业农民。

东林村合作农场经营着2100亩土地，以水稻、小麦种植为主。进入合作社工作后的徐坚，一方面跟着农技员学习交流种植技术，另一方面与村里的同事一起研究农业创新发展的模式。经过多年的工作实践以及与相关农业企业的交流，他发现由于化肥和农药的使用，土壤中的有机质不断减少，农业有害生物的抗药性越来越强；另外，农业粗放经营、各种新能源的使用又造成了大量秸

秆的闲置。一次偶然的机会,他与同事了解到韩国利用稻麦秸秆制成动物饲料的技术,认为这才是东林村农业创新发展的方向,而且借助秸秆饲料生产还能解决东林村养殖场肉羊养殖饲料问题。

为此,2015年东林村决定发展生态循环农业新模式,经过不断探索、实践,最终形成了"草—羊—田"生态循环农业产业链,即利用稻麦秸秆制成饲料,喂养生态养殖场肉羊,利用肉羊粪便制成发酵有机肥,反哺稻麦蔬果。这个探索形成了生态循环农业的"东林模式",为农业永续发展提供了模式借鉴。

目前,"东林模式"已经串起了金仓湖果蔬基地、金仓湖米业、东林生态养殖场、稻麦秸秆饲料加工厂、有机肥厂等多个产业载体,生产出"金仓湖"优质大米、蜜梨、葡萄等多个绿色食品。

合作社先后荣获"全省农民专业合作社示范社""江苏省稻米产业强村富民典型"、苏州市"粮安之星"等称号。"金仓湖"牌系列大米先后荣获"江苏好大米"十大创优品牌、"苏州地产优质大米"特等奖、"苏州大米十大价值品牌"等荣誉。

另外,徐坚还与同事一道,积极推进农产品销售、精品采摘、农业科普体验、特色餐饮等农业旅游精品项目,2019年东林农场接待游客5万多人次,农业旅游收入超过400万元。2020年,东林村正式启动"味稻公园"农旅项目,休闲驿站、手工作坊、穗月广场等同时开工建设,形成一、二、三产业互促互动、相互渗透、融合发展的新格局。

五、爱上园艺 播撒一路芬芳
——记昆卉生态园林工程有限公司负责人殷勤

古有"周子爱园艺,每见奇花异草瑞木,必百计购之,植之庭院",今有殷勤爱花,必细细培养之。当你走进花桥天福生态园昆卉园艺中心,一下子就会被大棚内种类繁多、外形精致的各式花卉苗木所吸引,各式花卉苗木姹紫嫣红、形态各异,共同呈现出一个色彩缤纷的世界。经过工作人员的指引,你会在花团锦簇的大棚里见到这个园艺中心的主人——殷勤。

殷勤是一位80后,1988年出生于昆山花桥,大学就读于江苏科技大学旅游管理专业。2010年毕业回昆山后,她并没有进入专业对口的行业就业,而是通过一次招聘会成为昆山市一家大型绿化园艺公司的职员。殷勤说,她和许多女孩子一样,从小就喜欢花花草草。她在园艺公司上班后,由于每天和花草打交道,不仅学到了很多关于花卉园艺方面的知识,而且渐渐对园艺产生了浓厚的兴趣。同时,她也敏锐地感觉到,园艺在发展销售服务方面必须不断地更新,

才能适应市场的需要。工作一年多后,由于结婚生子,殷勤辞去工作在家休养,闲不下来的她就在大脑里酝酿着要圆创业梦。

2012 年,经过一系列的了解市场和调查货商后,殷勤创办了昆山市昆卉生态园林工程有限公司,并在花桥开设了一家花店,正式开始了创业生涯。"虽然以前在园艺公司上过班,积累了一些经验,但是自己创业,需要操心和亲力亲为的事情更多了。"说起创业历程,殷勤颇有感触,她说:"资金、货源、场地、销售……事无巨细,全都要考虑周到,安排落实。"为了掌握系统的花卉种植知识,殷勤认真看书、上网自学,自费参加培训充电。花卉苗木的习性是什么?养护要点是什么?她戏言就像当年参加高考一样,大量的园艺知识要点需要一遍遍熟记,再结合实际操作。殷勤慢慢琢磨并掌握了一套专门的花卉苗木养护方法,公司业务合作很快有了明显起色。

2015 年,事业走上正轨的殷勤,又注册成立了第二家公司——昆山花荟家现代农业发展有限公司,园艺中心的经营面积也扩大到了 8 亩,拓展了租摆、零售、批发等业务。2016 年,公司销售额达到了 200 万元。和殷勤合作的客户越来越多,她的业务也变得越来越繁忙。之所以有如此好的成绩,是因为她始终秉承着一个信念:用诚信来提供最好的服务和最优质的产品。在事业上取得的每一个小进步、小收获,都让殷勤感到欣慰和振奋。

作为一名新型职业农民,殷勤毫无疑问是成功的,也是出色的。她非常热爱花卉园艺并执着钻研,而且决心将花卉园艺事业作为终身事业。殷勤说,她正在大棚内培育试种更适宜南方气候条件的发财树品种,并开展多肉、草花等的培育和种植。同时,她还在着手筹备花卉园艺中心的线上销售和品牌化经营,希望通过运用新媒体直播平台等线上渠道拓展销售通路。"创业之路虽然艰辛,但因为有了前进的目标和方向,一路走来我始终充满着激情。"殷勤如是说。

2019 年 3 月,昆卉全资收购东榆农业。东榆是一家农业科技企业,现有高标准连栋温室种植大棚 7000 平方米,全部用于蝴蝶兰的生产。经过殷勤团队的改造和经营,基地 2020 年生产的蝴蝶兰品种达到了 80 多种、20 多万株,在整个苏浙沪地区都有一定的影响力。

六、科技引领乡村发展　创新带领群众致富
——记苏州市承恩水产科技有限公司董事长金香

金香于 2004 年退伍,回到家乡后开始从事南美白对虾、小龙虾、鲈鱼种苗培育,以及水产品养殖、速冻加工、配送及稻渔综合种养。2014 年,成立苏州

市承恩水产科技有限公司。

2016年，金香了解到本土小龙虾的市场占有率不到千分之一，考虑到汾湖地区的地理优势和小龙虾养殖的潜力，他决定放弃南美白对虾养殖，以小龙虾养殖带动村民致富。他承包了500多亩稻田进行稻田小龙虾的养殖。起初小龙虾没有种苗基地，外地采购运来的小龙虾苗到收获时死亡率近90%。2017年年底，金香开始攻关四季小龙虾种苗培育难题，他与常熟理工学院进行产学研合作，请来专家教授指导养殖，开始了自主育苗。2018年4月，金香带领的团队成功培育出了小龙虾种苗。

农户原来从外地运来小龙虾苗需要4~5个小时的运输时间，而从金香的育苗基地到水稻田，小龙虾苗的"路程"只要半小时。金香培育的小龙虾种苗不仅存活率高，成品规格也大，上市时间还提早了1个月左右，在价格方面有竞争优势。按照他总结制定的"稻田小龙虾操作流程"进行稻田小龙虾养殖，亩均收益超过7500元，纯效益可达3200元，周边近3000亩地的养殖户们开始学习借鉴金香的做法。

为消除鲈鱼养殖密度高、死亡率高的风险，减少鲈鱼养殖对水体的污染，金香通过招聘水产养殖业方面的人才、升级改造设备等，投入约200万元，在苏州地区率先攻克鲈鱼循环水系统育苗的技术难关，将鲈鱼的成活率提高到70%。

2020年初，由于新冠肺炎疫情影响，本地青虾滞销。金香在当地政府和媒体的帮助下通过微信小程序、农商行、吴江云商公司、联联周边、苏州市民卡中心等电商平台，帮红旗村的虾农在线销售滞销的青虾。他将自己家的水产基地腾出来作为电商销售基地，垫资收购虾农们的青虾，零利润帮助销售；他亲自上阵当包装工，并发动家人一起包装青虾；他兼任客服，一天接100多个电话，最终使本村的青虾由滞销变畅销。

疫情期间，金香攻克活虾走电商运输缺氧的技术难点，开创了鲜活水产品线上销售新模式。未来，他想借鉴这次活虾电商销售的成功经验，把直销网络覆盖到整个长三角地区。

金香先后获评为吴江区和苏州市劳动模范，获得"江苏省青年农民创业之星"等荣誉。他的基地先后被评为"江苏省特色水产品种苗培育中心""苏州市新型职业农民教育实训基地"和"苏州市级农业产业化龙头企业"。

七、农、文、旅融合　种粮也能获得高效益
——记苏州市吴江震泽齐心粮食生产专业合作社理事长朱建芳

一条水杉大道，开启村庄美化的大门；一粒长漾大米，见证村庄从美化到美丽的嬗变；一条临水栈道，更在"城市后花园"中串联起村民的美好生活。

从美化、美丽再到美好，朱建芳用"美"回答了一、二、三产以及文、商、农、旅融合发展的乡村振兴时代命题，实践并"连载"着高质量发展的现实图景，让幸福在这个长漾边的小村庄不断升级。

身为齐心村粮食生产专业合作社负责人，朱建芳在合作社的发展经营方面付出了艰辛的汗水。几年前，村里成立了粮食生产专业合作社，农业生产全程采用机械化操作。因为用的是新的生产技术、生产方式，朱建芳带领她的团队认真学习相关业务技术知识，通过多种途径查阅诸多资料，去有经验的村参观学习，主动向经验丰富的能手认真学习和虚心请教，逐渐把农业生产相关难题都一一攻克。在朱建芳的带领下，粮食生产专业合作社通过推广农业新技术和粮食新品种，产生了良好的社会效益和经济效益。

2018年，合作社先后投入500万元，把位于村东面，318国道到长漾间的一片长1400米、宽200米的土地整理成高标准农田，并邀请浙江大学的专家为这片400多亩的土地制定旅游整体发展规划，结合长漾湿地风光，不断完善基础配套，建设美丽乡村，旨在通过农旅融合，实现一、三产互动发展，实现从"美丽齐心"到"实力齐心"的转变。

然而产业要兴旺，唯有以提高经济效益为中心，"间作套种、生态混养，良好的田间生态能让水稻的品质变得更好。而且，经测算每亩地还能为村里增收1000元，每年为村级收入增加40多万元。"朱建芳说。如今水稻秧苗长势良好，小龙虾苗即将"上岗"，接下来，它们将与连片的优质水稻一起，在这片400多亩的田园综合体内携手开创提质增效的美好未来。

2019年，朱建芳的团队为这片土地设计"造型"，包括在田间打造两个"心形"池塘和一条贯穿南北的小河，挖出的泥土也被充分利用，通过打造一条田野绿化带，让这里"远看是绿化，近看是公园"。同时，还规划了桑蚕农创基地、百亩稻香田园、齐心欢乐农场等三大片区，以"江南农耕文化"为主线，构建集农创产业、农趣文化、农趣体验、农文化互动于一体的吃、住、行、游、购、娱全产业链，打造苏州全市"三高一美"可复制、可推广的田园综合体项目。

2019年10月，合作社"长漾稻香龙虾园"开园。随着齐心村生态种养的画卷被缓缓展开，月半湾农家乐、月半湾生态果园映入眼帘。有了"领头雁"，一大批有思路、懂市场、会经营的人才回到村里，承包了农家乐和果园，"月半湾龙虾"被搬上村里每家每户的餐桌。"合作社+农家乐"的模式展现了生态种养的优势，也推动着农业、林业、旅游、教育、文化等产业的深度融合，农、文、旅融合发展不再是一句口号，观光体验农业的发展为齐心村的美丽乡村画卷定下了基调。

八、以"创新"引领传统产业高质量发展
——记苏州市东山茶厂股份有限公司总经理柳倩楠

柳倩楠，中国民主建国会会员，1992年出生在苏州市吴中区东山镇的一个茶香世家，现任苏州东山茶厂股份有限公司总经理、苏州江南茶文化博物馆股份有限公司董事长。作为苏州市的一名新型职业农民，她认真履行职责，不断学习各项技能，引领当地农民共同发展致富。

运用"互联网+"，开拓新市场

随着"互联网+"的迅速发展，柳倩楠发现，只要有互联网的地方就能购买产品，借助互联网，产品传播速度非常之快，影响力也能迅速扩散。2012年，她开始尝试通过互联网销售茶产品，扩大碧螺春茶的销售渠道，成为东山首家开设"茶叶店"的淘宝店主。万事开头难，但她坚信只要用心做，就一定能把电商平台做好做大。她边经营边学习，不断积累线上销售经验，先后在天猫、京东、拼多多等各大电商平台开设"碧螺旗舰店"，电商品牌影响力显著提升，产品销售量屡创新高，2018年线上销售收入超千万元，电商会员人数达8.5万余人，"碧螺旗舰店"获得了"十佳电商"的荣誉称号。2019年，柳倩楠利用公司另一个品牌"吴世美"，开辟电商新市场，在互联网的世界里闯出了新天地。与此同时，柳倩楠也将这种电商销售模式在家乡推广，大家相互学习，共同发展。通过互联网，开辟电商新市场，使家乡的传统产品销售实现了极大提升。

研制新产品，提升附加值

东山生产销售的茶产品还是以传统茶产品为主，产品较为单一。在电商销售过程中，柳倩楠发现年轻消费者更追求新颖、健康、时尚、便捷的茶产品。于是，她主动与南京农业大学、上海联合利华食品部开展合作，建立新品研发部，利用茶叶吸香的特性，研制适合年轻消费群体口味的花果茶，现已研制出玫瑰红茶、生姜红茶、蜜桃茶等20多个新茶品。另外在产品包装上，柳倩楠引

进现代化自动加工设备,将产品进行定量、小型、标准化包装,使产品更健康卫生,携带更方便。新茶品进入市场后,受到了年轻消费者的认可,同时产品也成为中茶公司的时尚国礼茶和香格里拉酒店的畅销产品。

发展农文旅,推动全融合

东山是一座历史文化古镇,是碧螺春茶原产地保护区域,国家5A级风景名胜区,文化资源、旅游资源、物产资源丰富。借助这些资源,柳倩楠以"茶"为主题,打造了一个集茶文化展示、碧螺春非遗文化制茶体验、茶园观光、茶果采摘、休闲度假于一体的综合性、多功能性、融合型的农文旅综合性产业链。针对不同的消费人群,制定不同的茶文化体验、茶园休闲观光、研学活动方案,建立微信公众号,让更多的游客及消费者来体验传统非遗制茶工艺,品尝口感甘醇、香味独特的碧螺春茶,让城市居民享受健康的茶生活,感受碧螺春茶产业发展的新气象。通过休闲观光、实践体验让茶文化与茶产业、旅游业融合发展,更好地辐射、带动当地茶产业及乡村旅游业的发展。

家乡的发展,需要更多懂农业、爱农村、爱农民、有梦想的年轻人参与,作为苏州市的一名新型职业农民、苏州市人大代表,柳倩楠决心不仅要把自己的产业经营好,更要做好示范带头作用,以创新的经营理念、规范全面的服务和丰富的信息资源去争取和赢得市场,引领当地农民共同发展致富。

九、深耕大米品牌　扩展农业服务

——记苏州市迎湖农业科技发展有限公司总经理朱赟德

朱赟德,苏州土生土长的"90后",现任迎湖农业科技发展有限公司总经理。公司建有168亩有机水稻和近2000亩绿色水稻生产基地,是苏州重要的优质稻米生产基地,也是苏州市"菜篮子"工程直供基地。

朱赟德热爱苏州这片水土,也热爱自己的邻里乡亲,他深知农民在家庭化、小规模的农业生产经营模式下,辛苦劳作,收益却不高。经过深思熟虑,朱赟德决定走出一条"小而精"的农业发展路线,留下"家乡味道"和"家乡印记"。

朱赟德先后流转了近2000亩农田,致力于优质水稻种植。刚开始,虽然贷款缓解了资金压力,聘请的专业人才提供了技术的保障,但是面对近2000亩的水稻田,他的心总是悬着。第一年,他带头下田劳作,带领公司团队人员奋战近百天。在插秧、施肥、收割等环节,田间都有他的身影。在日常管理中,他每隔两天就把水稻田巡回一遍,以便发现问题第一时间处理。用朱赟德的话说,他像呵护自己的孩子一样呵护这片土地。功夫不负有心人，第一年，水稻就获得了好收成。有了经验和信心，朱赞德带领自己的团队不断改进生产技术，优化生产经营模式，逐步打出了"小而精"的品牌。在相城乃至整个苏州，朱赞德公司的"金香溢"大米每年销售1000多吨，收入近千万元。

一枝独秀不是春，百花齐放春满园。有了父辈和自己多年种植业的良好基础，朱赞德开始推广高效水稻生产经营模式，带领群众致富。苏州市迎湖农业科技发展有限公司率先面向相城农业种植者，大力推行农机化服务。他为小规模种植的农民开启一站式服务，以机械化设备为支撑，涵盖插秧、施肥施药、烘干、加工成米等所有环节，帮助农民从繁重的体力农活中解脱出来。这种服务模式使得数百亩区域只需要2～3名管理者。目前，他服务的农户水稻面积近4000亩，在提高农户水稻产量的同时，亩均成本降低60元左右，有效带动了农民增收。

经过多年努力，朱赞德先后荣获"阳澄湖农业人才计划农业突出贡献人才"、2018年度"苏州市新型职业农民"等称号。公司商标"金香溢"被评为江苏省著名商标、苏州市知名商标，生产的"金香溢"优质大米先后获评为"江苏省名牌农产品"、第十一届中国优质稻米博览会优质产品，并获得第十届中国有机食品博览会产品优秀奖、苏州地产优质大米金奖、2018年"苏州大米'十大'价值品牌"等荣誉。

十、农林守护者——共产党员就要有冲在前面的责任和干劲
——记苏州高新区通安镇农林服务中心农林业负责人章斌

章斌，男，1975年3月出生，现任苏州高新区通安镇农林服务中心林业条线工作人员，林业工程师，毕业于中国农业大学。作为一名林业工程师，章斌常年奔波于农业、林业、防火等多个领域，至今已有15余载。

漫步在弥漫着油菜花香的田埂上，错落有致的农田果园，相映成趣的花草树木，处处绿树苍翠，俯拾皆是葱茏。从荒芜落败到绿树成荫、鸟语花香，通安农业在近年发生了巨大变化，章斌所在的农林服务中心，以其勇于担当、无私奉献的实干精神，成为这一翻天覆地变化的第一见证人。

在平凡的工作岗位上，章斌处处以党员标准严格要求自己，坚持初心、默默奉献，为心爱的农林事业贡献了自己的力量。他以先进的思想理念、良好的规划效果、丰富的实践经验、显著的行业成绩，成为农林类专业领域的排头兵。在做好日常工作的基础上，他不畏艰难，勇挑重担，为做好现代农业园基础设

施建设和种植,引进名优、特优产品种植和现代农业产业化生产,争创一流园区贡献着自己的力量。凭借扎实的专业功底和出色的专业技能,章斌在通安镇农林行业也具有一定影响力。

在章斌的协助下,树山翠冠梨、北窑水蜜桃、青峰葡萄等特色基地建设有声有色;结合生态旅游开发和有机农业发展,请苏大专业教授授课,把技术引进田间地头,促进采摘园、品鲜园等特色园区建设,全面提升通安镇有机林果业发展档次,提高技术管理水平,增加果农收入。

作为农林守护者,章斌热爱农业发展事业,以服务"三农"为根本,注重农业技术改进,在提高自身专业知识水平的同时,还通过邀请专家给予团队专业技术指导来提升整个团队的服务水平。农民家庭出身的他,深知农民工作的艰辛和收获的不易,为紧跟中央助力脱贫攻坚的步伐,帮助农民提升生活水平,一方面,章斌通过实地走访,寻找商超售卖大米和水果,帮助农民销售农产品;另一方面,通过提升不同种类农产品的品质,挖掘不同农产品的特色和优势,为其进行包装和宣传,致力于打造专属的农产品品牌,打造"通安特色"。此外,章斌还多次参与苏州市农林竞赛活动,通过与大家的比拼和竞争,学习新的农林守护技能,提升自我。作为一名农林专家,他还服务于当地农林绿化企业,为企业提供技术支持,他的出色表现被通安镇多次宣传报道。"共产党员就要有冲在前面的责任和干劲!"章斌的一言一行体现了他对农林事业的无限热爱。

章斌一直在基层从事林业技术研究与推广工作,具有扎实的专业理论知识和丰富的实践经验,以较高的科研水平和组织管理能力做到了理论和实践的紧密结合。他始终以"做农民的贴心人、产业的带头人"为目标,做好试验员、推广员、宣传员的角色,在通安镇现代农业园产业发展方面做出了突出贡献。

当前,通安镇的农林建设正如火如荼。章斌在平凡的工作岗位上,牢记使命,团结实干,砥砺奋进,以不凡的成绩展现了一名共产党员担当进取、勇创一流的优秀品质,成为大家学习赶超的标杆。

2020年度苏州市"十佳新型职业农民"

一、用工业反哺农业 以科技点亮"明珠"
——记张家港市七彩明珠农业科技园负责人朱金龙

朱金龙是土生土长的凤凰人,年轻时他只身闯荡上海,打拼几十年,成为一名小有成就的建筑公司老板。2012年,一直希望回家乡发展的朱金龙回到老家承包了 50 亩地，在上海交通大学葡萄种植专家王世平教授与南京农业大学葡萄育苗专家陶建敏教授的指导下，用从事工业的"第一桶金"，投资 500 多万元，成立了七彩明珠农业科技园，开启了工业"反哺"农业的葡萄种植之路。

不同于其他葡萄园，走进张家港凤凰镇七彩明珠农业科技园的葡萄大棚，就像走进了盆景公园，这里的葡萄树全部种在花坛里，每个花坛长和宽约 2 米，用砖砌成。葡萄树矗立其中，亭亭玉立，十分美观。为了提高葡萄的品质，朱金龙 1 亩地只种 8 棵葡萄树，这是一项源自日本并经上海嘉定改良的"限根栽培"技术，在固定的空间里限制葡萄根的生长，有助于确保更多的养分被输送到葡萄果粒里。同时，朱金龙还在种植中采用了一种"数字化栽培"技术，就像修剪园艺盆景一样来种植葡萄，比如果枝长度、果穗叶片数等都有标准，以确保葡萄的品质均匀。

朱金龙葡萄园按照可持续发展及推进休闲农业发展的理念进行园区基地建设，从上海引进优质葡萄种苗，采用先进的限根优质省力栽培技术开展生产，同时引进国际最先进的"H"型双杆整枝新技术，严格控制成穗数、穗粒数及穗形。园区遵循绿色生态的种植理念，在生产中严格执行绿色食品种植规程，实行"从土地到舌尖"的全程质量监管，用先进的理念生产出最优质的产品。园区在生产过程中采用最先进的疏花疏果及整枝技术，将亩产量严格控制在 600～750 公斤，精心培育好每一颗葡萄。至今，全区已完成所有智能一体化控制，如水肥一体化、自动卷膜远程控制等设施，为未来打造一个真正绿色环保、省时省力，可以推向全国的智能化园区奠定了基础。2020 年，朱金龙带领七彩明珠农业专业合作社加入了凤凰山田心农业专业合作联社，并担任联社理事长，示范带动全镇果品行业共同发展。

七彩明珠选送的"夏黑"和"阳光玫瑰"葡萄多次获张家港市果品评比一等奖，苏州市果品评比金奖，江苏省果品评比金奖、特等奖。2014 年，上海交通大学授予首个葡萄新技术张家港示范基地。2017 年，在全国葡萄一、二、三产融合发展学术研讨会中，七彩明珠选送的葡萄荣获全国葡萄评比金奖。2017 年，七彩明珠的葡萄产品获评为"全国名特优新农产品（果品类）"。2018 年，七彩明珠被评为"全国农技推广试验示范基地"。2019 年，评为苏州市年度"智慧农业"示范基地。

从建筑公司老板到如今的职业农民，朱金龙希望把葡萄专家的研究成果切实运用到实际生产中，种出真正健康、优质的葡萄，带动整个产业的发展，让人们都能吃上优质、安全的放心葡萄。

二、一颗紫米的创业心路

——记张家港市港有耕香家庭农场负责人张晟睿

2017年，张晟睿大学毕业回到张家港，进入中国企业500强之一的玖隆钢铁物流有限公司工作，过上了朝九晚五的安稳生活。日子一天天过去，他觉得按部就班的生活并不是自己想要的，应该趁着年轻做点自己喜欢的事情。于是，他回到农村，开始了"晨兴理荒秽，戴月荷锄归"的田园生活。

张晟睿的父亲张益平在锦丰镇耕余村承包了100亩农田，主要种植水稻和小麦，辅以少量的紫米稻和糯稻。如今，他们家的承包面积已扩大到500亩，其中，紫米稻的种植面积扩大到了100亩。

年轻一代，对土地难免欠缺了一份归属感，因为没有躬亲耕耘，不了解对土地的依赖；因为没有经历收获，不懂得土地对人类的馈赠。而年轻的张晟睿却不同于同龄人，农忙季节，从插秧到收割，从烘干到包装，每一个过程都有他的身影，每一个环节他都会亲自把关，再累再苦，张晟睿从没有抱怨过，他坚信"一分耕耘一分收获"。

酒香也怕巷子深，尽管张晟睿的田园生活过得有滋有味，但有个烦恼一直困扰着他。目前，市场上大米同质化严重，各个品牌之间竞争激烈，尽管"耕香"牌大米口碑不错，可销量并不理想，尤其是紫米。之前他们种的紫米稻少，主要用于馈赠亲友，这两年虽然种植面积扩大了，但买的人并不多。

张晟睿家里手工制作的紫米粽子、紫米糕和紫米八宝饭在当地拥有一定知名度。为了打开自家紫米的销路，他灵机一动，转变思路，将紫米进行加工，开始卖起了紫米糕和八宝饭。他潜心钻研，单是八宝饭的配方就试了不下百次，混入自家熬的猪油，一层紫米一层豆沙，既丰富了口感又减少了甜腻的感觉。而紫米糕的配料更是多样精致，加入了核桃、蜜枣、芸豆、红枣等，纯手工制作。功夫不负有心人，新品紫米糕和八宝饭一经推出便受到消费者的欢迎。凭借着好口碑，张晟睿利用微信朋友圈等网络渠道售卖紫米，产品销量日益增长。

随着对农产品市场了解的逐渐深入，张晟睿创业的信心越来越坚定。紫米产品在"朋友圈"中的迅速走红让他开始思考自家产品的下一步走向。在多方调研、学习取经后，他又于2018年9月在张家港市区开了第一家"港有耕香"农产品综合店，主要售卖自家紫米制作的紫米饭团以及周边产品，并注册了"港有耕香"家庭农场。目前，综合店基本包销了农场的全部紫米和四分之一的大米，并带动了周边10余户种植生菜、西瓜等农产品的农户。

经过近两年的产品钻研，"港有耕香"全店以紫米产品为主，并开发其衍生产品，如紫米饭团、紫米奶茶、紫米双皮奶、紫米糕、紫米八宝饭等。紫米饭团作为"港有耕香"的主打产品，虽然只是一个小小的饭团，但是里面的物料丰富，搭配均匀，营养价值非常高。

接下来，张晟睿计划注册"港有耕香"种养专业合作社，招募周边种植生菜、梨、西瓜等农产品或养殖家禽的农户加入，一方面可向综合店提供水果、禽蛋等自产产品，另一方面可通过综合店积累的客户群帮助农户以较高的价格销售农产品，争取更大利益。

"只有真正呵护足下的这片土地，真正倾注心血与爱，土地才会回馈人类累累的硕果。"张晟睿不仅将生产和销售紫米作为一个职业，而且作为一份事业，作为一个长久的爱好去培养和发展。

三、小农场探索农产品社区团购大趋势
——记常熟市辛庄镇绿玲珑家庭农场负责人苏洁

苏洁，常熟市辛庄镇绿玲珑家庭农场农场主，2011 年毕业于盐城工学院。在大学寒暑假期间，苏洁一直帮着父母从事农业生产，对于农业中水稻、小麦的种植过程都有所了解。毕业之后走上社会工作，苏洁渐渐发现要成就事业除了自身能力以外，外在基础也非常重要。在与父母沟通的过程中，她发现国家有许多的惠农政策，如果自己选择从事农业，不仅能帮助父母减轻负担，还能享受单纯的田园生活。丈夫对苏洁的决定高度赞同，于是在 2014 年，夫妇二人从城市回到农村，成为新型职业农民，开始了他们的农业创业之路。

刚开始有很多人质疑苏洁的决定，她却不为所动，因为她知道自己正在一步步向设定的目标奋进。2015 年初，苏洁成立常熟市辛庄镇绿玲珑家庭农场，注册"清虞"商标。江南传统农业种植的品种主要为水稻和小麦。南方人的主食以大米为主，随着生活水平的提高，人们对于大米的要求越来越高，于是苏洁的农场选择了有"江苏最好吃大米"之称的"南粳46"。多年的种植经验加上优良的品质，金秋十月，苏洁的农场迎来了丰收。随即农场推出产品，定制专属包装和LOGO，为普通客户推出了细致轻便的 10 公斤装、经济实惠的 25 公斤装，为方便推广，又推出了 0.5 公斤的迷你装，还有专门为喜宴设计的 2.5 公斤装牡丹花随手礼，更推出了 5 公斤环保礼盒装，这些细致的产品分类在满足不同客户需求的同时，也让她的产品更加独特。刚开始农场采用的是最传统的货郎式销售方法，即在附近村庄挨家挨户地推销，由于口感好和超高的性价比，回购率一直居高不下，这更坚定了农场推广自产大米的决心，开始入驻苏州市

区部分小区门口超市。随着口碑的相传和微信的普及，农场大米实现了年销量从35吨到90吨再到125吨的直线增长。

近年来，随着种植成本的上涨，农户们纷纷开始加入自产自销行列，加上社区团购的异军突起，农产品的销售进入瓶颈时期。如何才能突破瓶颈，成为苏洁日常生产经营中考虑的重点。经过调研，苏洁决定和圈子里一些职业农民抱团发展，整合多种农产品如大米、大闸蟹、彩色番茄、小南瓜、西瓜、翠冠梨、桑葚、水蜜桃、散养草鸡、老鸭、大白鹅、各种禽蛋等，通过微信建群销售，预约下单。微信建群销售大大扩大了客户范围，客户认可产品后会邀请朋友进群，销售方通过微信群的不断扩散达到低成本、大范围地增加客户，然后整合农户提货点，多点同时开放自提，提货点基本覆盖小区周边，从而提高客户满意度和体验感受。这种共享产品、共享客户、共享服务的模式，既极大提升了产品销量，又有效带动了共同致富。

苏洁深知，从事农业从来就不是简单的"采菊东篱下，悠然见南山"，更多的是"面朝黄土背朝天"。没有轻轻松松的一帆风顺，有的只是"咬定青山不放松"的信念，经过一路披荆斩棘，农场先后成为常熟市级、苏州市级、江苏省级家庭农场，并凭借"关于绿玲珑家庭农场的产业升级发展"项目荣获苏州市首届创业创新大赛初创组二等奖，苏洁本人也先后获得"江苏省'三扶两创'创业之星"、江苏省妇女十三大代表、苏州市"四创青年"、常熟市第十五届人大代表等荣誉。

四、以甜蜜的情怀坚守　用匠人的执着耕耘
——记常熟市碧溪新区吉礼葡萄家庭农场负责人陈波

陈波，2005年毕业于无锡信息职业技术学院，毕业后在常熟经济开发区某外企工作，工作之余，时常到自家葡萄地帮助打理。随着对葡萄种植业的了解和钻研的深入，以及自幼深植于心的对葡萄种植业的热爱，经过深思熟虑，2008年，陈波辞去工作，回家经营自家葡萄园，做一个新时代的职业农民，打拼属于自己的甜蜜事业。

回乡后，陈波首先扩大了葡萄种植面积和品种，从原来父亲种植的10余亩扩大到50亩，葡萄品种从3个增加到9个。2009年7月，经工商登记注册了"吉礼"牌葡萄，种植面积增加至100余亩，后注册了"吉礼"葡萄家庭农场，农场先后被评为首批苏州市级、江苏省级示范家庭农场，并获得"苏州市果树标准园""苏州市名牌产品"、常熟市"十大"农业产业化示范户、"常熟市消

费者满意单位""常熟市食品安全诚信单位"等荣誉。目前，基地有一棵苏浙沪地区的葡萄王，经过十多年的悉心培育，如今的葡萄王藤面达到140多平方米，2020年更是挂果1032串，先后登上了《常熟日报》《苏州日报》，俨然成为基地上闪耀的"明星"。

为了提高果树的抗病力，同时减少化学农药对果品的伤害，农场采用地膜覆盖和人工清除相结合的方法防治杂草，从而奠定了优质葡萄的基础；为了提高果品质量，延长销售期，农场与时俱进，完善大棚设施建设，将原来的传统露地种植全部改为大棚栽种；为便于进行有效的肥水管理，农场积极引进和应用肥水一体化技术，建设肥水生成房，完善滴水灌溉系统，很大程度上节约了劳动力成本，也更好地做到了精细化灌溉施肥。

陈波种植的"吉礼"葡萄获得了消费者的普遍好评与认可。随着社会的发展，人们对果品的要求越来越高，农场随着市场的变化与需求不断推陈出新，目前已有40多个葡萄品种，早、中、晚熟品种和葡萄颜色及各种口味的搭配应有尽有，既有青年人喜爱的高糖型葡萄，也有老年人喜欢的低糖型葡萄，更有五颜六色的葡萄品种供消费者挑选，满足了各年龄段与不同口味消费者的需要。

陈波经营的农场重点打造自己的"吉礼"葡萄品牌，从树立基地形象到品牌宣传策划进行全方位覆盖，实现了营销观念的转变和品牌影响力的提升。目前"吉礼"葡萄品牌已被评为苏州市名牌产品，通过了国家"绿色食品"认证，并在苏州市名优绿色果品及中国南方中山杯葡萄评比中连续7年荣获金奖，其中"巨玫瑰"和"维多利亚"还夺得了金奖三连冠。如今的吉礼农场，从7月初保温大棚所产葡萄上市至11月上旬葡萄成熟时节，基地宾客盈门，鲜果年年畅销，常常供不应求，苏州、上海、南通及周边的老客户年年前来，新客户年年增多。2018年，"吉礼"葡萄开始网上销售，目前全国各地线上客户逐年增加，多品种拼装礼盒深受市场与消费者青睐。

陈波不光自己葡萄种得好，还带领周边的农户共同种植葡萄，义务帮助种植葡萄的农户，为他们进行喷药、防病、除虫等日常管理指导，义务组织购买各种农资，提供技术支持。基地在生产优质果品的同时，还引进、繁育、推广良种，为推动常熟及周边省市葡萄产业发展、带动农民兄弟共同致富出力，受到了上级政府及主管部门的好评。

功夫不负有心人，陈波先后荣获2014年度"苏州市优秀青年职业农民"、2015年度"常熟市新长征突击手"、2017年度"江苏好青年"、2018年度"常熟市新农民创业创新典范"以及"碧溪新区农业农村工作先进个人"等称号。

展望未来，他只有一个心愿，就是要把种植葡萄这份从父辈手中接过的甜蜜事业持续传承创新下去，精心耕耘，种出更多、更优、更味美香甜的"吉礼"葡萄，让更多的人来共同分享这份甜蜜。

五、返乡做农民　扶贫于黔地
——记太仓市雅丰农场专业合作社负责人许立

许立，1989年6月出生，江苏太仓人，本科学历，中共党员，现任太仓市雅丰农场专业合作社负责人。目前合作社经营土地3000余亩，入社农户1117户，带动50余人稳定就业。

2014年，许立放弃办公室舒适的工作，毅然从张家港市回到自己的村里从事农业生产，做起了职业农民。6年来，他兢兢业业工作，在农业种植技术和农场管理方面，勤于下田观察，虚心向经验丰富的农民和一线专业农技人员请教学习。工作期间，他多次参加各级农业农村局、科协等相关部门组织的培训，如部级农村实用人才带头人培训、江苏省休闲观光农业培训、现代青年农场主培训、苏州市绿色食品企业内检员培训、农机维修操作培训、太仓市新型职业农民培训等。在他与团队的共同努力下，农场创新管理模式，规范管理制度，细化责任奖惩，极大增强了农场员工的责任心和工作热情，充分调动了各方面的积极性，取得了良好的效果。

2016年，在村领导的支持和镇农技站的指导下，许立以发展休闲观光农业为契机，成功建设了一片30余亩的果园基地，并打造了一个集旅游观光、林果采摘、休闲垂钓于一体的休闲观光农业基地。2019年，他主动报名参与国家东西部扶贫协作，作为太仓市"支农"工作队的一员到贵州省玉屏侗族自治县新店镇大湾村做"第一书记"，开展为期1年的扶贫工作。他常说："群众的事无小事，群众的事就是最重要的事，为人民服务才是扶贫工作的本质。"他能文能"武"，文能打报告、写申请，"武"能搬家具、扛木头。凡群众之所求，他都会倾尽全力。在苏州各级党委、政府的关心与支持下，许立在贵州的大山深处，利用有限的资源，打造雅鹿酒坊、"大湾人家"农家乐、侗族特色美食加工作坊等几个短平快的小产业，年均为村里带来5万元左右的经济收入。

2020年春节期间，疫情暴发之初，为了保证疫情期间太仓市各单位和雅鹿村村民的粮食供给，许立从年初三开始组织农场人员加班，生产、装袋、包装、送货，在他的组织下有条不紊地进行着。疫情期间，村民大多待在家中，粮食需求量大，许立想在前、做在先，在非常时期保障了大米的供给。2020年6月，他与雅鹿村两委沟通，以稻田综合种养为载体，协调了 200 亩水稻田确定实施稻鸭共作项目。项目实施初期，在农技部门的协助下，许立多次到吴江向当地具有成功养殖经验的师傅请教，目前雅丰农场的稻鸭共作项目已经顺利实施。

近年来，雅丰农场在许立和他的团队努力下，先后获得了"省级示范合作社""苏州市二星级农民合作社"、太仓市"十五佳"新型农业经营主体等荣誉称号。

六、勤学善思　育得瓜果飘香
——记昆山科伟农业科技有限公司负责人姚科伟

姚科伟，昆山科伟农业科技有限公司负责人，昆山市新型职业农民协会副会长，先后获昆山市首批"乡土人才"、"苏州市农村青年致富带头人"、江苏省乡土人才"三带"能手、"江苏省高级乡村振兴技艺师"等称号。

2011 年，工作中的一次偶然机会，姚科伟结识了上海哈密瓜研究所的专家，品尝了他们种植的哈密瓜。"当时我就非常惊叹，这哈密瓜的口感一点都不亚于新疆产的。"姚科伟说。自此，他走上了钻研哈密瓜种植技术之路。由于在本地种植哈密瓜没有成熟的经验借鉴，技术要求又高，为了种好哈密瓜，姚科伟勤奋学习，苦心钻研。他在昆山市农业技术推广中心的支持下，通过长期与上海市农业科学院、上海哈密瓜研究所合作，致力于新品种、新模式的示范探索和土壤连作障碍解决方案研究，先后引进了 80 多个哈密瓜品种，试验筛选出"16－6""昆雪""18x－9"等 6 个哈密瓜主栽品种。

2019 年，姚科伟经过深思熟虑后，自己成立了昆山科伟农业科技有限公司，公司位于昆山市张浦镇。一开始，他的创业想法和举动并没有得到家人的支持，在家人看来，姚科伟放弃多年努力得来的稳定工作，自己去创业，不仅一切都要从零开始，收入也得不到保证。面对家人的不解，姚科伟决心用行动证明自己的选择是正确的。在租下大棚后，他凭借多年来的从业经验，迅速制定了种植计划：主打哈密瓜、西（甜）瓜，配套种植樱桃番茄、水果黄瓜、小南瓜、水果玉米等特色产品。此后，从育苗到销售，他一人身兼技术员、包装工、销售员等数职，有时要在基地干到凌晨一两点才回家。功夫不负有心人，凭借过硬的品质，依托"昆味到"平台、"电台巷火锅"店企合作等多元化销售模式，公司生产的农产品只要一上市便被抢购一空，时常出现供不应求的现象。2019 年，姚科伟的公司亩均产值近 4 万元，亩均纯效益近 2 万元。

在自己实现致富的同时，姚科伟还致力于带动更多的农户增收致富。通过

会议教学、田间现场教学、入户指导等方式,将自己掌握的技术教给其他种植户,带动附近的农户学技术、搞种植,为昆山及周边地区多个基地和农户进行种植技术指导服务,共带动相关从业人员80多人,服务的各基地总产值达500多万元。

张浦镇农户马强承包6亩地种植小南瓜已有多年,但随着连年的种植,土壤出现连作障碍,植株的死亡率不断提高,小南瓜的产量和品质也逐年下降。姚科伟在一次培训中得知了马强的情况,便主动前往他的小南瓜大棚里进行技术指导。从土壤修复改良到品种选择、育苗、栽培管理、茬口模式等,姚科伟毫无保留地对马强进行了一一指导,在小南瓜成熟后还主动帮助销售。经过姚科伟的长期跟踪指导,马强2020年种植的小南瓜,不但产量从往年的亩产1000公斤提高到了现在的1300公斤,而且品质也提升了一大截,收益自然也增加了不少。像马强这样的农户,姚科伟还帮扶了很多。在帮助他人的时候,他感受到了幸福和快乐;在带动他人增收致富的时候,他收获了成就感和满足感。他的笑容时常挂在嘴角,大家更加亲切地称呼他为"姚哈哈"。

七、子承父业　当好养殖带头人
——记昆山市周市镇陆杨特种水产养殖基地负责人朱德胜

在昆山市周市镇,提起当地的养殖能手大朱、小朱,可说是无人不知。"大朱"朱凤彪是家里的顶梁柱,更是周市小有名气的养殖能手;"小朱"朱德胜,青出于蓝而胜于蓝,他通过对养殖业的继承和发展,带动当地人一起发家致富。

朱德胜,出生于1986年,周市镇横娄村人。他决定进入水产养殖这个行业,主要还是受到其父亲的影响和鼓励。朱德胜的父亲朱凤彪是周市当地出了名的养殖能手和带头人。朱凤彪在十五六岁的时候就开始从事水产养殖,从40亩鱼塘养起,一步步做到陆杨育苗场场长。朱凤彪将一辈子心血都花在养殖业上的精神成了朱德胜发展养殖业的动力。朱德胜说父亲吃苦耐劳,人也聪明,育苗场在他手中发展得风生水起,在2008年前,周市地区90%的南美白对虾虾苗等苗种都是陆杨育苗场培育供应的。

朱德胜一方面从小就佩服父亲,觉得父亲就是自己的榜样,白手起家给了全家人幸福的小康生活,现在父亲年纪大了,自己应该帮忙挑起他的担子;另一方面,他也发现近年来国家对农业的扶持力度越来越大,农业科技发展水平也快速提升,这让他对务农的前景充满信心。

2008年,朱德胜正式走上水产养殖之路。水产养殖对他来说虽然并不陌生,但也是一个崭新的行当,于是他跟着父亲从零开始认真学习养殖知识,一边是父亲手把手教他,一边是他努力自学。不仅如此,朱德胜还参加了市、镇、村组织的各级水产培训班,经常上网买书查资料。经过几年的磨炼,朱德胜很快就能独当一面了。2012年,朱德胜去周边地区考察学习后,想要大胆尝试在养殖示范基地内建设5亩南美白对虾恒温养殖大棚。前期建设阶段,由于当时恒温大棚养殖南美白对虾在周市乃至昆山都罕见,所以技术上很难在周市和昆山找到借鉴和参考,而且每亩需要投入六七万元资金,但朱德胜说他并不怕失败,失败是成功之母,他就是想要尽最大努力尝试一下。

在随后一年的时间里,朱德胜一门心思扎进大棚,凡事亲力亲为。辛勤的付出终于迎来了丰厚的回报。由于有了大棚设施,别人一年养一季,朱德胜却能养两季,实现错峰销售,他养殖的南美白对虾亩均净效益达3万元,比别人翻了一番。第一年试养成功后,他扩大养殖规模,目前已扩建到90亩。在养殖过程中,朱德胜勇于引进新技术、新品种,逐渐成长为当地的养殖带头人,还在周市镇建成了陆杨特种水产养殖示范基地。

每天吃完早饭后,朱德胜会到养殖基地巡塘。在巡塘过程中,不仅要严格控制好水质、水量,在不同天气情况下还要对养殖密度和投饵量及时作出判断。近期,他开始摸索红眼鱼、太阳鱼、台湾鲷等新品种水产的养殖,希望能筛选出适合本地养殖的好品种,带领大家一起奔小康。

八、天道酬勤圆农梦　业道酬精梦成真
——记苏州三港农副产品配送有限公司总经理蒋春华

蒋春华,出生于1979年,吴江区同里镇三港村夏具浜人,现任苏州三港农副产品配送有限公司总经理。初中毕业后,他打过工、卖过猪肉、创办过门窗厂,最终选择从事蔬菜种植和农副产品配送事业。起步初期,他一个人负责开车、进货、送货等全部工作,风雨兼程、任劳任怨。天道酬勤,"以诚感人者,人亦诚而应"。凭借着诚信为本、安全至上的经营理念,蒋春华的公司不断发展壮大。他不仅勤恳创业,还坚持学习,2018年1月,蒋春华取得了东北农业大学农林经济管理专业网络教育专科毕业证书。

2012年,吴江区教育系统义务教育学校食堂实行定点供应商配送食材,三港农副产品配送有限公司通过招投标中标后成为给吴江区三分之一学校配送食材的供应商。2016年,公司在苏州工业园区义务教育学校食堂食材配送招投标中中标,成为苏州工业园区10所学校食堂的食材配送供应商。2019年,公司总

资产达到 5496 万元,实现销售 1.5 亿元,在册员工 162 人。公司农副产品配送业务覆盖了吴江区、姑苏区、吴中区、相城区、苏州工业园区的 250 家大、中、小学校和企事业单位,为 20 万人就餐配送食材。

近年来,苏州三港农副产品配送有限公司形成了多条"产地直采+基地专供+专业配送"的农产品供应链模式,最大限度缩短中间环节。2013 年,公司与同里北联村签约租赁 200 亩地种植蔬菜;2017 年,与江苏汾湖高新技术产业开发区(吴江黎里雄锋村)签约租赁 500 亩种植蔬菜和水稻;2018 年,公司又与同里北联村签约租赁 800 亩地种植水稻。2018 年 4 月,公司与同里镇 3 家专业合作社、7 个家庭种植大户成立苏州三港蔬菜产业化联合体,联合体的"三大主体"相互融合,形成了分工合作、优势互补、互惠互利的新型农业经营组织形式。

2020 年初,公司与苏州同稻香食品有限公司投资成立"同稻香生活——LOCAL STORE"合资公司,主营业务为本地农副产品的加工和销售,主要运营模式是借助微信平台,开发同稻香微信商城、同稻香微信小程序,在吴江区的多个小区放置"同稻香"的智能小屋,以线下实体小超市的形式,配合线上销售。

为加大消费扶贫力度,推动"黔(铜)货入苏"和对口协作,着力解决扶贫产品销路难的问题,2020 年 4 月,苏州三港农副产品配送有限公司与贵州省铜仁市望乡生态农业、贵州印江梵净大山有机农业有限公司共同设立电商平台,在三港配送公司成立东西部协作"黔货出山"苏州物流基地,开展线上线下合作。

蒋春华从创业之日起,一直都没有忘记一个企业家的社会责任。2013 年开始,公司帮助屯村社区肖甸湖村 4 户低保户解决困难,坚持每年走访慰问,发放帮扶金每户 800 元;2014 年吴江区道善得公益助学协会成立时,公司积极参与,每年为贫困学生完成学业资助人民币 1.5 万元。

2020 年,面对突如其来的新型冠状病毒疫情,苏州三港农副产品配送有限公司积极响应党和政府的号召,在做好疫情防控工作的同时,主动履行好社会责任,先后向吴江区红十字会及有关部门单位捐赠疫情防控专款 5 万元和 390 箱方便面、6500 只口罩及 600 套防护服。

企业的发展得到了各级领导和相关部门的关爱和支持。公司先后荣获"省级现代农业产业化龙头企业"、农业部"全国'互联网+'现代农业百佳实践案例"、"江苏省农业科技型企业""江苏省智慧农业示范单位"、苏州市"十佳"农业科技企业、"苏州市服务业创新型示范企业""江苏省供应链创新与应用重点企业"等荣誉称号。《吴江日报》《苏州日报》、吴江电视台、苏州电视台、江苏卫视、新华社等媒体多次报道公司和蒋春华的事迹。2016年,蒋春华加入中国致公党。2017年,蒋春华当选为吴江区人大代表、苏州市人大代表。

九、让园艺成为一种生活方式
——记苏州市馨海园林花木有限公司总经理徐峻育

徐峻育,中共党员,本科学历,现任苏州馨海园林花木有限公司总经理,苏州花语吴娘园艺专业合作社理事长,苏州市青联委员,吴中区工商联执委,吴中区青年企业家商会常务副会长。

徐峻育目前主要从事花卉种苗、温室花卉、园艺产品的研发、生产推广及各项服务等。在他的积极推动下,公司实行科学管理(公司+基地+农户),积极引进设施农业,自建标准钢管大棚30个、温室连栋大棚4000多平方米,种植面积达140亩,年销售额达1800万元,带动周边约50户农民就业创业。

2009年,刚刚跨出校门的徐峻育投身农业工作。在很多人看来,从事农业工作应该是老一辈农民的事,甚至有些带有偏见的人认为和泥土、花木打交道是不体面的工作。而徐峻育却看好花卉园艺的发展趋势和前景,他认为农业中传统的花卉种植和销售方式已不能适应社会的发展,必须进一步发展高效化、设施化和适应市场需求的花卉园艺生产模式。他充分发挥党员的模范带头作用,勇于创新、敢闯敢拼,先后报考园艺专业及相关专业的资格证书,在增加知识的同时,为今后的工作夯实基础。

2012年,徐峻育带领公司团队参与实施"茉莉花品种改良与反季节繁育、立体栽培模式"研究项目,建立科技高效的茉莉花栽培种植核心基地60亩,平均亩效益在2万元以上。2014年,他参与实施的区级农业产业化重点扶持项目"新品彩色玫瑰的反季节种植和培育",种植培育新品彩色玫瑰12.53万盆,年销售9.62万盆,销售收入达96.2万元,带动周边20户农民就业,并为农民增加收入62万元。

工作之余,徐峻育能用心探索园艺产业发展存在的问题,认真剖析,加强学习,使工作技能与理论知识不断结合,力争全面提升自己。2014年,徐峻育参加了浙江大学举办的"浙江大学—苏州市吴中区新型农业经营主体培训班"并顺利结业。2015年,参加了江苏省农委举办的"江苏省现代青年农场主"培训班。2016年,参加了农业部组织的"农场实用人才带头人"培训班和"吴中区新型职业农民培育暨农产品电子商务培训班"并顺利毕业。

随着市场经济的不断发展和人们生活水平的不断提高，家庭花卉园艺产业市场需求大幅增加。为了更好地适应市场需求，2016年，徐峻育联合周边花卉生产农户成立苏州花语吴娘园艺合作社，启动以销售花卉苗木和园艺用品为主，为消费者提供园艺空间设计施工、养护技术指导、园艺体验活动等综合性服务的大型终端平台——"互联网+"园艺网络平台，展示苏州特色花卉园艺产品，为消费者、农户双方提供市场信息咨询。前期由公司进行采购，后期跟有意向、有经验的农户合作，实行订单种植且由公司负责提供技术支撑，提供定期培训、网上交易、物流配送服务。徐峻育认识到花卉园艺类属易损品，包装运输要求严、难度大。为了保证花卉绿植及园艺产品的送达质量，他建立了同城无损物流运输模式。苏州花语吴娘合作社的成立，解决了合作社农户的卖花难问题，打造了产销一体、场景体验、消费引导、售后管护的一站式花园体验模式。

2019年，花语吴娘的园艺创新模式先后获得第二届苏州市农村创业创新大赛一等奖、第三届江苏省农村创业创新大赛二等奖、第三届全国农村创业创新大赛三等奖。未来，徐峻育将继续在园艺舞台上绽放光芒，放飞梦想。

十、扎根农业　奋斗"渔"生
——记苏州优居生态农业发展有限公司总经理许爱国

许爱国，1977年生于江苏省泗阳县，中共党员，水产高级工程师，毕业于苏州大学特种水产养殖专业，本科学历、农业推广硕士学位，现担任苏州优居生态农业发展有限公司总经理、苏州金澄福渔业科技有限公司执行董事、苏州聚福水产有限公司执行董事、苏州市水产养殖场有限公司董事、苏州市水产学会副会长等职务。

许爱国出生于苏北一个农村贫困家庭，苦读求学10余载，20年来致力于淡水鱼类人工育苗技术研究，参与课题研究20余项，公开发表论文10多篇，公司共申请专利12项（授权6项）。他于2003年在省内率先攻克黄颡鱼全人工繁殖技术，2014年在省内首家实现"优鲈1号"大规模化提早繁育，2017年在国内率先攻克了大口黑鲈秋季工厂化繁殖关键控制技术，先后获得农业部"省级农村青年创业致富带头人"，农业部、中国科技协会金桥奖，全国农牧渔业丰收奖贡献奖，江苏省海洋与渔业局科技先进工作者，苏州市水产学会"先进个人"，苏州市人民政府科技奖二等奖、三等奖，"相城区阳澄湖农业领军人才"等荣誉。

2016年，不惑之年的许爱国看到水产行业基层技术力量缺乏，认识到在环保的重压下，水产种业的变革是产业结构调整的基础。作为基层水产专家，他决心要为水产育苗行业的变革添砖加瓦,于是毅然放弃原有的闲适生活,通过卖掉自己的房子、借款等办法筹措启动资金,投资创业。他先后创办了苏州优居生态农业发展有限公司、苏州聚福水产有限公司和苏州金澄福渔业科技有限公司,前者作为母公司执行管理和投资职能,后两者作为前者的全资子公司,执行生产和营销职能。

许爱国经营的公司是专业从事特种水产种苗生产和养殖的省中小科技型企业,目前在相城区和吴江区共拥有工厂化苗种繁育车间 12000 平方米,标准化养殖池塘面积 1000 亩。公司还注册了"优渔居""金澄福"商标。公司经营的主导产品为中国水产科学研究院珠江水产研究所"优鲈 1 号""优鲈 3 号"大口黑鲈新品种。公司把企业创业创新主导品种大口黑鲈、黄颡鱼、斑点叉尾鮰等种苗的繁、育、推、销作为主导产业,通过亲本选育、苗种规模化提早扩繁、良种推广、技术指导、产品包销等综合措施紧密地联农带农,带着农民进行养殖品种革新,优化养殖技术和养殖模式。

许爱国经营公司的大口黑鲈本地规模化提早繁育技术,解决了以往苗种长期依靠广东外运的问题。远距离购买鱼种,容易出现品种不纯、数量不足、质量不可靠,气候、水质、环境差异大等问题,最终体现在鱼种成活率低、生长速度慢、发生病害损失大上。2017 年,许爱国在国内率先攻克大口黑鲈秋季繁殖关键技术,实现亲本秋季(二次)产卵、孵化,采用这一技术可以生产秋季大口黑鲈种苗。大口黑鲈秋季繁育关键技术的突破可以改变目前大口黑鲈苗种供应时间单一、养殖周期长、商品鱼集中上市导致价格低、跨年上市成本高和高温销售风险高的状况,为多元化养殖模式实现提供技术支撑。许爱国发明了涵盖低温诱导、营养调控、性腺调节剂注射等的大口黑鲈秋季繁育关键技术,解决了高温季节大口黑鲈商品鱼市场供应紧缺时段的苗种供应问题,该技术被评为国内首创并申请了发明专利。

公司年产销加州鲈鱼种苗 10 亿尾以上,培育大规格鱼种 1000 万尾以上、其他特种品鱼苗 1 亿尾以上,带动本市及周边约 3 万亩养殖水面,约 1000 户渔民。该公司通过新品种引进、技术和模式优化创新,使苗种成活率提高 15% 以上,亩均效益提高 1500 元以上,为渔业产业结构调整和提质增效做出了重要贡献。

公司先后获得"省级水产良种繁育场""国家特色淡水鱼产业技术体系示范基地""江苏特色优势种苗中心""江苏省中小科技型企业"、苏州市"三高一美"示范基地、"苏州市十佳创新创业典型企业""阳澄湖镇优秀创新创业企业"等荣誉。

参考文献

1. 陈锡文. 读懂中国农业农村农民［M］. 北京：外文出版社，2018.
2. 孟焕民. 农业现代化的苏州故事［M］. 苏州：苏州大学出版社，2018.
3. 陈晓红. 苏州农户兼业行为研究［M］. 天津：天津古籍出版社，2011.
4. 李逸波等. 职业农民：源起、成长与发展［M］. 北京：经济管理出版社，2019.
5. 尹成杰. 实施乡村振兴战略 推进新时代农业农村现代化［M］. 北京：中国农业出版社，2018.
6. 滕明雨. 乡村振兴战略下"一懂两爱"人才培养理论实践研究［M］. 北京：中国社会科学出版社，2019.
7. 蒋来清. 苏州农业志［M］. 苏州：苏州大学出版社，2012.
8. 苏州市农村经济研究会调研论文（1989—2001）. 2001.
9. 苏州市委、市政府. 关于印发《苏州市探索率先基本实现农业农村现代化三年行动计划（2020—2022年）》的通知. 2020.
10. 中共苏州市委农村工作领导小组. 关于印发《苏州市探索率先基本实现农业农村现代化评价考核指标体系（2020—2022年）（试行）》的通知. 2020.
11. 农业部. 关于印发《"十三五"全国新型职业农民培育发展规划》的通知. 2017.
12. 苏州市委、市政府. 关于印发《乡村振兴三年行动计划（2018—2020年）》的通知. 2018.
13. 王荣等. 苏州农村改革30年［M］. 上海：上海远东出版社，2007.
14. 蒋宏坤等. 城乡一体化的苏州实践与创新［M］. 北京：中国发展出版社，2013.
15. 苏州市农村经济研究会. "在研究'三农'的路上"调研文稿选编（1989—2019）. 2019.
16. 苏州城乡一体化改革发展政策文件汇编（2008—2014）. 2014.

17. 徐建明等. 城乡一体化建设——苏州的实践与探索［M］. 北京：红旗出版社，2011.

18. 中共苏州市委员会，苏州市人民政府.《关于实施乡村振兴战略加快推进城乡融合发展的意见》. 2018.

19. 汪长根. 农民的定义［J］. 苏州农村通讯，2009（1）.

20. 苏州市农村经济研究会. 培养和造就苏州新型农民的研究［J］. 苏州农村通讯，2010（1）.

21. 倪春鑫等. 苏州"大学生农民"调查［J］. 苏州农村通讯，2014（2）.

22. 宋建华. 对促进苏州兼业化农户转化的思考［J］. 苏州农村通讯，2004（2）.

23. 张明媚. 新型职业农民内涵、特征及其意义［J］. 农业经济，2016（10）.

后 记

《农民现代化的苏州印象》一书，是继2018年出版的《农业现代化的苏州故事》之后，又一部比较系统全面地总结苏州"三农"现代化实践与探索的专著。苏州市委、市政府在《苏州市探索率先基本实现农业农村现代化三年行动计划（2020—2022年）》及其评价考核指标体系中，把"农民现代化"单列出来，体现了以人为本的发展理念，体现了对现代化的全面深刻理解和实质性、战略性追求。在全面开启建设社会主义现代化国家新征程的重要时刻，我们把苏州农民现代化实践探索的成果与大家进行分享，希望能为经济发达地区乃至全国基本实现农业农村农民现代化尽绵薄之力，向中国共产党成立100周年献礼，为此，我们感到欣慰。

本书是由苏州市农村经济研究会和苏州市农业农村局历时两年合作完成的。在编写过程中得到了中共苏州市委朱民副书记、苏州市政府蒋来清副市长的重视和支持，苏州市农业农村局吴文祥局长对本书的编写也十分关心，在人力、物力上给予大力支持。苏州市农村经济研究会会长孟焕民同志是这部专著的总主持人，他确定了专著的总体思路、篇章架构、主要内容，拟定了专著的提纲，并亲自撰写导语，对专著的文稿多次提出修改意见，且进行了统稿、终审。苏州市农村经济研究会常务副会长倪春鑫同志对初稿进行了统稿并对部分章节做了重要修改。

苏州市农业农村局和苏州市农村经济研究会组织专门力量开展编写工作。参加本书文稿编写的有（按姓氏笔画排序）：王芳、仇烈、朱倩、刘宁、刘庆安、孙正娟、李俊、汪瑜、张建兴、陈文忠、陈邦玉、季瑞昌、周为友、孟焕民、俞广建、秦伟、秦建国、倪春鑫、徐莉莉、彭乙申、葛畅等同志。许多同志克服了编写工作与日常工作的矛盾，放弃了正常的节假日休息，数易其稿，确保了编写任务的按期完成。苏州市农业农村局办公室、发展与改革处、宣传与信息化处、科技教育处、合作经济与产业发展处、农田建设管理处、农产品质量安全监管处等处（室）和相关事业单位，以及苏州市各市（区）农业农村部门为专著提供了丰富的材料，《苏州日报》记者张晓亮同志也给予了帮助和支持，在此一并表示衷心的感谢。

在本书写作过程中，写作人员参考和引用了相关的文献资料，吸取了专家学者的部分思想观点，未能在书中逐一注明，敬请谅解，并向他们表示诚挚的谢意。

由于对农民现代化的系统研究时间还比较短，农民现代化又涉及政治、经济、社会、文化、地理、科技、宗教等多方面因素，同时，农民现代化是一个长期的、极为丰富而又复杂的演化过程，许多方面尚在探索中，各篇章之间在内容上还存在一些重复、交叉，虽然我们在审稿过程中尽力做了协调工作，疏漏之处恐仍难免，欢迎广大读者批评指正。

苏州大学出版社为本书的出版提供了大力支持，在此表示衷心的感谢。

编者

2021 年 6 月 28 日

图书在版编目(CIP)数据

农民现代化的苏州印象/孟焕民主编;苏州市农业农村局,苏州市农村经济研究会编. —苏州:苏州大学出版社,2021.8
 ISBN 978-7-5672-3686-8

Ⅰ.①农… Ⅱ.①孟… ②苏… ③苏… Ⅲ.①农民—现代化—研究—苏州 Ⅳ.①D422

中国版本图书馆 CIP 数据核字(2021)第 164248 号

书　　名：	农民现代化的苏州印象
主　　编：	孟焕民
责任编辑：	刘　海
装帧设计：	吴　钰
出版发行：	苏州大学出版社(Soochow University Press)
出 品 人：	盛惠良
社　　址：	苏州市十梓街 1 号　邮编:215006
印　　刷：	苏州工业园区美柯乐制版印务有限责任公司
E-mail：	Liuwang@ suda.edu.cn　　QQ:64826224
邮购热线：	0512-67480030
销售热线：	0512-67481020
开　　本：	787 mm×1 092 mm　1/16　印张:16.5　插页:6　字数:314 千
版　　次：	2021 年 8 月第 1 版
印　　次：	2021 年 8 月第 1 次印刷
书　　号：	ISBN 978-7-5672-3686-8
定　　价：	88.00 元

图书若有印装错误,本社负责调换
苏州大学出版社营销部　电话:0512-67481020
苏州大学出版社网址　http://www.sudapress.com
苏州大学出版社邮箱　sdcbs@ suda.edu.cn